U0566827

女性生活蓝皮书
BLUE BOOK OF
WOMEN'S LIFE

中国女性生活状况报告
No.9 (2015)

ANNUAL REPORT ON CHINESE WOMENT'S STATE
OF LIFE No.9 (2015)

中国妇女杂志社
华坤女性生活调查中心
华坤女性消费指导中心
主　编／韩湘景

社会科学文献出版社
SOCIAL SCIENCES ACADEMIC PRESS (CHINA)

图书在版编目（CIP）数据

中国女性生活状况报告. No. 9：2015/韩湘景主编. —北京：社会
科学文献出版社，2015.4
　（女性生活蓝皮书）
　ISBN 978 - 7 - 5097 - 7280 - 5

Ⅰ.①中… Ⅱ.①韩… Ⅲ.①女性 - 生活状况 - 研究报告 -
中国 - 2015 Ⅳ.①D669.68

中国版本图书馆 CIP 数据核字（2015）第 059485 号

女性生活蓝皮书
中国女性生活状况报告 No. 9（2015）

主　　编／韩湘景

出 版 人／谢寿光
项目统筹／王　绯
责任编辑／黄金平

出　　　版／社会科学文献出版社·社会政法分社（010）59367156
　　　　　　地址：北京市北三环中路甲 29 号院华龙大厦　邮编：100029
　　　　　　网址：www. ssap. com. cn
发　　　行／市场营销中心（010）59367081　59367090
　　　　　　读者服务中心（010）59367028
印　　　装／北京季蜂印刷有限公司

规　　　格／开 本：787mm × 1092mm　1/16
　　　　　　印 张：19.25　字 数：290 千字
版　　　次／2015 年 4 月第 1 版　2015 年 4 月第 1 次印刷
书　　　号／ISBN 978 - 7 - 5097 - 7280 - 5
定　　　价／79.00 元

皮书序列号／B - 2006 - 060

主要编撰者简介

韩湘景　中国妇女杂志社社长、华坤女性生活调查中心理事长、华坤女性消费指导中心副理事长、中国期刊协会副会长、中国妇女报刊协会副会长、中国家庭文化研究会副会长、中国妇女研究会理事，编审。曾获得新闻出版总署中国"百佳"出版工作者、首批"新闻出版行业领军人才"等称号和首届"中国政府出版奖"。

1974年开始在党委宣传部门从事干部理论教育工作。1983年以后，进入妇联系统，长期从事女性媒体和女性问题研究。担任过《现代妇女》杂志总编辑、中国妇女报社副社长、中国妇女杂志社总编辑等职务。是"女性生活蓝皮书"主编。是《独立、自信、多彩——2014年中国女性生活状况总报告》的主要执笔者。

时正新　华坤女性生活调查中心副理事长、专家组组长，华坤女性消费指导中心副理事长，中华社会救助基金会理事、在会顾问，研究员、教授，毕业于兰州大学经济系。致力于消费经济研究。

1985年在甘肃省工作期间破格晋升为经济学研究员。此间致力于生态经济学研究，先后独立出版或与他人合著出版专著11本，其中有《生态农业原理及其应用》《简明农业生态经济学》《农业经济生态学》《生态经济原理》《企业环境治理与管理》等。

1990年调入民政部工作，先后任民政部办公厅副主任、民政部社会福利与社会进步研究所所长、民政部政策研究中心主任等职。结合业务工作，从事社会保障理论与政策研究，编著出版《城市最低生活保障制度》《中国社会福利与社会进步黄皮书》《中国社会救助体系探索》《中国农村社会保障制度建设》等。是多本"女性生活蓝皮书"总报告的撰写者。

王孟兰 华坤女性消费指导中心理事长、中国家庭文化研究会常务副会长兼秘书长，副编审，毕业于北京大学哲学系心理学专业。致力于家庭文化与女性消费研究。

1978 年调入全国妇联，历任全国妇联宣传部部长、中国妇女杂志社总编辑兼社长、国务院妇女儿童工作委员会办公室专职副主任等职。其间结合工作，从事妇女儿童宣传和发展问题研究。其著作《细妹生活道路的变化》曾获联合国教科文组织东亚文化奖；策划编辑的图书《蔡畅传》获第五届中国图书二等奖。2000 年主持编写《中华人民共和国 1995 年第四次世界妇女大会〈北京宣言〉〈行动纲领〉执行成果报告》，并提交当年在纽约召开的妇女问题特别联大。2001 年主持起草《中国妇女发展纲要（2001 ~ 2010)》和《中国儿童发展纲要（2001 ~ 2010)》。2005 年参加起草《中国性别平等和妇女发展白皮书》。是《2014 年中国城市女性消费状况调查报告》的执笔者。

吕 晋 中国妇女杂志社总编辑、华坤女性生活调查中心副理事长、华坤女性消费指导中心副理事长、中国记协理事，副编审，毕业于天津师范大学政治教育系哲学专业。

自 1983 年开始从事妇女工作理论的研究与实践，历任天津市妇联调研室研究人员、全国妇联机关刊物《中国妇运》杂志主编、中国妇女杂志社副社长，多次参与并主持有关妇联工作及妇女发展状况的调查研究及采访报道工作，部分作品获得社科类及采编类优秀作品奖。是《第 10 次中国城市女性生活质量调查报告（2014 年度)》的主要执笔者。

风笑天 南京大学特聘教授，博士生导师。兼任国家社会科学基金社会学评审组成员，北美华人社会学协会（NACSA）中国大陆协调人。1990 年毕业于北京大学，获法学博士学位；1993 年获国务院颁发的"政府特殊津贴"。

主要研究领域为社会研究方法、青年社会学、家庭社会学、独生子女问题等。出版著作、教材 20 多部，主要代表作有中国人民大学出版社出版的《社会研究：设计与写作》《社会调查中的问卷设计》（第三版）和《社会研究方法》（第四版）；华中科技大学出版社出版的《现代社会调查方法》（第五版）；社会科学文献出版社出版的《社会的印记》和《独生子女：他们的家庭、教育和未来》；经济科学出版社出版的《中国独生子女问题研究》（合著）等。在《中国社会科学》《社会学研究》等学术刊物上发表论文 120 余篇。是《女性生活质量：研究女性生存和发展的一个特定视角》的作者。

汪　凌　中国妇女杂志社编辑、华坤女性消费指导中心理事。毕业于复旦大学中文系比较文学专业，获文学硕士学位。

从 1985 年开始，在新疆大学中文系任教。自 1999 年起，先后在商务印书馆《今日东方》杂志、《中国妇女》杂志任记者、编辑。出版了《张元济：书卷中岁月悠长》《萧红：寂寞而飘零四方》《汪曾祺：废墟上一抹传统的残阳》《梁漱溟：乱世中特立而独行》等著作；在《北京青年报》等报刊发表了十多万字的书评等文章。是《独立、自信、多彩——2014 年中国女性生活状况总报告》《第 10 次中国城市女性生活质量调查报告（2014 年度）》《产后重返职场哺乳期妈妈工作生活状况调查报告》的执笔者。

摘　要

2015 年《女性生活蓝皮书》由 5 篇调查报告，关于女性消费新需求、新权益、新责任的专论，以及中国城市女性生活质量指标体系建设学术专论组成。

2014 年，女性对生活的评价向好。城市女性生活质量综合评价指数 63.2 分，比 2013 年低 6 分，从高到低的排序是：西安、长沙、广州、杭州、上海、成都、南昌、哈尔滨、兰州、北京。而女性对自己生活的评价是 74.9 分，高于城市女性生活质量评价指数 11.7 分。女性的幸福感 73.3 分，工作满意度 66.1 分，对居住环境评价 60.4 分，收入满意度 55.1 分。"缺少休闲时间"首次成为女性三大焦虑之一。

2014 年女性家庭消费、储蓄、投资比例为 61：23：16。女性对家庭收入的贡献率为 32.3%。女性消费占家庭消费的 39.7%，消费方式更新，内容丰富，彰显时尚化、个性化、多元化的发展趋势。91.8% 的女性网购。网购金额占家庭消费总额的 22.9%，比 2013 年增长 9 个百分点。女性旅游支出已成为家庭最大一笔开销。对食品、化妆品、保健品、房屋建材和婴幼儿服装的"安全放心值"为 51.7 分，产品和服务的安全问题仍是女性最关注的。2015 年孩子的教育支出，在家庭消费预期中第一次位居榜首。

《中国女性资产评估从业人员状况调查报告》和《产后重返职场哺乳期妈妈工作生活状况调查报告》呈现出在职业化进程中女性的状况、面临的困难及她们的努力和期望。87.4% 的哺乳期妈妈认为"当了妈妈，也必须是一个有经济收入、独立的女性"。女性愿意在职业发展的道路上走得更远更好。女性资产评估从业人员是年轻化、专业化素质较高的职业女性，她们的职业忠诚度高于男性，但是在工作适应度、工作时长、出差天数及收入等

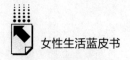

方面，与男性从业者差异明显。

建议：扩大女性就业，增加收入，丰富闲暇生活，促进消费安全，改善女性职业环境，提高女性生活质量。

关键词：城市女性　女性生活质量　女性消费　女性职业化　指标体系

目　录

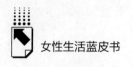
·女性消费状况调查·

B Ⅲ　专论

B Ⅳ　中国城市女性生活质量指标体系建设学术专论

皮书数据库阅读使用指南

总 报 告

General Report

B.1

独立、自信、多彩

——2014年中国女性生活状况总报告

华坤女性生活调查中心　华坤女性消费指导中心

摘　要： 2014年，女性对生活的主观感受向好，城市女性生活质量综合评价指数为63.2分。女性消费呈多元化、个性化、新潮化特点，在网络购物中撑起大半边天；生育和家庭没有成为女性追求自我发展的障碍，她们愿意在职业发展道路上走得更远。建议：扩大女性就业，增加收入，丰富闲暇生活，促进消费安全，改善女性职业发展环境，提高女性生活质量。

关键词： 城市女性　女性生活质量　女性消费　女性职业化

2014年令人难忘。这一年，国家出台了一系列重大的改革举措，许

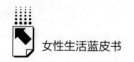

多举措和老百姓的利益密切相关，人民生活有了新的改善。这一年，我们逐渐适应了经济增速换挡回落、从高速增长转为中高速增长的经济发展新常态。这种新常态，无疑也极大地影响了女性的发展和女性的生活。

总览本书，从有关2014年女性生活状况的调查报告中，可以看到4个突出的亮点，即：女性对生活的主观感受向好，并充满信心；女性追求更多的闲暇时间和更丰富的闲暇生活；女性在网络购物中撑起了大半边天；女性对职业发展寄予了高度期待。这4个方面基本涵盖了女性生活的主要层面，集中反映出她们的现实生活状态，以及她们对生活品质、职业发展的美好向往。

《中国女性生活状况报告No.9（2015）》由5个调研报告，即《第10次中国城市女性生活质量调查报告（2014年度）》《中国女性资产评估从业人员状况调查报告》《产后重返职场哺乳期妈妈工作生活状况调查报告》《2014年中国城市女性消费状况调查报告》《城市女性和家庭旅游变化趋势初探（2006~2014）》，以及两个专论组成，从不同角度呈现出2014年被调查女性自立自强、多姿多彩的生活风貌，同时也是对"中国城市女性生活质量调查"实施10年后的回顾与分析。其中，《城市女性和家庭旅游变化趋势初探（2006~2014）》则是从一个侧面深入研究分析城市女性生活质量的一次尝试。

一 2014年女性生活状况评述

2015年"女性生活蓝皮书"所呈现的被调查女性的生活状况，除了持续10年的城市女性生活质量和消费状况外，还增加了女性资产评估从业人员和产后重返职场哺乳期妈妈的工作生活状况等内容，将女性生活扩展到女性职业发展领域，既展现了她们为实现自我价值的奋斗与拼搏，又反映出她们在特殊的生育哺乳阶段遇到的困难，更加丰富了女性生活状况调查的容量和内涵。

（一）女性生活质量继续保持良好态势

生活质量是一个综合性概念，既包括经济和消费等物质生活条件，也包括广泛的政治、思想、文化等精神生活条件以及环境条件。当然，对于生活质量这一概念的界定，国内外学界在不同领域各有偏重，其中，美国经济史学家和发展经济学家沃尔特·罗斯托在1971年出版的《政治和增长阶段》（*Politics and the Stages of Growth*）一书中，深入探索了生活质量问题，并形成了自己的理论。他认为，经济起飞后，生活质量主要包含这样一些内容：其一，服务业的发展将越来越重要，成为主导部门，与医疗、教育、文化娱乐、旅游有关的服务部门加速发展，提供"丰富居民生活"和"提高生活质量"的劳务；其二，汽车工业的发展和汽车的大量使用造成环境问题，因此"追求生活质量"，必须认真处理和解决环境污染、城市交通拥挤和人口过密等问题。而如今，距离罗斯托生活和研究的时代已近半个世纪，环境污染的源头显然并不仅仅是汽车工业，还包括在经济高速发展的过程中，对环境的极度掠取和破坏。总之，随着时代发展，生活质量的内涵也随之不断变化，但基本层面，仍然是在物质文明发展的基础上，提高和满足人们的文化教育消费水平和环境生态需求。

从这个角度言，《第10次中国城市女性生活质量调查报告（2014年度）》对女性生活质量的观察和测量，尽可能涵盖女性的物质生活和精神生活，即从收入状况、工作状况、健康状况、幸福感、闲暇生活、居住和环境状况、社会参与状况以及对生活的评价等8个方面来进行。虽然在指标的全面性和细化方面存在缺憾，但基本上能够反映10个城市女性的生活质量概况。下面对4个方面的指标做重点说明。

1. 关于生活质量总体评价的两个分值

从历次调查中可以看到，城市女性对生活质量的总体评价一直保持着良好态势，2014年也不例外。来自2014年城市女性生活质量调查的数据分析显示：城市女性生活质量综合评价指数为63.2分。在2014年的调查中，我们首次设计了"如果总分是100分，您给自己2014年的生活打多少分？"

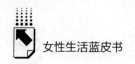

这样一道题，结果被调查女性给自己的年度生活打出的平均分值为74.9分，高于生活质量综合评价指数11.7分。这表明，在心理和直觉感受层面，女性对自身生活状态的评价更为满意和乐观，对未来的生活充满希望和信心。女性对生活的感受和评价，是衡量国家经济和社会发展进程的尺度之一，也能体现国家经济发展红利回馈国民的比重大小。这从一个侧面表明，新一届政府给包括女性在内的人民一个"美好生活"的承诺正在逐步兑现。

2. 关于收入增加明显

中国是个发展中国家。绝大多数城市百姓的工薪收入是其主要甚至唯一的生活来源。党的十八大提出了"国民收入倍增计划"，到2020年实现国内生产总值和城乡居民人均收入比2010年翻一番。十八届三中全会通过《中共中央关于全面深化改革若干重大问题的决定》，该《决定》提出了有关收入分配改革的目标，让经济成果更多、更公平地惠及全体人民。习近平总书记履新时曾代表新一届政府做出庄严承诺：人民对美好生活的向往，就是我们的奋斗目标！"美好生活"的基础是国民收入。2014年，可见的现实是，民生诉求逐步得到回应，人们对社会公平的期盼逐步得到满足。具体到收入分配改革，"GDP增速虽然放缓，居民收入仍一路走高，前三季度，全国居民人均可支配收入14986元，实际增长8.2%"。[①] 这个利好消息也被《第10次中国城市女性生活质量调查报告（2014年度）》所印证。调查显示，2014年有36.1%的被调查女性收入增加，被调查女性个人月平均收入为7267.2元，比2013年增加了35.9%，增幅不小。同时，自2008年以来，"收入低"一直是女性三大焦虑之一，但在2014年，"收入低"首次离开最焦虑的前三位。虽然其中有本次被调查女性趋于年轻化等因素，但也在一定程度上说明政府有关工资改革的措施得到有效实施，女性收入有了较明显增加。

3. 关于较高的房产拥有量

在中国特殊的国情下，是否拥有房产成为衡量一个人和家庭财产的重要指标。按传统习俗，男性是家庭顶梁柱、一家之主，房产上"户主"一栏

---

① 朱隽：《2014，蹒疾步稳"改革年"》，《人民日报》2014年12月22日，第17版。

当仁不让填的是丈夫的名字，因此，一个女性是否名下拥有房产，既能反映她的经济能力，也能反映她在家庭中地位的轻重。调查结果显示，61.0%的被调查女性名下有房产；其中，独自署名的占46.3%，联合署名的占53.7%。40~49岁被调查女性拥有房产的比例最高，达到79.4%。这是一个令人惊喜的数据。随着女性受教育程度、职业化程度和收入的提高，男女平等权利意识增强，她们不仅在职场上毫不逊色于男性，一部分女性也拥有了可以独立或共同购买房产的经济能力，并且在购房中理直气壮地与丈夫"平分秋色"，共同拥有家庭房产。

4. 关于向好的工作满意度和幸福感

工作让女性拥有了前所未有的独立、自信，家人和家庭让女性感受到幸福和安宁。《第10次中国城市女性生活质量调查报告（2014年度）》显示，41.5%的女性对工作满意，工作满意度分值为66.1分，均比2013年有所提升。工作带给女性的价值占前三位的是："工作对女性来说意味着经济独立"（82.3%）、"工作让女性更自信、更受尊重"（74.3%）和"工作让女性的生活更充实、更精彩"（72.0%）。

与此同时，调查表明，被调查女性的幸福感分值为73.3分，她们最感幸福的前四项是："家人健康平安"（75.7%）、"家庭和睦"（63.3%）、"孩子健康成长学业有成"（41.0%）和"夫妻恩爱，婚姻和谐"（41.0%）。这些数据的背后是喜忧参半的社会现实。妇女解放带来了女性角色的变化，如今女性除了要承担传统的家庭角色，还要承担因社会变革带来的各种新角色，她们参与到政治和经济生活当中，独立自主，积极进取，在成绩中感受到自我价值的实现和喜悦。同时，她们又深深地关爱着家人和家庭，希望尽自己所能，兼顾工作和家庭，即便压力大，也努力承担起工作和家庭的双重责任。

（二）女性消费凸显个性化、多样化特征

2014年是变革和变化的一年。年底，中央经济工作会议提出9个方面的趋势性变化，消费排在9大趋势性变化的首位。在消费、出口、投资

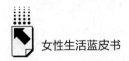

"三驾马车"中，消费的重要性上升，在推动经济发展中发挥着基础作用。当我国模仿型排浪式消费阶段基本结束，个性化、多样化消费渐成主流时，只有采取正确的消费政策，保证商品质量安全，通过创新供给激活需求，才能进一步释放消费能力，拉动内需。

在这个大背景下，2014年城市女性的消费观念、消费领域、消费方式，呈现出鲜明的多样化、个性化、新潮化特点。《2014年中国城市女性消费状况调查报告》中的大量数据充分印证了这一点。

1. 女性和家庭消费能力提升

一些研究显示，超过九成的中国女性表示自己是家庭主要收入来源之一，拥有自己银行账户的中国女性达到76%。① 这也早已被历次《中国城市女性消费状况调查报告》所证实。《2014年中国城市女性消费状况调查报告》呈现出3组基本数字：第一，10个城市女性个人月收入平均为7267.2元，36.1%的人自我评价收入比上年度增加了；家庭月收入平均为22526.7元；女性个人对家庭收入的贡献率为32.3%，约为1/3。第二，女性消费月均支出为3692.0元，家庭消费月均支出为9296.9元，女性消费占家庭消费的39.7%。第三，家庭消费、储蓄、投资比例为61∶23∶16，其中消费的比例比2013年增长4个百分点。这些数字直观地说明，2014年女性和家庭的消费能力增强，消费在女性和家庭生活中占据重要位置。

2. 网络购物女性撑起大半边天

进入21世纪，随着互联网的普及，世界进入了网络经济时代。网络购物作为一种新型的消费方式，对人们的生活方式产生了巨大影响。足不出户，就可以买到任何一种商品，不满意还可以退货，这对于酷爱购物的女性来说，是一件非常愉悦的事情。于是，女性消费者当仁不让地成为网络购物的重要推手。《2014年中国城市女性消费状况调查报告》显示，2014年被调查女性中网上购物者已达到91.8%，比2013年（78.3%）增加了13.5

---

① 中国特卖网站"唯品会"和经济学人智库（the economist intelligence unit），《崛起中的亚洲网购力量》，2014年12月16日联合发布。

个百分点，其中 44.8% 的女性经常网购；网络购物金额占家庭消费总额的 22.9%，比 2013 年（13.9%）增加了 9 个百分点。网购人数和金额一路攀升。2014 年 9 月，马云带领阿里巴巴在纽约交易所上市之际表示，"阿里巴巴 70.0% 的买家是女性，55.0% 的卖家是女性，这就是我们主要的资源。我要感谢女性，没有你们阿里巴巴不可能到纽约来上市"。①

3. 旅游消费跃居女性家庭消费之首

除了传统的女性消费，个性化、多样化的休闲文化消费悄然兴起。女性不再是模仿型排浪式的消费者，她们开始追求自己的喜好，实现自己的消费意愿，消费内容更加丰富，消费需求升级，其中，旅游消费就是人们在基本需求得到满足之后，产生的更高层次的消费需求。2014 年，67.3% 的被调查女性及家庭外出旅游了。随着社会的发展，女性越来越多地分享到改革的成果，生活逐步得到改善。"中国城市女性消费状况调查"显示，自 2008 年以来，女性个人最大一笔开支中，"服装服饰"一直是人数比例最高的。2014 年的调查结果显示，虽然女性个人最大一笔开支人数最多的仍然是"服装服饰"，但是，"旅游"以 12572.4 元跃居消费额之首。同时，旅游消费成为 2014 年女性家庭最大一笔开支中，比例最高、金额最大的一项。《城市女性和家庭旅游变化趋势初探（2006～2014）》中的数据显示，2010 年女性家庭旅游支出为 5666.1 元，2014 年增至 15079.6 元，年均增幅为 27.7%。2015 年，近六成（59.1%）被调查女性及家庭有旅游计划，旅游消费预期为 15310.0 元。

与此同时，女性旅游的范围从城市周边游、境内游扩展到境外游；旅游方式也从单一的"跟团游"发展为"自助游""自驾游""自由行""徒步游""邮轮游"等。

可见，随着经济发展速度放缓、经济结构调整、经济发展模式转变，政府大力扶植的旅游事业迅速发展及带薪休假制度得以落实，给女性提供了更多闲暇方式的选择性。在多元选择的大背景下，女性希望通过对更多的地区

---

① 中研网讯，《中国女性网购在亚洲名列前茅》，2014 年 12 月 22 日，中研网。

和国度的旅行，满足她们对未知世界的探索、关注和思考。旅游已成为女性和家人喜爱的休闲方式。旅游业作为现代服务业的重要组成部分，对于拉动内需、适应包括女性在内的广大人民群众消费升级的需要、提高女性生活质量具有非常重要的作用。

2014 年城市女性的消费状况，准确地体现出我国消费趋势的转变。

（三）努力在职场发展道路上走得更远更好

两性平等一直是中国有志之士所致力提倡的，也是女性一直以来的追求。1949 年新中国成立后，男女平等写进了《中华人民共和国宪法》。1995年，在第四次世界妇女大会上，我国政府首次提出"把男女平等作为促进我国社会发展的一项基本国策"，距今整整 20 年。就业是民生之本，也是女性赖以生存发展的最基本的经济资源。国家始终把保障女性获得与男子平等的就业机会、共享经济资源和社会发展成果，当作推进男女平等和妇女发展的首要目标，通过一系列的政策和措施，保障妇女平等参与经济发展、平等获得经济资源和有效服务，增强妇女自我发展的能力，改善妇女的社会地位和经济地位。如今，中国职业女性的数量大大增加，她们受教育程度和技术素质稳步提升，就业领域不断拓展，职业化程度不断提高。来自 2014 年2 月 28 日全国总工会第六届女职工委员会第一次会议的消息是，我国女职工总数已达 1.37 亿人，占职工总数的四成。[1] 当年年底美国贝恩公司关于职场两性平等的调查结果同样显示，女性占中国大学毕业生的 47.0% 和全部工作人群的 46.0%，接近一半；希望成为企业高管的女性占 72.0%；中国女性就业率高达 73.0%，领先于美国、英国、澳大利亚等发达国家，是全世界女性就业率最高的国家之一，调查得出的结论之一是：中国女性就业水平高，职业抱负高，职场环境对女性的支持度也较高。[2]

女性的就业状况、职场环境，直接影响女性的生活质量，是女性生活状

---

[1] 王娇萍：《我国女职工总数达 1.37 亿人》，《工人日报》2014 年 3 月 1 日，第 1 版。

[2] 赵翰露：《中国女性就业率 73%，职业发展"三高一少"》，《解放日报》2014 年 11 月 30日。

况的重要组成部分。本书中两篇有关职业女性的调查报告,第一次从工作对生活的影响这个角度,反映女性生活状况。

1. 女性资产评估人:职业忠诚度高、幸福感强

近年来,我国产业结构发生变化,第三产业中新兴的、科技含量高的现代服务业迅速发展,逐渐成为吸纳女性就业的主要渠道。高学历女性具备了较强的从业能力与竞争优势,进入计算机、通信、金融、保险等高新技术行业的人数不断增加,在职业发展的初中期,得以与男性在基本相似的平台上发挥才能,创造价值,开拓人生。女性的就业结构得到了改善。

中国的改革开放催生了资产评估行业,培养了为中国社会和经济发展提供现代专业服务的资产评估人。资产评估作为智力密集型的高端专业服务业,已经成为我国市场经济不可或缺的、重要的组成部分。在这支队伍中,女性约占四成半。透过《中国女性资产评估从业人员状况调查报告》,可以清楚地看到职业与女性生活的关系,清楚地看到工作对女性物质生活、精神生活、家庭生活等诸多方面产生的影响,以及她们在职场拼搏的身影。调查结果显示,中国女性资产评估从业人员是一支以中青年为主、高学历、专业集中、技术性强的高素质队伍,50 岁以下的被调查女性占91.5%,具有本科及以上学历的占 64.1%,会计(45.2%)、评估(15.9%)、工程(8.5%)3 个专业的女性占比接近七成。她们的职业忠诚度高于男性,工作稳定性强,95.9% 的人认为自己"适应"或"基本适应"工作,工作满意度占比 91.9%。65.3% 的女性资产评估从业人员拥有幸福感。

2. 哺乳期妈妈:要做有收入、独立的女性

女性在职业化进程中,必然要一肩担起工作和繁衍后代这两副重担。生育期和哺乳期是绝大多数女性职业生涯中困难最多的特殊时期,孕育、生育和哺育孩子与工作之间的矛盾无法避免。但是,她们之中的绝大多数人选择继续工作。因为她们要坚守独立的人格、自立的经济地位和平等的话语权。同时,她们也需要爱的繁衍与传承。帮助女性健康顺利地度过生育期、哺乳期,在这个特殊的时期给女性更好的保护,为她们创造更好的职业环境,是

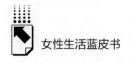

一个社会文明进步的体现，也是女性解放程度高的体现。

《产后重返职场哺乳期妈妈工作生活状况调查报告》表明，女性在职业生涯中的特殊阶段——生育和哺乳期，对回归职场、职业发展寄予了极大希望。调查数据显示，虽然生育所带来的体力、精力、情感、时间等方面的付出，不可避免地会对职业女性的职业生涯造成影响，但是，依然有70.6%的女性休完产假后按时返回工作岗位，履行职业人的责任。从调查结果中可以看到，两性平等观念已深入人心，哺乳期的职业女性在承担妻子和母亲的角色与责任、追求稳定和谐的婚姻家庭生活的同时，她们的个体独立意识依然鲜明，近九成被调查女性认为"当了妈妈，也必须是一个有经济收入、独立的女性"（87.4%）、"产后重返职场是家庭收入的需要，更是女性自我发展的需要"（86.8%）。在"男女平等"基本国策的影响下，多数用人单位能够较好地落实生育政策和劳动保护条例，给予哺乳期职业女性相应照顾。因此，调查结果显示，产假后，八成以上被调查女性能够顺利地重归职场；更有近四成的女性"有了宝宝，工作更有动力，更加努力"（37.1%）。可见，生育并没有成为女性追求自我发展的障碍，只要条件允许，她们愿意在职业发展的道路上走得更远、走得更好。

二　存在的问题

在国家政策逐步落实，运行效果渐渐显现，包括女性在内的人民生活整体向好的形势下，女性生活依然存在一些不足。这在2015年"女性生活蓝皮书"收入的调查报告中有所体现，概括如下。

（一）2014年女性收入增加，但收入满意度下降

《第10次中国城市女性生活质量调查报告（2014年度）》显示，2014年女性对个人收入表示满意的人数比例只有21.4%，低于2013年（26.4%）；她们对家庭收入的贡献率为32.3%，也低于2013年（37.9%）；而且，被调查女性理想的工作占第一位的是"有较好的薪酬福利"。可以想

见，一方面，女性新增的收入被不断上涨的物价部分抵消，女性消费状况调查结果也显示，家庭消费、储蓄、投资比为61∶23∶16，消费比例超过家庭总收入的六成；另一方面，女性在增收的力度上仍然受制于传统的、根深蒂固的隐形或公然的性别歧视。

（二）职业女性通勤时间过长

中国改革开放30多年来，随着城市急剧扩张，房价畸高、城市功能未能很好布局、公共交通规划和投入不足等，导致人们的居住地和工作场所之间的距离越来越远，包括女性在内的工薪人士的通勤时间大幅增加，上下班路途遥远、拥挤煎熬已经成为很多人的切肤之痛，一线城市尤其如此。《第10次中国城市女性生活质量调查报告（2014年度）》显示，被调查女性每天上下班的通勤时间平均为1.3小时；其中北京女性通勤时间最长，接近2小时。生命是宝贵的，时间是有限的，过长的通勤时间日积月累，每一天的疲惫累积叠加，也是相当惊人的，职业女性的生活品质必然会因此而大打折扣。

（三）女性闲暇活动单调，闲暇教育缺失

一个人的幸福感和生活质量，除了在职业中体会到自我价值的发挥和实现，还有赖于工作之外的闲暇时间的质量，而如何度过闲暇时光又有赖于经济发展的物质积累和国民教育中的文化含量。我国属于发展中国家，东部与中西部、沿海地区和内陆地区的经济发展不均衡，一些偏远地区甚至仍处于贫困状态。在文化发展和普及上，国民教育中缺乏相应的培育和熏陶。闲暇时光的单调、从众，成为多数人的特征。这在历次《中国城市女性生活质量调查报告》，包括《第10次中国城市女性生活质量调查报告（2014年度）》中都得到了印证，"看电视"一直是被调查女性闲暇活动的第一位选择。除了2011年，"阅读"和"听音乐"罕见地进入第二、第三位，其他年份中，"补觉休息""上网""逛街购物"轮流占据着第二、第三的位置。闲暇不等于休息，闲暇也不完全等同于娱乐，闲暇生活展示了

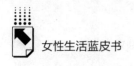

一个人的生活情趣、品位和个性特征，无论对于个体还是社会都具有重要意义，需要引起包括女性在内的各方重视。

（四）职业女性工作压力大，任务繁重

现代社会的激烈竞争已经波及社会各个层面，女性也不例外。在《第10次中国城市女性生活质量调查报告（2014年度）》中，有93.4%的城市女性感到有工作压力，其压力的前三位来源是："工作任务繁重"（58.1%）、"工作家庭难兼顾"（44.4%）和"职场竞争激烈"（36.8%）。在《中国女性资产评估从业人员状况调查报告》中，女性资产评估从业人员平均工作时间是8.4小时，95.0%感觉到有工作压力。女性在资质、学历、工作时长、出差天数、收入、工作能力等项指标上均低于男性，其职业化程度有待进一步提高。在《产后重返职场哺乳期妈妈工作生活状况调查报告》中，重返职场的哺乳期职业女性，回归职场后面临诸多困难，国家规定的每天1小时的哺乳时间，单位配备哺乳室和保存母乳的设备，均未完全落实到位。只有不到四成的女性重返职场后，在工作中持积极、乐观的态度（37.1%），有六成多被调查女性处在忙于应对工作与养育宝宝的被动状态中。

（五）女性消费者对产品和服务的质量与安全评价不高

虽然女性在消费方面的掌控能力和消费能力越来越高，但中国的消费环境并不能令她们完全放心。在《2014年中国城市女性消费状况调查报告》中，女性和家庭格外关注的食品、化妆品、保健品、房屋建材和婴幼儿服装这5类商品的消费安全放心值，平均仅为51.7分，均未及格。而在网络购物中，67.8%的女性退过货，原因是"收到货后发现有质量问题"和"产品与商家描述不符"的占到了76.6%。更令人忧心的是，82.5%的女性网购信息被泄露，持续受到商家推销产品短信和电话的骚扰，甚至有41.6%的人收到过诈骗电话。综上所述，消费安全问题依然严峻。女性需要高质量放心的产品、优质安全的服务。

三 对改善女性生活状况的建议

为继续提高女性生活质量，提出以下建议。

（一）扩大女性就业，增加收入，改善城市交通

经济发展放缓，在一定程度上会影响女性的就业渠道、就业规模以及收入的增长。新年伊始，李克强总理主持召开了国务院常务会议，决定设立国家新兴产业创业投资引导基金，助力创业创新和产业升级。其中提到"大力发展服务贸易，是扩大开放、拓展发展空间的重要着力点，有利于稳定和增加就业……"会议确定的任务包括"优化结构，提升高技术、高附加值服务贸易占比，支持有特色、善创新的中小服务企业发展"以及"要创新模式，利用大数据、物联网等新技术打造服务贸易新型网络平台"。这是一个利好消息，对女性转变就业方式，实现多种形式就业，鼓励自主创业，具有现实意义。

在增加工资收入方面，为满足女性及其家人向往美好生活的需求，实现个人和家庭收入的增长，政府还需出台更强有力、更有效的措施，在调整工资结构、完善工资制度、健全工资运行机制上，以及男女平等方面做足文章。

解决包括女性在内的职业人的通勤之累，涉及城市发展规模、城市功能规划、公共交通发展等多方面的统筹安排，以及城市管理者如何看待人与环境、人与城市的关系，是以人为本，还是以车为本，一个看似简单的通勤问题，检验、考量着城市管理者的管理理念、管理智慧以及管理能力，是亟待政府部门解决的。

（二）丰富闲暇生活，提升女性生活质量

提高女性生活质量关涉多个方面，总体而言，不外乎物质和精神两个方面的发展与进步。在 2014 年"中国城市女性生活质量调查"中，"缺乏闲

暇时间"首次被女性所重视并提出，是具有积极意义的。针对女性闲暇活动单调等问题，诸如对闲暇生活方式的引导，闲暇教育的展开，对相关设施的投入和建设，以及提高国民收入、完善社会保障体系，政府具有不可推卸的责任。可喜的是，2014年底召开的中央经济工作会议，以及2015年初国务院颁发的有关文件，都提到了要"加大对基本公共服务的支持力度"，加快构建现代公共文化体系，令人期待。如今，陶冶情操、培养兴趣、提高生活品位的各类技能班、兴趣班，已星星点点地出现，帮助人们培养审美情趣、对大自然的爱好和探究，以及对社会的人文关怀。女性在这些方面的"觉醒"在调查中已经显现出来。但值得注意的是，当前社会上很多兴趣班的价格畸高，有高档化、贵族化的趋势，成为少数人敛钱的渠道，阻碍大多数女性接受相关教育，需要政府有关部门引起关注。

（三）改善女性职业发展的社会环境

落实男女平等基本国策，保证职场上的两性平等，需要多方进行努力。首先，国家要进一步完善有关女性职业发展、孕产期和哺乳期劳动保护方面的法律法规，严格监管制度。其次，社会各界和企业要通过加强专业知识培训、同行间的合作与交流等方式，为提高职业女性适应工作的能力，拓宽女性的视野，加快职业化进程，提供更多机会。最后，职业女性应主动、积极接受再教育和职业培训，保持对行业发展的敏感度，努力提升自己的专业素养，提高自身的核心竞争力。

职业女性中的特殊群体——哺乳期女性，需要社会各界、用人单位不折不扣地落实国家有关政策，如带薪产假、晚育假、哺乳期1小时喂奶时间，以及不加班、不上夜班、不出差等各项劳动保护措施；开办托儿所、建立哺乳室、配备存放母乳的设备等，改善职业环境；在条件成熟的情况下，试行弹性工作制、阶段性就业、就近就业等。

（四）促进消费安全，给女性提供一个良好的消费环境

中央政府在多次会议中强调了消费在拉升经济中的重要地位，强调在

巩固现有消费热点的同时，培育新兴消费，激发潜在消费，尤其要重视服务型消费，扩大移动互联网、物联网信息消费，升级旅游休闲消费，鼓励养老、健康、家政消费等。然而现实中产品和服务的质量和安全问题，严重影响和制约了女性消费。当产品质量、交易过程、消费环境等方面存在各种安全问题时，消费安全就是奢谈。因此，改善消费环境，应当成为政府、企业、商家和消费者共同努力的目标。政府要继续完善相应的法律法规和政策，在推动和鼓励新型商业与消费模式的同时，要适时健全相关法规，负起监管责任；企业和商家在扩大生产、追求效益的同时，要确立诚信意识和品牌意识，承担起社会责任，保证生产、流通环节的安全；消费者要意识到消费安全与自身有关，主动学习有关知识，切实维护自身的消费权益，科学消费，环保消费，做明白、自觉、理性的消费者。

（五）完善对女性生活质量的研究和建设

"中国城市女性生活质量调查"是华坤女性生活调查中心的一个品牌项目，自2005年起，已完成了10次调查。正如风笑天教授所说，该调查"形成了研究女性生存和发展的独特视角，积累了反映城市女性生活质量的基础数据和系列成果"。该调查初步建立了"中国女性生活质量指标体系"，提出了"中国女性生活质量评价指数"的概念，借助数据，对近10年城市女性的生活质量进行了跟踪分析与评价。2015年"女性生活蓝皮书"中增加了一个板块，即"中国城市女性生活质量指标体系建设学术专论"，对"中国城市女性生活质量调查"进行了分析与评价，提出了指导性建议。在今后的调查中，华坤女性生活调查中心应努力做到科学选择调查城市，适当扩大调查城市的样本规模，进一步完善中国城市女性生活质量的测量指标和指标体系，加强对调查数据的深入分析和利用，让"中国城市女性生活质量调查"成为名副其实的拳头产品。

执笔：韩湘景，中国妇女杂志社社长、华坤女性生活调查中心理事长、华坤女性消费指导中心副理事长、中国期刊协会副会长、

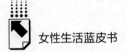

中国妇女报刊协会副会长、中国家庭文化研究会副会长，编审。

汪凌，华坤女性生活调查中心课题报告撰稿人，文学硕士，编辑。

数据分析处理：张明明，华坤女性生活调查中心数据分析员，社会学硕士，统计师。

女性生活状况和消费状况调查

Survey of Women's Life State
and Consumption

B.2

第10次中国城市女性生活质量调查报告（2014年度）

《中国妇女》杂志　华坤女性生活调查中心

摘　要：　2014年，被调查者对生活质量的主观评价为74.9分，高于城市女性生活质量综合评价指数（63.2分）；对个人收入满意度为55.1分，对工作满意度为66.1分，对居住环境的感知评价为60.4分，61.8%的人认为身体健康，61.0%的人名下有房产，每天家务劳动时间为2.1小时，45.9%的人认为闲暇时间少，幸福感分值为73.3分；最感幸福的是"家人健康平安""家庭和睦"。

关键词：　城市女性　生活质量　满意度　幸福感　评价指标

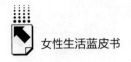

2014 年 10 月，华坤女性生活调查中心开展了"第 10 次中国城市女性生活状况调查"。本次调查采用多段抽样方法。第一阶段从全国 31 个省（自治区、直辖市）中抽取 10 个省（自治区、直辖市），每个省的省会城市确定为调查城市。按照东中西部 4∶3∶3 的比例，分别选取东部地区的北京、上海、广州、杭州，中部地区的哈尔滨、长沙、南昌，西部地区的成都、西安、兰州作为调查城市。第二阶段从每个城市中抽取一定数量的区（县）。第三阶段从每个区（县）抽取等量样本，构成每个城市 100 个、10 个城市 1000 个的样本规模。本次调查共发放问卷 1210 份，回收问卷 1035 份，有效问卷 1020 份，有效回收率为 84.3%。调查包括 8 个方面的内容：被调查女性的基本状况、收入状况、工作状况、健康状况、幸福感、居住与环境状况、闲暇生活状况、社会参与状况，以及被调查者对生活的总体评价。运用数据统计与分析软件 SPSS18.0 进行分析。

一　被调查女性的基本状况

（一）样本的分布

本调查选取的调查对象要符合"城市常住人口（即在调查城市居住半年以上的常住人口）、年龄在 20~55 岁、有工作"的要求。共有 10 个城市的 1020 名女性填答了有效问卷。

这 10 个城市中，一线城市 3 个（北京、上海、广州），二线城市 7 个（杭州、哈尔滨、长沙、南昌、成都、兰州、西安），10 个城市的有效样本量差异不大（见表 2-1-1）。

在每个城市的区（县）选择上，遵循了"所抽区（县）占全市区（县）总数的较大比例，且每个区（县）的样本量均等"的原则。结果显示，本次调查共覆盖了 61 个区（县）。其中，广州调查的区（县）最多，为 9 个（见表 2-1-2）。

表2-1-1　被调查女性的城市分布

单位：%

城　　市	百分比	城市	百分比
北　京	9.8	南　昌	9.8
上　海	9.8	成　都	9.8
广　州	11.3	兰　州	9.8
杭　州	9.9	西　安	9.8
哈尔滨	9.8	合　计	100.0
长　沙	10.2		

注：样本量为1020份。

表2-1-2　被调查女性的区（县）分布

单位：个

城　　市	区(县)数量	区(县)名称
北　　京	4	朝阳、东城、顺义、通州
上　　海	5	黄浦、浦东新区、松江、徐汇、杨浦
广　　州	9	番禺、白方、芳村、海珠、花都、黄埔、南沙、天河、越秀
杭　　州	7	西湖、滨江、拱墅、江干、上城、下城、萧山
哈 尔 滨	8	道里、道外、开发区、南岗、平房、群力新区、松北、香坊
长　　沙	6	岳麓、芙蓉、开福、雨花、浏阳市、长沙县
南　　昌	5	青山湖、高新区、红谷滩、经开区、西湖
成　　都	7	武侯、成华、高新区、金牛、锦江、龙泉驿、青羊
兰　　州	5	榆中、安宁、城关、七里河、西固
西　　安	5	长安、高陵、莲湖、未央、新城
合　　计	61	

（二）样本的年龄结构

调查结果显示，被调查女性的平均年龄为33.8岁。其中，最小20岁，最大55岁。为便于对不同年龄段女性进行对比分析，将被调查女性的年龄划分为20~29岁、30~39岁、40~49岁和50~55岁。数据显示，30~39岁女性所占比例最大，为42.6%；20~29岁居其次，为35.2%；40~49岁

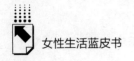

女性生活蓝皮书

居第三，为 16.8% 。因此，20～49 岁的中青年女性总体比例占到 94.6%（见表 2-1-3）。

表 2-1-3　被调查女性的年龄分布

单位：%

年龄	百分比	年龄	百分比
20～29 岁	35.2	50～55 岁	5.4
30～39 岁	42.6	合计	100.0
40～49 岁	16.8		

注：样本量为 1020 份。

（三）样本的职业状况

调查结果显示，在公司上班的女性所占比例最大，为 44.2% ；在事业单位上班的女性居其次，为 32.0% ；公务员居第三，为 11.4% 。以上三者比例占到 87.6% 。同时，还有 12.4% 的女性没有就职单位，她们为个体/合伙经营者（5.3%）或自由职业者（7.1%）（见表 2-1-4）。

表 2-1-4　被调查女性的职业分布

单位：%

职业	百分比	职业	百分比
公务员	11.4	个体/合伙经营者	5.3
事业单位人员	32.0	自由职业者	7.1
公司人员	44.2	合计	100.0

注：样本量为 1005 份。

（四）样本的学历结构

调查结果显示，本科学历的被调查女性所占比例最大，为 52.4% ；专科学历者居其次，为 23.9% ；硕士及以上学历者居第三，为 15.8% 。高中及以下学历的被调查女性所占比例较小，仅为 7.9%（见表 2-1-5）。

表2-1-5 被调查女性的学历分布

单位：%

学历	百分比	学历	百分比
高中及以下	7.9	硕士及以上	15.8
专科	23.9	合计	100.0
本科	52.4		

注：样本量为1013份。

（五）样本的婚姻结构

调查结果显示，已婚（包括初婚和离婚后再婚）被调查女性所占比例最大，为72.4%；未婚女性居其次，为23.7%。离异或丧偶后单身的被调查女性所占比例较小，仅为3.9%（见表2-1-6）。

表2-1-6 被调查女性的婚姻状况

单位：%

婚姻状况	百分比	婚姻状况	百分比
未婚	23.7	离异/丧偶后单身	3.9
已婚	72.4	合计	100.0

注：样本量为1018份。

（六）样本的生育状况

调查结果显示，67.0%的被调查女性已有孩子，其中有1个孩子的比例最大，为59.8%；33.0%的女性目前还没有孩子（见表2-1-7）。

表2-1-7 被调查女性的生育状况

单位：%

生育状况	百分比	生育状况	百分比
有1个	59.8	目前没有孩子	33.0
有2个	6.6	合计	100.0
有3个及以上	0.6		

注：样本量为1003份。

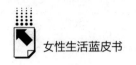

二 被调查女性的收入状况

（一）被调查女性个人收入

1. 2014年9月，被调查女性个人收入为7267.2元

调查结果显示，2014年9月，被调查女性的个人收入平均为7267.2元。其中，最低为200元，最高为10万元。被调查女性的个人收入差异比较大。

为便于对不同收入水平的女性进行对比分析，将个人月收入分为3000元以下、3000~4999元、5000~9999元、10000~19999元和2万元及以上。结果显示，5000~9999元所占比例最大，为39.8%；3000~4999元居其次，为34.4%（见表2-2-1）。

表2-2-1 2014年9月，被调查女性的个人收入

单位：%

个人月收入	百分比	个人月收入	百分比
3000元以下	10.8	10000~19999元	9.2
3000~4999元	34.4	20000元及以上	5.7
5000~9999元	39.8	合计	100.0

注：样本量为999份。

2. 交叉分析

根据不同城市进行的交叉分析，结果显示，东部地区4个城市的被调查女性个人月收入相对较高。其中，上海女性的个人月收入最高，为10294.0元；杭州居其次，为9641.9元；北京居第三，为9361.6元；广州居第四，为9077.4元；收入最低的是南昌，为4690.5元（见表2-2-2）。

根据不同年龄进行的交叉分析，结果显示，40~49岁被调查女性的个人月收入最高，为8741.1元；30~39岁居其次，为7548.4元；20~29岁最低，为6292.1元（见表2-2-3）。

表2-2-2　不同城市被调查女性的个人月收入

单位：元

城市	平均值	城市	平均值
北　京	9361.6	南　昌	4690.5
上　海	10294.0	成　都	5768.6
广　州	9077.4	兰　州	6727.1
杭　州	9641.9	西　安	5770.6
哈尔滨	5748.8	合　计	7267.2
长　沙	5599.3		

注：样本量为999份。

表2-2-3　不同年龄被调查女性的个人月收入

单位：元

年龄	平均值	年龄	平均值
20~29岁	6292.1	50~55岁	6588.9
30~39岁	7548.4	合　计	7267.2
40~49岁	8741.1		

注：样本量为999份。

根据不同职业进行的交叉分析，结果显示，在不同职业被调查者中，个体/合伙经营者个人收入最高，为11788.5元；公务员居其次，为8928.4元；事业单位人员最低，为5929.8元（见表2-2-4）。

表2-2-4　不同职业被调查女性的个人月收入

单位：元

职业	平均值	职业	平均值
公务员	8928.4	个体/合伙经营者	11788.5
事业单位人员	5929.8	自由职业者	7747.9
公司人员	7259.9	合　计	7300.4

注：样本量为984份。

（二）36.1%的被调查女性收入增加了

调查结果显示，和2013年相比，36.1%的女性收入增加；其中，"增加了

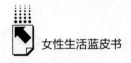

许多"的占2.7%，"有所增加"的占33.4%。20.0%的女性收入减少，其中，"略微减少"的占14.1%，"减少了许多"的占5.9%（见表2-2-5）。

表2-2-5　被调查女性的个人收入增幅

单位：%

个人收入变化	百分比	个人收入变化	百分比
增加了许多	2.7	略微减少	14.1
有所增加	33.4	减少了许多	5.9
与去年持平	43.9	合计	100.0

注：样本量为1009份。

（三）被调查女性的收入满意度

1. 被调查女性的收入满意度为55.1分

调查结果显示，21.4%的被调查女性对个人收入表示满意，其中，"非常满意"的占1.6%；"比较满意"的占19.8%；37.2%的女性对个人收入表示不满意，其中，"不太满意"的占26.8%，"非常不满意"的占10.4%（见表2-2-6）。

表2-2-6　被调查女性的个人收入满意度

单位：%

个人收入满意度	百分比	个人收入满意度	百分比
非常满意	1.6	不太满意	26.8
比较满意	19.8	非常不满意	10.4
一般	41.4	合计	100.0

注：样本量为1016份。

通过对被调查女性的个人收入满意度赋值，100分代表"非常满意"，80分代表"比较满意"，60分代表"一般"，40分代表"不太满意"，20分代表"非常不满意"，计算结果显示，女性的个人收入满意度分值为55.1分。

2. 交叉分析

根据不同城市进行的交叉分析，结果显示，西安被调查女性对个人收入满意度分值最高，为61.6分；广州居其次，为60.2分；杭州居第三，为57.2分。满意度最低的3个城市是哈尔滨（46.2分）、北京（48.1分）和兰州（49.8分）（见表2－2－7）。

表2－2－7　不同城市被调查女性的个人收入满意度分值

单位：分

城　市	均值	城　市	均值
北　京	48.1	南　昌	53.9
上　海	58.0	成　都	54.8
广　州	60.2	兰　州	49.8
杭　州	57.2	西　安	61.6
哈尔滨	46.2	合　计	55.1
长　沙	59.8		

注：样本量为1016份。

根据不同年龄进行的交叉分析，结果显示，40～49岁被调查女性对个人收入满意度分值最高，为57.1分；50～55岁女性对个人收入满意度分值相对较低，为52.7分（见表2－2－8）。

表2－2－8　不同年龄被调查女性的个人收入满意度分值

单位：分

年龄	均值	年龄	均值
20～29岁	53.0	50～55岁	52.7
30～39岁	56.2	合　计	55.1
40～49岁	57.1		

注：样本量为1016份。

根据不同职业进行的交叉分析，结果显示，在不同职业被调查女性中，个体/合伙经营者的收入满意度分值最高，为59.6分；自由职业者的收入满意度分值最低，为53.0分（见表2－2－9）。

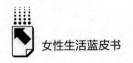

表 2 - 2 - 9　不同职业被调查女性的个人收入满意度分值

单位：分

职业	均值	职业	均值
公务员	53.9	个体/合伙经营者	59.6
事业单位人员	56.2	自由职业者	53.0
公司人员	54.5	合计	55.1

注：样本量为 1001 份。

根据不同学历进行的交叉分析，结果显示，随着被调查女性学历提高，个人收入满意度分值增加。其中，高中及以下学历女性的收入满意度分值最低，为 50.5 分；硕士及以上学历女性的收入满意度分值最高，为 57.4 分（见表 2 - 2 - 10）。

表 2 - 2 - 10　不同学历被调查女性的个人收入满意度分值

单位：分

学历	均值	学历	均值
高中及以下	50.5	硕士及以上	57.4
专科	53.4	合计	55.0
本科	55.7		

注：样本量为 1009 份。

根据不同收入进行的交叉分析，结果显示，月收入 3000 元以下女性的个人收入满意度最低，为 44.5 分；月收入 10000 ~ 19999 元女性的个人收入满意度最高，为 67.6 分（见表 2 - 2 - 11）。

表 2 - 2 - 11　不同收入被调查女性的个人收入满意度分值

单位：分

个人月收入	均值	个人月收入	均值
3000 元以下	44.5	10000 ~ 19999 元	67.6
3000 ~ 4999 元	49.6	20000 元及以上	57.9
5000 ~ 9999 元	59.7	合计	55.2

注：样本量为 995 份。

（四）被调查女性期望的个人月收入

1. 被调查女性期望的个人月收入11554.2元，为目前收入的1.6倍

调查结果显示，被调查女性期望的个人月收入 11554.2 元，约为其目前个人月收入（7267.2 元）的 1.6 倍。

2. 交叉分析

根据不同城市进行的交叉分析，结果显示，东部地区的 4 个城市被调查女性对个人月收入的期望值相对较高，均超过 1 万元。其中，广州女性对个人月收入的期望值最高，为 16693.9 元；杭州其次，为 15541.2 元；北京第三，为 15236.3 元；上海居第四，为 13861.7 元；期望值最低的是哈尔滨（见表 2 - 2 - 12）。

表 2 - 2 - 12 不同城市被调查女性期望的个人月收入

单位：元

城　市	均值	城　市	均值
北　京	15236.3	南　昌	9868.0
上　海	13861.7	成　都	8520.2
广　州	16693.9	兰　州	9021.1
杭　州	15541.2	西　安	8790.8
哈尔滨	8240.0	合　计	11554.2
长　沙	9516.3		

注：样本量为 986 份。

根据不同年龄进行的交叉分析，结果显示，40～49 岁的被调查女性的个人月收入期望最高，为 14146.7 元；30～39 岁居其次，为 12283.1 元（见表 2 - 2 - 13）。

根据不同职业进行的交叉分析，结果显示，在不同职业的被调查者中，个体/合伙经营者的个人月收入期望最高，为 18912.2 元；自由职业者居其次，为 14102.9 元（见表 2 - 2 - 14）。

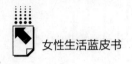

表 2 - 2 - 13   不同年龄被调查女性期望的个人月收入

单位：元

年龄	均值	年龄	均值
20 ~ 29 岁	9550. 8	50 ~ 55 岁	10666. 7
30 ~ 39 岁	12283. 1	合计	11554. 2
40 ~ 49 岁	14146. 7		

注：样本量为 986 份。

表 2 - 2 - 14   不同职业被调查女性期望的个人月收入

单位：元

职业	均值	职业	均值
公务员	11579. 6	个体/合伙经营者	18912. 2
事业单位人员	10316. 6	自由职业者	14102. 9
公司人员	11271. 8	合计	11577. 7

注：样本量为 971 份。

根据不同收入进行的交叉分析，结果显示，被调查女性个人月收入越高，她们对月收入的期望值也越高。月收入 3000 元以下的被调查女性的月收入期望值最低，为 5083. 0 元；月收入 2 万元及以上的被调查女性的个人月收入期望值最高，为 40197. 9 元（见表 2 - 2 - 15）。

表 2 - 2 - 15   不同收入被调查女性期望的个人月收入

单位：元

个人月收入	均值	个人月收入	均值
3000 元以下	5083. 0	10000 ~ 19999 元	21258. 2
3000 ~ 4999 元	7891. 1	20000 元及以上	40197. 9
5000 ~ 9999 元	10768. 4	合计	11574. 5

注：样本量为 979 份。

（五）被调查女性家庭月收入为22526. 7元，女性对家庭收入贡献度为32. 3%

调查结果显示，2014 年 9 月，被调查女性的家庭收入平均为 22526. 7

元。对家庭月收入分段可以看出，5000～9999 元所占比例最大，为 31.2%；10000～14999 元居其次，为 25.0%；2 万元以上居第三，为 24.5%（见表 2-2-16）。

表 2-2-16 不同收入被调查女性的家庭月收入分段

单位：元

家庭月收入	百分比	家庭月收入	百分比
5000 元以下	6.6	15000～20000 元	12.6
5000～9999 元	31.2	20000 元以上	24.5
10000～14999 元	25.0	合计	100.0

注：样本量为 919 份。

将被调查女性个人平均月收入占家庭平均月收入的比值形成一个指标，即被调查女性个人对家庭的贡献率，为 32.3%。

（六）被调查女性对家庭收入的满意度为56.8分

调查结果显示，22.2% 的被调查女性对家庭收入表示满意，其中，"非常满意"的占 2.1%，"比较满意"的占 20.1%；31.7% 的女性对家庭收入表示不满意，其中，"不太满意"的占 23.0%，"非常不满意"的占 8.7%（见表 2-2-17）。

表 2-2-17 被调查女性的家庭收入满意度

单位：%

家庭收入满意度	百分比	家庭收入满意度	百分比
非常满意	2.1	不太满意	23.0
比较满意	20.1	非常不满意	8.7
一般	46.0	合计	100.0

注：样本量为 998 份。

通过对被调查女性的家庭收入满意度赋值，100 分代表"非常满意"，80 分代表"比较满意"，60 分代表"一般"，40 分代表"不太满意"，20 分

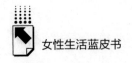

代表"非常不满意",计算结果显示,女性的家庭收入满意度分值为56.8分,略高于个人收入满意度分值(55.1分)。

(七)被调查女性期望的家庭月收入为39245.61元,为目前收入的1.7倍

调查结果显示,被调查女性期望的家庭月收入平均为39245.6元,约为被调查女性家庭月收入(22526.7元)的1.7倍。

三 被调查女性的工作状况

(一) 被调查女性的通勤时间

1. 被调查女性每天上班用38.3分钟

调查结果显示,被调查女性每天去上班需要38.3分钟。假设每天上下班时间相等,那么女性每天上下班的通勤时间为76.6分钟。

2. 交叉分析

根据不同城市进行的交叉分析,结果显示,被调查女性每天上班途中超过40分钟的有4个城市,其中,北京女性每天花在上班路上的时间最长,为57.1分钟;兰州女性居其次,为46.7分钟;广州女性居第三,为43.6分钟;上海女性居第四,为41.0分钟。上班路上用时最短的是长沙女性(26.4分钟)(见表2-3-1)。

根据不同职业进行的交叉分析,结果显示,在不同职业的被调查女性中,自由职业者每天花在上班路上的时间最长,为42.0分钟;公务员居其次,为41.4分钟。个体/合伙经营者每天花在上班路上的时间最短,仅为29.6分钟(见表2-3-2)。

根据不同收入进行的交叉分析,结果显示,月收入10000~19999元的被调查女性每天花在上班路上的时间最长,为44.0分钟;月收入20000元及以上的被调查女性居其次,为41.9分钟(见表2-3-3)。

表2-3-1　不同城市被调查女性的通勤时间（上班）

单位：分钟

城　　市	均值	城　　市	均值
北　京	57.1	南　昌	32.9
上　海	41.0	成　都	35.5
广　州	43.6	兰　州	46.7
杭　州	30.2	西　安	31.0
哈尔滨	38.5	合计	38.3
长　沙	26.4		

注：样本量为1000份。

表2-3-2　不同职业被调查女性的通勤时间（上班）

单位：分钟

职业	均值	职业	均值
公务员	41.4	个体/合伙经营者	29.6
事业单位人员	36.1	自由职业者	42.0
公司人员	39.4	合计	38.3

注：样本量为985份。

表2-3-3　不同收入被调查女性的通勤时间（上班）

单位：分钟

个人月收入	均值	个人月收入	均值
3000元以下	39.9	10000～19999元	44.0
3000～4999元	37.3	20000元及以上	41.9
5000～9999元	37.1	合计	38.4

注：样本量为982份。

（二）被调查女性每天工作时间

1. 被调查女性每天工作时间为8.3小时

根据不同城市进行的交叉分析，结果显示，被调查女性每天的工作时间平均为496.1分钟（约为8.3小时）。

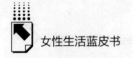

2. 交叉分析

根据不同城市进行的交叉分析，结果显示，被调查女性每天上班时间超过480分钟（8小时）的有8个城市。其中，杭州的被调查女性每天的工作时间最长，为516.9分钟；哈尔滨女性居其次，为514.5分钟；成都女性居第三，为513.2分钟。上班时间最短的是南昌女性（458.2分钟）（见表2-3-4）。

表2-3-4　不同城市被调查女性的上班时间

单位：分钟

城　市	均值	城　市	均值
北　京	501.5	南　昌	458.2
上　海	509.7	成　都	513.2
广　州	502.8	兰　州	483.6
杭　州	516.9	西　安	492.3
哈尔滨	514.5	合　计	496.1
长　沙	465.3		

注：样本量为989份。

根据不同年龄进行的交叉分析，结果显示，在不同年龄段的被调查女性中，除50～55岁外，其他3个年龄段女性每天的工作时间均超过480分钟（8小时）。其中，20～29岁女性每天的工作时间最长，为504.5分钟（见表2-3-5）。

表2-3-5　不同年龄被调查女性的上班时间

单位：分钟

年龄	均值	年龄	均值
20～29岁	504.5	50～55岁	478.3
30～39岁	492.4	合计	496.1
40～49岁	493.3		

注：样本量为989份。

根据不同职业进行的交叉分析，结果显示，在不同职业的被调查女性中，个体/合伙经营者每天的工作时间最长，为556.1分钟；公务员和事业单位人员每天工作时间相对较短，均低于480分钟（8小时）（见表2-3-6）。

表2-3-6 不同职业被调查女性的上班时间

单位：分钟

职业	均值	职业	均值
公务员	478.6	个体/合伙经营者	556.1
事业单位人员	472.9	自由职业者	534.5
公司人员	503.2	合计	495.3

注：样本量为974份。

根据不同学历进行的交叉分析，结果显示，随着被调查女性学历升高，她们每天的工作时间减少。其中，高中及以下学历的被调查女性的工作时间最长，为512.1分钟；硕士及以上学历的被调查女性的工作时间最短，为473.4分钟（见表2-3-7）。

表2-3-7 不同城市学历被调查女性的上班时间

单位：分钟

学历	均值	学历	均值
高中及以下	512.1	硕士及以上	473.4
专科	506.5	合计	496.2
本科	496.2		

注：样本量为982份。

根据不同收入进行的交叉分析，结果显示，月收入10000~19999元的被调查女性每天的工作时间最长，为528.3分钟；月收入2万元及以上的被调查女性居其次，为518.6分钟（见表2-3-8）。

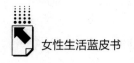

表 2 – 3 – 8　不同收入被调查女性的上班时间

单位：分钟

个人月收入	均值	个人月收入	均值
3000 元以下	484.9	10000 ~ 19999 元	528.3
3000 ~ 4999 元	492.3	20000 元及以上	518.6
5000 ~ 9999 元	491.7	合计	496.1

注：样本量为 973 份。

（三）被调查女性工作压力大及压力来源

1.72.8% 的被调查女性工作压力大，"任务繁重""工作家庭难兼顾"和"职场竞争激烈"是三大压力来源

调查结果显示，72.8% 的被调查女性感到工作"压力大"，20.6% 感到工作"压力小"，6.6% 的被调查女性认为完全"没有压力"（见表 2 – 3 – 9）。

表 2 – 3 – 9　被调查女性的压力

单位：%

压力	百分比	压力	百分比
压力大	72.8	没有压力	6.6
压力小	20.6	合计	100.0

注：样本量为 1012 份。

在感到工作压力大的被调查女性中，第一大压力来源是"工作任务繁重"，占比 58.1%；第二大压力来源是"工作家庭难兼顾"，占比 44.4%；第三大压力来源是"职场竞争激烈"，占比 36.8%（见表 2 – 3 – 10）。

表 2 – 3 – 10　被调查女性的压力来源

单位：%

压力来源	应答次数百分比	应答人数百分比	排序
工作任务繁重	25.7	58.1	1
职场竞争激烈	16.3	36.8	3
升职困难	15.1	34.2	4

续表

压力来源	应答次数百分比	应答人数百分比	排序
经常加班、上夜班或出差	13.0	29.3	5
工作家庭难兼顾	19.6	44.4	2
职场的人际关系难处	8.7	19.7	6
其他	1.7	3.8	

对于这些工作压力，69.3%的被调查女性表示"勉强能承受"；26.7%表示"完全能承受"，4.0%表示"不能承受"（见表 2 - 3 - 11）。

表 2 - 3 - 11　被调查女性的压力承受能力

单位：%

是否能承受	百分比	是否能承受	百分比
完全能承受	26.7	不能承受	4.0
勉强能承受	69.3	合计	100.0

注：样本量为 648 份。

2. 交叉分析

根据不同城市进行的交叉分析，结果显示，被调查女性感到工作"压力大"比例较高的 4 个城市分别是：广州（84.3%）、兰州（80.0%）、成都（79.0%）和北京（78.8%）（见表 2 - 3 - 12）。

表 2 - 3 - 12　不同城市被调查女性的压力

单位：%

压力	北京	上海	广州	杭州	哈尔滨	长沙	南昌	成都	兰州	西安	合计
压力大	78.8	71.4	84.3	71.1	75.0	72.1	67.0	79.0	80.0	47.5	72.8
压力小	12.1	23.5	7.0	23.7	18.0	22.1	26.0	19.0	18.0	38.4	20.6
没有压力	9.1	5.1	8.7	5.2	7.0	5.8	7.0	2.0	2.0	14.1	6.6
合计	100.0	100.0	100.0	100.0	100.0	100.0	100.0	100.0	100.0	100.0	100.0

注：样本量为 974 份。

根据不同年龄进行的交叉分析，结果显示，30～39 岁被调查女性感到

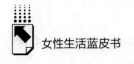

工作"压力大"的比例最高，为74.2%；20~29岁居其次，为72.8%（见表2-3-13）。

表2-3-13 不同年龄被调查女性的压力

单位：%

压力	20~29岁	30~39岁	40~49岁	50~55岁	合计
压力大	72.8	74.2	70.2	70.4	72.8
压力小	22.5	18.9	20.2	22.2	20.6
没有压力	4.8	6.9	9.5	7.4	6.6
合计	100.0	100.0	100.0	100.0	100.0

根据不同职业进行的交叉分析，结果显示，在不同职业的被调查女性中，个体/合伙经营者感到工作"压力大"的比例最高，为81.1%；公务员感到工作"压力大"的比例最低，为69.6%（见表2-3-14）。

表2-3-14 不同职业被调查女性的压力

单位：%

压力	公务员	事业单位人员	公司人员	个体/合伙经营者	自由职业者	合计
压力大	69.6	70.6	73.9	81.1	73.9	72.7
压力小	20.0	23.8	19.8	17.0	15.9	20.7
没有压力	10.4	5.6	6.4	1.9	10.1	6.6
合计	100.0	100.0	100.0	100.0	100.0	100.0

根据不同收入进行的交叉分析，结果显示，月收入2万元及以上的被调查女性感到工作"压力大"的比例最高，为80.4%；月收入3000元以下的被调查女性居其次，为76.9%（见表2-3-15）。

表2-3-15 不同收入被调查女性的压力

单位：%

压力	3000元以下	3000~4999元	5000~9999元	10000~19999元	20000元及以上	合计
压力大	76.9	70.7	71.7	73.6	80.4	72.6
压力小	16.7	23.2	20.5	20.9	16.1	20.8
没有压力	6.5	6.2	7.8	5.5	3.6	6.7
合计	100.0	100.0	100.0	100.0	100.0	100.0

（四）工作使被调查女性"经济独立""更自信、更受尊重""生活更充实精彩"

调查结果显示，被调查女性最认同的 3 种说法："工作对女性来说意味着经济独立"（82.3%）、"工作让女性更自信、更受尊重"（74.3%）和"工作让女性的生活更充实、更精彩"（72.0%）；其他依次是："工作让女性不与社会脱节，有机会发挥潜力，实现人生价值""工作让女性的交际圈更大，人脉更广""工作对女性来说意味着人格独立""工作让女性的精神面貌更好""工作让女性在家庭中的地位提升"（见表 2-3-16）。

表 2-3-16　被调查女性对工作的态度

单位：%

态度	应答次数百分比	应答人数百分比	排序
工作对女性来说意味着经济独立	15.3	82.3	1
工作对女性来说意味着人格独立	11.7	62.7	6
工作让女性更自信、更受尊重	13.8	74.3	2
工作让女性的生活更充实、更精彩	13.4	72.0	3
工作让女性的精神面貌更好	11.0	59.1	7
工作让女性的交际圈更大，人脉更广	12.1	65.1	5
工作让女性不与社会脱节，有机会发挥潜力，实现人生价值	13.3	71.3	4
工作让女性在家庭中的地位提升	9.4	50.3	8
其他	0.1	0.8	

（五）被调查女性理想的工作："有较好的薪酬福利""良好的工作环境和氛围"和"有时间和精力照顾家庭"

调查结果显示，对于"理想的工作"，被调查女性最认同的是："有较好的薪酬福利"（79.2%）、"有良好的工作环境和氛围"（78.7%）和"有时间和精力照顾家庭"（62.3%）；其他依次是："工作是自己的兴趣所在""有较多的个人发展机会""工作单位离家近点"（见表 2-3-17）。

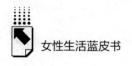

表 2 - 3 - 17　被调查女性理想的工作

单位：%

理想工作	应答次数百分比	应答人数百分比	排序
有较好的薪酬福利	20.6	79.2	1
有良好的工作环境和氛围	20.5	78.7	2
有时间和精力照顾家庭	16.2	62.3	3
有较多的个人发展机会	14.2	54.5	5
工作是自己的兴趣所在	15.1	58.0	4
工作单位离家近点	13.3	51.2	6
其他	0.2	0.9	

（六）被调查女性的工作满意度

1. 被调查女性的工作满意度为66.1分

调查结果显示，41.4%的被调查女性对目前工作表示满意，其中，3.0%表示"非常满意"，38.4%表示"比较满意"；11.5%的被调查女性对目前工作表示不满意，其中，9.1%表示"不太满意"，2.4%表示"非常不满意"（见表 2 - 3 - 18）。

表 2 - 3 - 18　被调查女性的工作满意度

单位：%

满意度	百分比	满意度	百分比
非常满意	3.0	不太满意	9.1
比较满意	38.4	非常不满意	2.4
一般	47.0	合计	100.0

注：样本量为1017份。

通过对被调查女性的工作满意度赋值，100分代表"非常满意"，80分代表"比较满意"，60分代表"一般"，40分代表"不太满意"，20分代表"非常不满意"，计算结果显示，被调查女性的工作满意度分值为66.1分。

2. 交叉分析

根据不同城市进行的交叉分析，结果显示，在10个城市中，西安的被调查女性的工作满意度分值最高，为 69.8 分；长沙居其次，为 69.0 分；兰州居第三，为 67.2 分；北京的满意度最低，为 63.6 分（见表 2 - 3 - 19）。

表 2 - 3 - 19　不同城市被调查女性的工作满意度

单位：分

城　市	均值	城　市	均值
北　京	63.6	南　昌	67.0
上　海	66.5	成　都	64.6
广　州	63.9	兰　州	67.2
杭　州	66.0	西　安	69.8
哈尔滨	64.0	合　计	66.1
长　沙	69.0		

注：样本量为 1017 份。

根据不同职业进行的交叉分析，结果显示，在不同职业的被调查女性中，公务员的工作满意度分值最高，为 71.5 分；个体/合伙经营者居其次，为 67.5 分；事业单位人员第三，为 66.9 分；自由职业者工作满意度最低（见表 2 - 3 - 20）。

表 2 - 3 - 20　不同职业被调查女性的工作满意度

单位：分

职业	均值	职业	均值
公务员	71.5	个体/合伙经营者	67.5
事业单位人员	66.9	自由职业者	60.0
公司人员	64.9	合　计	66.1

注：样本量为 1002 份。

根据不同学历进行的交叉分析，结果显示，随着被调查女性学历提高，工作满意度分值增加。其中，高中及以下学历被调查女性的工作满意度分值最低，为 59.8 分；硕士及以上学历的被调查女性的工作满意度最高，为 69.9 分（见表 2 - 3 - 21）。

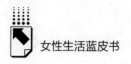

表2-3-21 不同学历被调查女性的工作满意度

单位：分

学历	均值	学历	均值
高中及以下	59.8	硕士及以上	69.9
专科	63.2	合计	66.1
本科	67.3		

注：样本量为1010份。

根据不同收入进行的交叉分析，结果显示，月收入10000～19999元的被调查女性的工作满意度最高，为70.2分；月收入3000元以下的被调查女性的工作满意度最低，为60.6分（见表2-3-22）。

表2-3-22 不同收入被调查女性的工作满意度

单位：分

个人月收入	均值	个人月收入	均值
3000元以下	60.6	10000～19999元	70.2
3000～4999元	64.5	20000元及以上	69.8
5000～9999元	67.6	合计	66.1

注：样本量为996份。

四 被调查女性的健康状况

（一）61.8%的被调查女性身体健康，13.2%处于亚健康状态

调查结果显示，61.8%的被调查女性认为自己目前的身体健康，其中，11.0%认为"非常健康"，50.8%认为"比较健康"；13.2%的被调查女性认为自己处于亚健康状态，1.8%的女性患有确诊的疾病（见表2-4-1）。

表2-4-1　被调查女性的身体状况

单位：%

身体状况	百分比	身体状况	百分比
非常健康	11.0	处于亚健康状态	13.2
比较健康	50.8	患有确诊的疾病	1.8
一般	23.2	合计	100.0

注：样本量为1016份。

（二）大多数被调查女性通常的精神状态是积极向上、乐观开朗

调查结果显示，被调查女性通常的精神状态是："积极向上，乐观开朗"（54.4%）、"平和淡泊，知足常乐"（53.6%）和"心胸豁达，善良包容"（53.1%）；被调查女性选择负面精神状态的比例均低于17%，依次是"情绪不稳，烦躁易怒""常觉疲乏，无精打采""焦虑失眠，难以入睡""孤独寂寞，有不安全感""情绪低落，抑郁悲观"（见表2-4-2）。

表2-4-2　被调查女性的精神状态

单位：%

精神状况	应答次数百分比	应答人数百分比	排序
积极向上,乐观开朗	25.1	54.4	1
心胸豁达,善良包容	24.5	53.1	3
平和淡泊,知足常乐	24.7	53.6	2
焦虑失眠,难以入睡	4.2	9.2	6
常觉疲乏,无精打采	7.5	16.2	5
情绪不稳,烦躁易怒	7.6	16.6	4
情绪低落,抑郁悲观	2.6	5.6	8
孤独寂寞,有不安全感	3.8	8.1	7

五　被调查女性的幸福感

（一）被调查女性的幸福感分值

1. 被调查女性的幸福感分值为73.3分

调查结果显示，62.0%的被调查女性认为自己是幸福的，其中，

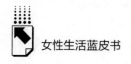

8.8%认为"非常幸福",53.2%认为"比较幸福";3.7%的女性认为自己不幸福,其中,2.9%认为"不太幸福",0.8%认为"非常不幸福"(见表2-5-1)。

表2-5-1　被调查女性的幸福感

单位:%

幸福感	百分比	幸福感	百分比
非常幸福	8.8	不太幸福	2.9
比较幸福	53.2	非常不幸福	0.8
一般	34.4	合计	100.0

注:样本量为1010份。

通过对被调查女性的幸福感赋值,100分代表"非常幸福",80分代表"比较幸福",60分代表"一般",40分代表"不太幸福",20分代表"非常不幸福",计算结果显示,女性的幸福感分值为73.3分。

2. 交叉分析

根据不同城市进行的交叉分析,结果显示,西安被调查女性的幸福感分值最高,为76.6分;长沙居其次,为75.0分;杭州第三,为74.9分;广州女性幸福感分值最低,为69.6分(见表2-5-2)。

表2-5-2　不同城市被调查女性的幸福感

单位:分

城　市	均值	城　市	均值
北　京	74.8	南　昌	74.2
上　海	71.9	成　都	72.7
广　州	69.6	兰　州	70.2
杭　州	74.9	西　安	76.6
哈尔滨	73.1	合计	73.3
长　沙	75.0		

注:样本量为1010份。

根据不同年龄进行的交叉分析，结果显示，20～29岁的被调查女性的幸福感分值最高，为74.1分；40～49岁的女性的幸福感分值最低，为72.2分（见表2-5-3）。

表2-5-3 不同年龄被调查女性的幸福感

单位：分

年龄	均值	年龄	均值
20～29岁	74.1	50～55岁	72.4
30～39岁	73.1	合计	73.3
40～49岁	72.2		

注：样本量为1010份。

根据不同职业进行的交叉分析，结果显示，在不同职业的被调查者中，公务员的幸福感分值最高，为76.5分；自由职业者的幸福感分值最低，为70.0分（见表2-5-4）。

表2-5-4 不同职业被调查女性的幸福感

单位：分

职业	均值	职业	均值
公务员	76.5	个体/合伙经营者	71.9
事业单位人员	72.7	自由职业者	70.0
公司人员	73.4	合计	73.2

注：样本量为995份。

根据不同学历进行的交叉分析，结果显示，随着被调查女性学历的提高，幸福感分值增加。其中，高中及以下学历的被调查女性的幸福感分值最低，为67.8分；硕士及以上学历的被调查女性的幸福感分值最高，为75.4分（见表2-5-5）。

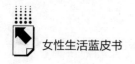

表2-5-5 不同学历被调查女性的幸福感

单位：分

学历	均值	学历	均值
高中及以下	67.8	硕士及以上	75.4
专科	72.3	合计	73.2
本科	73.8		

注：样本量为1003份。

根据不同收入进行的交叉分析，结果显示，随着被调查女性个人收入的增加，幸福感分值增加。其中，月收入3000元以下的被调查女性的幸福感分值最低，为72.0分；月收入2万元及以上的被调查女性的幸福感分值最高，为77.9分（见表2-5-6）。

表2-5-6 不同收入被调查女性的幸福感

单位：分

个人月收入	均值	个人月收入	均值
3000元以下	72.0	10000~19999元	74.6
3000~4999元	72.7	20000元及以上	77.9
5000~9999元	73.0	合计	73.2

注：样本量为989份。

（二）被调查女性最幸福的事："家人健康平安""家庭和睦""孩子健康成长"和"夫妻恩爱，婚姻和谐"

调查结果显示，2014年被调查女性感到最幸福的事前四项分别是："家人健康平安"（75.7%）、"家庭和睦"（63.3%）和"孩子健康成长，学业有成"（41.0%）和"夫妻恩爱，婚姻和谐"（41.0%）（见表2-5-7）。

表 2 − 5 − 7　　2014 年被调查女性感到最幸福的事情

单位：%

最幸福的事	应答次数百分比	应答人数百分比	排序
家庭和睦	18.6	63.3	2
家人健康平安	22.2	75.7	1
孩子健康成长,学业有成	12.0	41.0	3
夫妻恩爱,婚姻和谐	12.0	41.0	3
收入增加	6.2	21.1	6
生活条件改善	6.2	21.1	6
工作顺利,事业有成	6.5	22.1	5
外出旅游,释放压力	7.4	25.1	4
有更多闲暇时间享受生活	5.9	20.1	7
空气和环境质量有所改善	2.7	9.2	8
其他	0.3	1.0	

（三）被调查女性最焦虑的事："物价上涨""空气和环境污染严重""缺乏闲暇时间"

调查结果显示，2014 年被调查女性感到最焦虑的事前三项分别是："物价上涨，生活成本高"（44.9%）、"空气和环境污染严重"（33.9%），和"缺乏闲暇时间"（31.4%）；此外还有"工作压力大""个人或家人生病""个人和家庭收入低""家中老人缺人照顾""社交圈小，缺乏社会交往""孩子不听话，难管教"等（见表 2 − 5 −8）。

表 2 − 5 − 8　　2014 年被调查女性感到最焦虑的事情

单位：%

最焦虑的事	应答次数百分比	应答人数百分比	排序
家庭矛盾突出	2.8	8.1	13
个人或家人生病	9.7	28.2	5
孩子不听话,难管教	4.6	13.3	9
婚姻/情感出现问题	2.9	8.4	12
家中老人缺人照顾	6.4	18.6	7

续表

最焦虑的事	应答次数百分比	应答人数百分比	排序
家务劳动繁重	3.9	11.3	11
居住拥挤,无力改善	4.2	12.1	10
个人和家庭收入低	9.7	28.0	6
缺乏闲暇时间	10.8	31.4	3
工作压力大	9.8	28.4	4
社交圈小,缺乏社会交往	6.3	18.3	8
空气和环境污染严重	11.7	33.9	2
物价上涨,生活成本高	15.5	44.9	1
交通拥堵,上下班困难	1.2	3.5	14
其他	0.4	1.1	

六 被调查女性的居住状况

(一)被调查女性拥有房屋的情况

1.61.0%的被调查女性名下有房

调查结果显示,61.0%的被调查女性名下有房,39.0%的人名下没有房(见表2-6-1)。

表2-6-1 被调查女性名下的房产

单位:%

房产	百分比	房产	百分比
有	61.0	合计	100.0
没有	39.0		

注:样本量为1018份。

在名下有房的被调查女性中,房本上只有被调查女性一个人名字的占46.3%,房本上有包括被调查女性在内多人名字的占53.7%(见表2-6-2)。

表2-6-2 被调查女性的房产登记形式

单位：%

名字	百分比	名字	百分比
独有	46.3	合计	100.0
联名	53.7		

注：样本量614份。

2. 交叉分析

根据不同城市进行的交叉分析，结果显示，在10个城市的被调查女性中，南昌女性拥有房产的比例最高，为85.0%；其次是成都女性，为72.0%；北京女性拥有房产的比例最低，为30.0%（见表2-6-3）。

表2-6-3 不同城市被调查女性名下的房产

单位：%

城市	北京	上海	广州	杭州	哈尔滨	长沙	南昌	成都	兰州	西安	合计
有	30.0	62.0	61.7	60.4	55.6	65.4	85.0	72.0	46.0	71.7	61.0
没有	70.0	38.0	38.3	39.6	44.4	34.6	15.0	28.0	54.0	28.3	39.0
合计	100.0	100.0	100.0	100.0	100.0	100.0	100.0	100.0	100.0	100.0	100.0

根据不同年龄进行的交叉分析，结果显示，40~49岁的被调查女性拥有房产的比例最高，为79.4%；20~29岁的被调查女性拥有房产的比例最低，为38.8%（见表2-6-4）。

表2-6-4 不同年龄被调查女性名下的房产

单位：%

年龄	20~29岁	30~39岁	40~49岁	50~55岁	合计
有	38.8	69.9	79.4	78.2	61.0
没有	61.2	30.1	20.6	21.8	39.0
合计	100.0	100.0	100.0	100.0	100.0

根据不同职业进行的交叉分析，结果显示，在不同职业的被调查女性中，公务员拥有房产的比例最高，为74.8%；事业单位人员居其次，

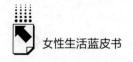

为 72.7%；自由职业者拥有房产的比例最低，为 48.6%（见表 2 -
6 - 5）。

表 2 - 6 - 5　不同职业被调查女性名下的房产

单位：%

职业	公务员	事业单位人员	公司人员	个体/合伙经营者	自由职业者	合计
有	74.8	72.7	50.3	71.7	48.6	61.3
没有	25.2	27.3	49.7	28.3	51.4	38.7
合计	100.0	100.0	100.0	100.0	100.0	100.0

根据不同学历进行的交叉分析，结果显示，硕士及以上学历的被调查女性拥有房产的比例最高，为 70.6%；本科学历的被调查女性居其次，为 61.0%（见表 2 - 6 - 6）。

表 2 - 6 - 6　不同学历被调查女性名下的房产

单位：%

学历	高中及以下	专科	本科	硕士及以上	合计
有	57.0	55.6	61.0	70.6	60.9
没有	43.0	44.4	39.0	29.4	39.1
合计	100.0	100.0	100.0	100.0	100.0

根据不同收入进行的交叉分析，结果显示，月收入 10000 ~ 19999 元的被调查女性拥有房产的比例最高，为 73.9%；月收入 3000 元以下的被调查女性拥有房产的比例最低，为 28.7%（见表 2 - 6 - 7）。

表 2 - 6 - 7　不同收入被调查女性名下的房产

单位：%

月收入	3000 元以下	3000 ~ 4999 元	5000 ~ 9999 元	10000 ~ 19999 元	20000 元及以上	合计
有	28.7	56.6	71.4	73.9	66.7	61.6
没有	71.3	43.4	28.6	26.1	33.3	38.4
合计	100.0	100.0	100.0	100.0	100.0	100.0

（二）被调查女性的家庭人均住房面积

1. 被调查女性的家庭人均住房面积为47.6平方米

调查结果显示，被调查女性的家庭人均住房面积为 47.6 平方米。其中，最少为 2 平方米，最多为 260 平方米。

2. 交叉分析

根据不同城市进行的交叉分析，结果显示，被调查女性家庭人均住房面积最大的是成都（61.7 平方米），其次是兰州（61.0 平方米）；被调查女性的家庭人均住房面积最小的是广州（33.6 平方米）（见表 2－6－8）。

表 2－6－8　不同城市被调查女性的家庭人均住房面积

单位：平方米

城　市	均值	城　市	均值
北　京	44.3	南　昌	47.0
上　海	35.7	成　都	61.7
广　州	33.6	兰　州	61.0
杭　州	50.7	西　安	51.9
哈尔滨	35.7	合　计	47.6
长　沙	57.6		

注：样本量为900份。

根据不同年龄进行的交叉分析，结果显示，50～55 岁的被调查女性的家庭人均住房面积最大，为 60.7 平方米；40～49 岁的被调查女性的家庭人均住房面积最小，为 45.0 平方米（见表 2－6－9）。

表 2－6－9　不同年龄被调查女性的家庭人均住房面积

单位：平方米

年龄	均值	年龄	均值
20～29 岁	49.1	50～55 岁	60.7
30～39 岁	46.0	合　计	47.6
40～49 岁	45.0		

注：样本量为900份。

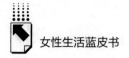
根据不同职业进行的交叉分析，结果显示，在不同职业的被调查女性中，公务员的家庭人均住房面积最大，为55.5平方米；公司人员的家庭人均住房面积最小，为43.9平方米（见表2－6－10）。

表2－6－10 不同职业被调查女性的家庭人均住房面积

单位：平方米

职业	均值	职业	均值
公务员	55.5	个体/合伙经营者	49.2
事业单位人员	49.8	自由职业者	46.1
公司人员	43.9	合计	47.7

注：样本量为887份。

根据不同收入进行的交叉分析，结果显示，随着被调查女性家庭收入的增加，家庭人均住房面积增加（见表2－6－11、表2－6－12）。

表2－6－11 不同个人收入的家庭人均住房面积

单位：平方米

个人月收入	均值	个人月收入	均值
3000元以下	45.5	10000~19999元	45.2
3000~4999元	47.0	20000元及以上	47.6
5000~9999元	49.1	合计	45.5

注：样本量为894份。

表2－6－12 不同家庭收入的家庭人均住房面积

单位：平方米

家庭月收入	均值	家庭月收入	均值
5000元以下	43.9	15000~20000元	52.7
5000~10000元	48.3	20000元以上	57.8
10000~15000元	45.7	合计	47.7

注：样本量为893份。

（三）对居住环境的感知评价

本调查运用空气质量、饮用水质量、声环境质量、园林绿化和垃圾回收处理5个指标，对居住环境进行测量。

1. 20.7%的被调查女性认为空气质量好

调查结果显示，20.7%的被调查女性认为空气质量好，其中，3.4%认为"非常好"，17.3%认为"比较好"；33.7%的女性认为空气质量差，其中，23.1%认为"比较差"，10.6%认为"非常差"（见表2-6-13）。

表2-6-13 被调查女性对空气质量的评价

单位：%

空气质量	百分比	空气质量	百分比
非常好	3.4	比较差	23.1
比较好	17.3	非常差	10.6
一般	45.6	合计	100.0

注：样本量为990份。

2. 23.6%的被调查女性认为饮用水质量好

调查结果显示，23.5%的被调查女性认为饮用水质量好，其中，2.2%认为"非常好"，21.3%认为"比较好"；20.7%的被调查女性认为饮用水质量差，其中，16.3%认为"比较差"，4.4%认为"非常差"（见表2-6-14）。

表2-6-14 被调查女性对饮用水质量的评价

单位：%

饮用水质量	百分比	饮用水质量	百分比
非常好	2.2	比较差	16.3
比较好	21.3	非常差	4.4
一般	55.7	合计	100.0

注：样本量为989份。

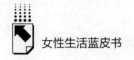

3. 27.4%的被调查女性认为声环境质量好

调查结果显示，27.3%的被调查女性认为声环境质量好，其中，3.5%认为"非常好"，23.8%认为"比较好"；21.6%的被调查女性认为声环境质量差，其中，16.8%认为"比较差"，4.8%认为"非常差"（见表2-6-15）。

表2-6-15　被调查女性对声环境质量的评价

单位：%

声环境质量	百分比	声环境质量	百分比
非常好	3.5	比较差	16.8
比较好	23.8	非常差	4.8
一般	51.0	合计	100.0

注：样本量为986份。

4. 39.2%的被调查女性认为园林绿化好

调查结果显示，39.2%的被调查女性认为园林绿化好，其中，5.5%认为"非常好"，33.7%认为"比较好"；15.0%的被调查女性认为园林绿化差，其中，11.6%认为"比较差"，3.4%认为"非常差"（见表2-6-16）。

表2-6-16　被调查女性对园林绿化的评价

单位：%

园林绿化	百分比	园林绿化	百分比
非常好	5.5	比较差	11.6
比较好	33.7	非常差	3.4
一般	45.8	合计	100.0

注：样本量为987份。

5. 26.6%的被调查女性认为垃圾回收处理好

调查结果显示，26.6%的被调查女性认为垃圾回收处理好，其中，2.6%认为"非常好"，24.0%认为"比较好"；26.1%的被调查女性认为垃圾回收处理差，其中，19.8%认为"比较差"，6.3%认为"非常差"（见表2-6-17）。

表 2 - 6 - 17　被调查女性对垃圾回收处理的评价

单位：%

垃圾回收处理	百分比	垃圾回收处理	百分比
非常好	2.6	比较差	19.8
比较好	24.0	非常差	6.3
一般	47.3	合计	100.0

注：样本量为987份。

6. 被调查女性对居住环境的感知评价分值为60.4分

通过分别对空气质量、饮用水质量、声环境质量、园林绿化和垃圾回收处理的评价赋值，100分代表"非常好"，80分代表"比较好"，60分代表"一般"，40分代表"比较差"，20分代表"非常差"，然后计算5项平均分，结果显示，被调查女性对居住环境的感知评价分值为60.4分。

从5项环境指标的具体情况看，被调查女性对园林绿化的评分最高，为65.2分；声环境质量居其次，为60.9分；饮用水质量居第三，为60.1分；垃圾回收处理和空气质量的评分相对较低，分别为59.4分和56.0分（见表2 - 6 - 18）。

表 2 - 6 - 18　被调查女性对居住环境的感知评价分值

单位：分

指标	均值	指标	均值
空气质量	56.0	园林绿化	65.2
饮用水质量	60.1	垃圾回收处理	59.4
声环境质量	60.9	总分	60.4

注：样本量为981份。

7. 广州、西安和杭州的被调查女性对居住环境的感知评价分值较高

调查结果显示，在10个城市的被调查女性中，广州女性对居住环境的感知评价分值最高，为70.9分；西安女性居其次，为63.8分；杭州女性居

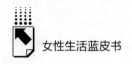

第三，为 63.4 分；北京女性对居住环境感知评价分值最低，为 49.6 分（见表 2 - 6 - 19）。

表 2 - 6 - 19　不同城市被调查女性对居住环境的感知评价分值

单位：分

城　市	均值	城　市	均值
北　京	49.6	南　昌	61.3
上　海	60.5	成　都	61.1
广　州	70.9	兰　州	55.9
杭　州	63.4	西　安	63.8
哈尔滨	55.2	合　计	60.4
长　沙	59.8		

注：样本量为 981 份。

七　被调查女性的家务及闲暇生活状况

（一）被调查女性的家务劳动时间

1. 被调查女性每天的家务劳动时间为 2.1 小时

调查结果显示，被调查女性每天的家务劳动时间（包括辅导孩子和照顾老人）平均为 125.5 分钟（2.1 小时）。其中，最少为 5 分钟，最多为 480 分钟（8 小时）。

2. 交叉分析

根据不同城市进行的交叉分析，结果显示，在 10 个城市中，长沙被调查女性每天的家务劳动时间最长，为 165.5 分钟（2.8 小时）；南昌居其次，为 163.9 分钟（2.7 小时）；哈尔滨居第三，为 154.4 分钟（2.6 小时）；西安被调查女性每天的家务劳动时间最短（84.4 分钟）（见表 2 - 7 - 1）。

根据不同年龄进行的交叉分析，结果显示，随着被调查女性年龄增加，每天的家务劳动时间增加。其中，20 ~ 29 岁女性的家务劳动时间最短，为 100.2 分

钟（1.7 小时）；50~55 岁女性的家务劳动时间最长，为 157.7 分钟（2.6 小时）
（见表 2-7-2）。

表 2-7-1　不同城市被调查女性的家务劳动时间

单位：分钟

城　市	均值	城　市	均值
北　京	122.8	南　昌	163.9
上　海	115.5	成　都	106.5
广　州	100.9	兰　州	144.4
杭　州	95.8	西　安	84.4
哈尔滨	154.4	合　计	125.5
长　沙	165.5		

注：样本量为 946 份。

表 2-7-2　不同年龄被调查女性的家务劳动时间

单位：分钟

年龄	均值	年龄	均值
20~29 岁	100.2	50~55 岁	157.7
30~39 岁	133.5	合　计	125.5
40~49 岁	142.8		

注：样本量为 946 份。

　　根据不同职业进行的交叉分析，结果显示，在不同职业的被调查女性
中，自由职业者每天的家务劳动时间最长，为 146.1 分钟（2.4 小时）；公
司人员时间最短（见表 2-7-3）。

表 2-7-3　不同职业被调查女性的家务劳动时间

单位：分钟

职业	均值	职业	均值
公务员	132.0	个体/合伙经营者	141.1
事业单位人员	139.0	自由职业者	146.1
公司人员	107.9	合　计	125.5

注：样本量为 933 份。

根据不同收入进行的交叉分析，结果显示，个人收入越高，被调查女性每天的家务劳动时间越少。其中，月收入3000元以下的被调查女性每天的家务劳动时间最长，为146.1分钟（2.4小时）；月收入2万元及以上的被调查女性每天的家务劳动时间最短，为118.8分钟（2.0小时）（见表2-7-4）。

表2-7-4　不同收入被调查女性的家务劳动时间

单位：分钟

个人月收入	均值	个人月收入	均值
3000 元以下	146.1	10000~19999 元	121.1
3000~4999 元	136.8	20000 元及以上	118.8
5000~9999 元	112.3	合计	125.6

注：样本量为937份。

（二）45.9%的被调查女性认为闲暇时间少

调查结果显示，45.9%的被调查女性认为闲暇时间少，其中，35.1%认为"比较少"，10.8%认为"非常少"；只有16%的被调查女性认为自己的闲暇时间多，其中，1.5%认为"非常多"，14.5%认为"比较多"（见表2-7-5）。

表2-7-5　被调查女性的闲暇时间

单位：%

闲暇时间	百分比	闲暇时间	百分比
非常多	1.5	比较少	35.1
比较多	14.5	非常少	10.8
一般	38.1	合计	100.0

注：样本量1010份。

（三）被调查女性闲暇活动前五位：看电视、补觉休息、逛街/购物、阅读和上网/玩游戏

调查结果显示，被调查女性通常的闲暇活动前五位分别是：看电视（48.9%）、补觉休息（40.7%）、逛街/购物（39.5%）、阅读（36.9%）和上网/玩游戏（36.6%）（见表2-7-6）。

表2-7-6　被调查女性的闲暇活动

单位：%

活动	应答次数百分比	应答人数百分比	排序
看电视	14.8	48.9	1
阅读	11.2	36.9	4
上网/玩游戏	11.1	36.6	5
美容护肤	6.5	21.5	7
看电影,听音乐,看画展等	9.2	30.5	6
补觉休息	12.3	40.7	2
约会/聚会	6.5	21.5	8
运动健身	6.1	20.3	9
旅游	5.8	19.1	10
逛街/购物	12.0	39.5	3
做自己喜欢的女红、园艺等	1.3	4.1	11
参加休闲活动培训班,如茶道、中医保健等	0.5	1.7	14
参加培训班"充电"	1.1	3.6	12
照顾自己的业余创业项目,如网店等	1.0	3.3	13
其他	0.5	1.7	

八　被调查女性的社会参与状况

（一）26.8%的被调查女性参加了公益活动

调查结果显示，2014年有26.8%的被调查女性参加了公益活动；29.7%的被调查女性表示"曾经参加过公益活动，但今年没有参加"；43.4%的被调查女性表示"从来没有参加过公益活动"（见表2-8-1）。

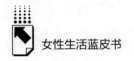

表 2 - 8 - 1　被调查女性参加公益活动情况

单位：%

公益活动	百分比	公益活动	百分比
参加了	26.8	从来没参加过	43.4
曾经参加过,但今年没参加	29.7	合计	100.0

注：样本量 1006 份。

（二）被调查女性参加政府组织的公益活动最多

调查结果显示，在 2014 年参加了公益活动的被调查女性中，参加"政府组织的公益活动"的比例最高，为 56.9%；参加"慈善机构组织的公益活动"居其次，为 32.2%；"自己寻找途径做公益"的比例也达到 30.0%（见表 2 - 8 - 2）。

表 2 - 8 - 2　被调查女性参加的公益活动类型

单位：%

活动	应答次数百分比	应答人数百分比	排序
政府组织的公益活动	47.8	56.9	1
慈善机构组织的公益活动	27.0	32.2	2
自己寻找途径做公益	25.2	30.0	3

（三）在没有参加公益活动的被调查女性中，82.6%的女性表示"今后有能力或遇到感兴趣的公益活动还会参加"

调查结果显示，在 2014 年没有参加公益活动的被调查女性中，82.6%的被调查女性表示"今后有能力或遇到感兴趣的活动还会参加"，但也有 17.4%的被调查女性表示"媒体多次曝光慈善事件黑幕，不想参加了"（见表 2 - 8 -3）。

表2-8-3　被调查女性今后参加公益活动的意愿

单位：%

意愿	百分比	意愿	百分比
媒体多次曝光慈善事件黑幕,不想参加了	17.4	合计	100.0
今后有能力或遇到感兴趣的活动还会参加	82.6		

注：样本量为270份。

九　被调查女性对2014生活的总体评价

（一）27.6%的被调查女性生活变好了

调查结果显示，和2013年相比，27.6%的被调查女性认为自己的生活变好了；60.9%认为没有变化；11.5%认为变差了（见表2-9-1）。

表2-9-1　和2013年相比，被调查女性的生活是否有变化

单位：%

变化	百分比	变化	百分比
变好了	27.6	变差了	11.5
没有变化	60.9	合计	100.0

注：样本量为1016份。

（二）44.8%的被调查女性对2014年的生活"满意"

调查结果显示，44.8%的被调查女性对2014年的生活满意，其中，4.1%表示"非常满意"，40.7%认为"比较满意"；11.6%的被调查女性对自己今年的生活不满意，其中，8.8%表示"不太满意"，2.8%表示"非常不满意"（见表2-9-2）。

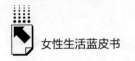

表 2 - 9 - 2　被调查女性的总体生活满意度

单位：%

满意	百分比	满意	百分比
非常满意	4.1	不太满意	8.8
比较满意	40.7	非常不满意	2.8
一般	43.5	合计	100.0

注：样本量为 1018 份。

（三）被调查女性对2014年生活的主观评价

1. 被调查女性对2014年生活的主观评价分值为74.9分

在本次调查中涉及了一道题，"如果总分是 100 分，您给自己 2014 年的生活打多少分？"调查结果显示，被调查女性给 2014 年的生活打了 74.9 分，其中，最低 0 分，最高 100 分。

2. 交叉分析

根据不同城市进行交叉分析，结果显示，被调查女性对 2014 年生活的主观评价分值，居前三位的城市是：成都（78.7 分）、长沙（78.3 分）和南昌（76.9 分）；第四位 ～ 第十位分别是：杭州、上海、广州、西安、北京、兰州、哈尔滨。

表 2 - 9 - 3　不同城市被调查女性对生活的主观评价分值

单位：分

城市	均值	排序	城市	均值	排序
北　京	73.3	8	南　昌	76.9	3
上　海	75.7	5	成　都	78.7	1
广　州	74.2	6	兰　州	71.0	9
杭　州	76.2	4	西　安	74.0	7
哈尔滨	70.2	10	总　计	74.9	
长　沙	78.3	2			

注：样本量为 1008 份。

根据不同年龄进行交叉分析，结果显示，40～49 岁的被调查女性对自己生活的主观评价分值最高，为 75.9 分；50～55 岁的被调查女性对自己生活的主观评价分值最低，为 73.1 分（见表 2-9-4）。

表 2-9-4　不同年龄被调查女性对生活的主观评价分值

单位：分

年龄分段	均值	年龄分段	均值
20～29 岁	74.8	50～55 岁	73.1
30～39 岁	74.7	总计	74.9
40～49 岁	75.9		

注：样本量为 1008 份，

根据不同职业进行交叉分析，结果显示，在不同职业的被调查女性中，公务员对自己生活的主观评价分值最高，为 77.3 分；自由职业者对自己生活的主观评价分值最低，为 73.5 分（见表 2-9-5）。

表 2-9-5　不同职业被调查女性对生活的主观评价分值

单位：分

职业	均值	职业	均值
公务员	77.3	个体/合伙经营者	74.2
事业单位人员	75.6	自由职业者	73.5
公司人员	74.1	总计	74.9

注：样本量为 994 份。

根据不同学历进行交叉分析，结果显示，随着被调查女性学历提高，对自己生活的主观评价分值增加。其中，高中及以下学历的被调查女性对自己生活的主观评价分值最低，为 70.7 分；硕士及以上学历的被调查女性分值最高，为 76.9 分（见表 2-9-6）。

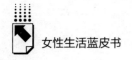

表2-9-6　不同学历被调查女性对生活的主观评价分值

单位：分

学历	均值	学历	均值
高中及以下	70.7	硕士及以上	76.9
专科	73.2	总计	74.9
本科	75.7		

注：样本量为1001份。

根据不同婚姻状况进行交叉分析，结果显示，在被调查女性中，已婚女性对自己生活的主观评价分值最高，为75.7分；未婚女性居其次，为73.3分；离异/丧偶后单身的女性的分值最低，为69.9分（见表2-9-7）。

表2-9-7　不同婚姻状况被调查女性对生活的主观评价分值

单位：分

您的婚姻状况是	均值	您的婚姻状况是	均值
未婚	73.3	离异/丧偶后单身	69.9
已婚	75.7	总计	74.9

注：样本量为1006份。

根据孩子多少进行交叉分析，结果显示，在被调查女性中，有1个孩子的女性对自己生活的主观评价分值最高，为75.9分；有2个孩子的女性的分值其次，为73.9分；没有孩子的女性的分值第三，为73.4分；有3个及以上孩子的女性分值最低，为72.2分（见表2-9-8）。

表2-9-8　不同生育状况被调查女性对生活的主观评价分值

单位：分

孩子	均值	孩子	均值
有1个	75.9	目前没有孩子	73.4
有2个	73.9	总计	74.9
有3个及以上	72.2		

注：样本量为992份。

根据不同收入进行交叉分析，结果显示，被调查女性个人收入和家庭收入越高，对生活的主观评价分值越高（见表2-9-9、表2-9-10）。

表2-9-9　不同个人收入被调查女性对生活的主观评价分值

单位：分

个人月收入分段	均值	个人月收入分段	均值
3000 元以下	68.0	10000～19999 元	77.3
3000～4999 元	73.9	20000 元及以上	78.9
5000～9999 元	76.2	总计	74.8

注：样本量为990 份。

表2-9-10　不同家庭收入的被调查女性对生活的主观评价分值

单位：分

家庭月收入	均值	家庭月收入	均值
5000 元以下	64.6	15000～20000 元	76.4
5000～10000 元	74.3	20000 元以上	77.6
10000～15000 元	75.7	合计	75.10

注：样本量为910 份。

（四）2014年被调查女性的生活质量综合评价指数

1.2014年被调查女性的生活质量综合评价指数为63.2分

本次调查涉及城市女性的个人收入满意度、家庭收入满意度、工作满意度、自我健康状况的评价、闲暇时间、居住环境状况的评价，以及自身幸福感的感知等方面。在此基础上，经过数据的加权平均，计算出2014 年被调查女性的生活质量综合评价指数为63.2 分（见表2-9-11）。

2.交叉分析

根据不同城市进行交叉分析，结果显示，在10 个城市的被调查女性中，西安女性的生活质量综合评价指数最高，为66.7 分；长沙第二，为65.3 分，广州位居第三；为65.2 分；第四至第十的排序为杭州、上海、成都、南昌、哈尔滨、兰州、北京（见表2-9-11）。

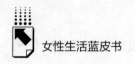

表 2 – 9 – 11　不同城市被调查女性的生活质量综合评价指数

单位：分

项目	10 个城市均值	北京	上海	广州	杭州	哈尔滨	长沙	南昌	成都	兰州	西安
分值	63.2	59.2	64.4	65.2	64.6	59.7	65.3	63.1	63.9	59.6	66.7
排序		10	5	3	4	8	2	7	6	9	1

注：样本量为 937 份。

根据不同年龄进行交叉分析，结果见表 2 – 9 – 12。

表 2 – 9 – 12　不同年龄被调查女性的生活质量综合评价指数

单位：分

年龄分段	分值	年龄分段	分值
20 ~ 29 岁	63.8	50 ~ 55 岁	62.0
30 ~ 39 岁	63.2	均值	63.2
40 ~ 49 岁	62.5		

注：样本量为 937 份。

根据不同职业进行交叉分析，结果显示，2014 年公务员的生活质量综合评价指数分值最高，为 64.9 分（见表 2 – 9 – 13）。

表 2 – 9 – 13　不同职业被调查女性的生活质量综合评价指数

单位：分

职业	分值	职业	分值
公务员	64.9	个体或合伙经营者	64.0
事业单位人员	63.6	自由职业者	62.9
公司人员	62.4	均值	63.2

注：样本量为 925 份。

根据不同学历进行交叉分析，结果显示，学历越高，生活质量综合评价指数的分值越高，硕士及以上被调查女性的分值最高，为 64.7 分（见表 2 – 9 – 14）。

表 2 - 9 - 14   不同学历被调查女性的生活质量综合评价指数

单位：分

学　历	分值	学历	分值
高中级以下	59.4	硕士及以上	64.7
专科	62.1	均值	63.2
本科	63.8		

注：样本量为 930 份。

根据不同的婚姻状况进行交叉分析，结果显示，已婚者的生活质量综合评价指数分值较高（见表 2 - 9 - 15）。

表 2 - 9 - 15   不同婚姻状况被调查女性的生活质量综合评价指数

单位：分

您的婚姻状况是	分值	您的婚姻状况是	分值
未婚	62.8	离异/丧偶后单身	60.2
已婚	63.5	均值	63.2

注：样本量为 935 份。

根据被调查女性的个人收入进行交叉分析，结果见表 2 - 9 - 16。

表 2 - 9 - 16   不同收入（个人）被调查女性的生活质量综合评价指数

单位：分

个人月收入分段	分值	个人月收入分段	分值
3000 元以下	58.3	10000 ~ 19999 元	67.7
3000 ~ 4999 元	61.0	20000 元及以上	64.8
5000 ~ 9999 元	65.1	均值	63.2

注：样本量为 919 份。

根据被调查女性的家庭收入进行交叉分析，结果显示，收入越高，生活质量综合评价指数的分值越高（见表 2 - 9 - 17）。

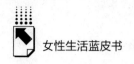

表 2 - 9 - 17　不同收入（家庭）被调查女性的生活质量综合评价指数

单位：分

家庭月收入分段	分值	家庭月收入分段	分值
5000 元以下	55.6	15000 ~ 20000 元	64.9
5000 ~ 10000 元	61.4	20000 元以上	66.0
10000 ~ 15000 元	64.4	均值	63.4

注：样本量为 855 份。

十　结论

（一）大多数被调查女性对2014年的生活感知良好，生活质量评价指数为63.2分；被调查女性对2014年生活的主观评价为74.9分

本次调查涉及 10 个城市女性的个人收入满意度、家庭收入满意度、工作满意度、自我身体健康状况评估、对居住环境状况的评价、闲暇时间满意度、社会参与状况，以及自身幸福感的认知等 8 个方面。调查数据显示，2014 年被调查女性的生活质量综合评价指数为 63.2 分，比上年下降了 6 分。

本次调查首次设计了对 2014 年生活状况的主观评价题，让被调查女性为自己 2014 年生活打分，满分为 100 分。结果显示，被调查女性对 2014 年生活的主观评价为 74.9 分，好于通过"满意度"的计算获得的生活质量评价指数 63.2 分。两者相差 11.7 分，一方面说明年轻的被调查女性对生活的感知和评价比现实更加阳光、更加乐观、更加自信。另一方面也说明，我们需要进一步完善、调整城市女性生活质量的指标体系，使得综合评价指数更加接近和反映女性的现实生活。

此外，调查结果显示，27.6% 的女性认为生活"变好了"，多数女性自认生活"没有变化"（60.9%）。44.8% 的被调查女性对 2014 年的生活感到满意，加上满意度"一般"的人数比例（43.5%），可见，大多数被调查女性对 2014 年生活的感知是良好的。

但是数据也显示，不同生育状况的被调查女性对生活的主观评价分值，随孩子的增加而降低，有 1 个孩子的女性主观评价分值为 75.9 分，有 2 个孩子的女性评价分值为 73.9 分。这表明，在城市中，生活成本高，生育和抚养孩子的经济和身心成本随之加大，减弱了女性对生活的好评度。

（二）被调查女性趋于年轻化，受教育程度高

被调查女性的平均年龄 33.8 岁，其中 20～39 岁的女性占到近八成（77.8%）。从代际分，包括了"前 90 后"、整个"80 后"、"后 70 后"，由此在许多方面都具有新生代群体的鲜明烙印。超过一半的被调查女性为本科学历（52.4%），合计本科和硕士及以上学历，被调查女性受过高等教育的人数占到近七成（67.8%）。可见，2000 年正式实施的大学扩招，使城市女性受教育的机会和程度大大提高，她们以更高的教育水平和专业素质进入职场，进入社会各阶层。同时，大学扩招也给劳动力市场带来变局，导致被调查女性，需要应对职业竞争日趋激烈、工作压力大、家庭和工作难兼顾、闲暇时间受挤压等局面。

（三）被调查女性个人收入满意度为55.1分，家庭收入满意度为56.8分，个人对家庭收入的贡献率达32.3%

调查结果显示，2014 年，36.1% 的被调查女性收入增加。被调查女性的个人月收入平均为 7267.2 元，比 2013 年增加 35.9%；家庭月收入平均为 22526.7 元，比 2013 年增加 60.0%。被调查女性个人收入和家庭收入的增长幅度均高于历年，这可能和高学历的被调查女性所占比例较大有关，2014 年本科以上学历者为 67.8%，比 2013 年（53.5%）增加 14.3 个百分点。虽然收入增加的幅度不小，但是被调查女性对个人和家庭收入表示满意的人数比例分别只有 21.4% 和 22.2%，均低于 2013 年（26.4% 和 30.9%），个人收入满意度分值为 55.1 分，家庭收入满意度分值为 56.8 分，均未及格，且女性对家庭收入的贡献率为 32.3%，也比 2013 年（37.9%）下降了 5.6 个百分点。这也许与本次被调查女性相对年轻有关。被调查女性对于个人收

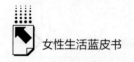

入的期望值是 11554.2 元，对家庭收入的期望值为 39245.6 元，分别是 2014 年月收入的 1.6 倍和 1.7 倍，与 2014 年的涨幅相比，略高一些，经过努力，应该是可以实现的。

（四）工作满意度分值为66.1分，93.4%的被调查女性感到工作"压力大"，工作带给女性的价值是独立、自信和充实

调查结果显示，被调查女性每天的工作时间平均为 8.3 小时，其中个体/合伙经营者每天的工作时间最长，为 9.3 小时。被调查女性每天上下班通勤时间平均为 76.6 分钟，北京女性每天花在上下班路上的时间最长，为 114.2 分钟。

2014 年，41.5% 的被调查女性对工作满意，工作满意度分值为 66.1 分，均略高于 2013 年（35.8% 和 63.8 分）。工作带给被调查女性的价值占前三位的是，"工作对女性来说意味着经济独立"（82.3%）、"工作让女性更自信、更受尊重"（74.3%）和"工作让女性的生活更充实、更精彩"（72.0%）。可见，独立、自信和充实，是工作带给被调查女性最鲜明的价值体现。

有 93.4% 的被调查女性感到有工作压力，比 2013 年下降 3.4 个百分点。被调查女性工作压力的来源，第一位是"工作任务繁重"（58.1%）；第二位是"工作家庭难兼顾"（44.4%）；第三位是"职场竞争激烈"（36.8%）。其中，"工作家庭难兼顾"具有鲜明的性别特征。

被调查女性理想的工作，选择比例较高的是："有较好的薪酬福利"（79.2%）、"有良好的工作环境和氛围"（78.7%）和"有时间和精力照顾家庭"（62.3%）。这表明，被调查女性对工资收入、职场环境、家庭生活等有较高的期望。

（五）大多数被调查女性身体状况良好，其精神状态是健康、积极、温和的

调查结果显示，超过六成的被调查女性自认身体健康（61.8%），合计身体状况"一般"（23.2%），共计85.0%，可见大多数被调查女性身体状况是良好的。同时，被调查女性的精神状态占前三位的选择是，"积极向上，乐观开朗"（54.4%）、"平和淡泊，知足常乐"（53.6%）和"心胸豁达，善良包容"（53.1%）；而选择悲伤、消极、倦怠等负面情绪的人数均未超过17.0%。可见，被调查女性以正面情绪为主，精神状态是健康、积极、温和的。

（六）超过六成的被调查女性名下有房产，二三线城市女性家庭人均住房面积更宽裕，对环境的感知评价分值为60.4分

调查结果显示，61.0%的被调查女性名下有房产，其中，独自署名的占46.3%，联合署名的占53.7%。被调查女性拥有房产的比例基本随年龄增高而增加，其中40～49岁被调查女性拥有房产的比例最高，为79.4%。

在10个城市中，南昌被调查女性拥有房产的比例最高（85.0%），其次是成都女性（72.0%）；北京女性拥有房产的比例最低（30.0%）。从家庭人均住房面积看，西部地区的成都（61.7平方米）和兰州（61.0平方米）被调查女性家庭人均住房面积排名在第一位和第二位，一线城市北京（44.3平方米）、上海（35.7平方米）、广州（33.6平方米）排名较后。可见，一线城市经济发达，人口密度大，房价畸高，导致了人均住房面积较小；而在二三线城市，被调查女性拥有较宽裕和舒适的住房条件。

从数据来看，随被调查女性个人收入的增加，家庭人均住房面积未见有规律地增加；但随着女性家庭收入的增加，家庭人均住房面积呈增加趋势。可见，家庭收入对人均住房面积有很大影响，配偶的收入是一个更为重要的影响因素。

此外，被调查女性对居住环境的感知评价分值为60.4分。从5项环境指标的具体情况看，被调查女性对园林绿化的评分最高，为65.3分。自2011年以来，被调查女性对城市园林绿化的评价一直名列首位。被调查女性对空气质量的评分最低，为56.0分，是自2005年开始"中国城市女性生活质量调查"以来，一直为被调查女性所诟病的环境问题。

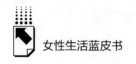
（七）家务劳动是女性需要承担的一项重要家庭活动，被调查女性闲暇活动占前五位的是看电视、补觉休息、逛街/购物、阅读和上网/玩游戏

调查结果显示，被调查女性每天的家务劳动时间平均为 2.1 小时，家务劳动仍然是女性需要面对和承担的一项重要家庭活动。这和前述有关"工作家庭难兼顾"是女性第二位压力来源的数据，可以互为映照和补充。随着女性年龄增高，家务劳动时间也相应增加；随着女性个人收入增加，家务劳动时间减少。

被调查女性闲暇活动占前五位的是：看电视（48.9%）、补觉休息（40.7%）、逛街/购物（39.5%）、阅读（36.9%）和上网/玩游戏（36.6%）。"阅读"排名上升显著，自 2011 年以来首次进入被调查女性闲暇活动的前 4 位。此外，除了依然占据主流的被动型闲暇活动，新的闲暇活动也在被调查女性中兴起，且人数比例不低，如"运动健身（20.3%）"和"旅游（19.1%）"等。还有一些需要智力参与，属于积极、创新型的闲暇活动，虽然小众，也在一些女性中悄然出现，如"做自己喜欢的女红、园艺等""参加培训班充电""照顾自己的业余创业项目，如网店等""参加休闲活动培训班，如茶道、中医保健"等。

（八）幸福感分值为73.3分，"缺乏闲暇时间"成为被调查女性位居第三的最焦虑的事

调查数据显示，被调查女性的幸福感分值为 73.3 分。她们最感幸福的事前四项是："家人健康平安"（75.7%）、"家庭和睦"（63.3%）、"孩子健康成长学业有成"（41.0%）和"夫妻恩爱，婚姻和谐"（41.0%）。可见，家庭和家庭成员在女性心目中占有最重要的位置。

2014 年，首次对城市女性闲暇时间的多少进行调查。有 45.9% 的被调查女性认为闲暇时间少。调查结果还显示，被调查女性最感焦虑的事，第一是"物价上涨，生活成本高"（44.9%）；第二是"空气和环境污染严重"

（33.9%）；第三是"缺乏闲暇时间"（31.4%）。"缺乏闲暇时间"首次成为被调查女性三大焦虑之一，将自2008年以来，排名第三的"收入低"挤出了前三位。考虑本次被调查女性趋于年轻，20～39岁的女性占到近八成，她们有的尚且单身；有的结婚后，即便有小有老，也未成为沉重的负担，她们有心情，有精力，希望在工作之余享受生活，满足自己的好奇心和探索欲。但是，这个希望和她们在职场中超时工作、工作压力大、通勤时间长、家务劳动负担重等现状形成尖锐矛盾，"缺乏闲暇时间"在最焦虑的事中排名上升也就理所当然了。

（九）近三成被调查女性参与了公益活动，"自己寻找途径做公益"成为女性参与公益活动的新方式

调查数据显示，2014年有26.8%的被调查女性参加了公益活动。合计"曾经参加过公益活动，但今年没有参加"和"从来没有参加过公益活动"，则有超过七成的人没有参与公益活动。但在没参加公益活动的人群中，仅有17.4%的女性是因为"媒体多次曝光慈善事件黑幕，不想参加了"，八成以上被调查女性处于观望状态，或者仍有参加的意愿。

同时，被调查女性参加公益活动的渠道出现了分流，除了政府和慈善机构组织的公益活动，还出现了新的方式：自己寻找途径做公益。这在一定程度上表明被调查女性更加积极、主动、深入地参与社会生活，她们不再满足于做一个被动的配合者，而是主动出击，寻找可信任的渠道参与公益事业；而近年来急剧扩张的微博、微信等自媒体形式，也给这种新的方式提供了广阔的平台。

十一 建议

从前述结论中可以看到，被调查女性在收入满意度较低、超时工作、工作压力大、家务劳动重、居住地空气质量差等方面，都和历年"城市女性生活质量调查"的数据与结论相似，其中反映出来的各种问题，需要政府、

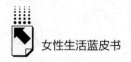

用人单位和社会各界继续给予重视，并逐步妥善解决，如提高女性收入，改善工作环境，提高女性工作满意度，抑制房价，让居者有其屋，加大对环境污染的治理和处罚力度，关注女性的身心健康，不断提升女性幸福感，提高女性的生活质量。与此同时，针对2014年调查出现的一些新情况，提出如下建议。

一是增加女性的闲暇时间，对女性开展闲暇教育，提高闲暇生活品质。调查结果表明，有45.9%的被调查女性认为闲暇时间少。"缺乏闲暇时间"首次成为被调查女性的三大焦虑之一。受工作、家务劳动时间的挤压，被调查女性缺少能够自由支配的休闲时间。社会学和行为经济学的研究显示，充裕的闲暇时间有助于提升个体的幸福感。而要改变现状，让女性拥有充裕的闲暇时间去享受生活，是一个多方参与的系统性工程，涉及改善公共交通，限制用人单位任意加班，为家务劳动社会化提供各种形式、各种规模的服务，诸如此类，需要政府、用人单位和社会各方共同努力，满足和保障女性有适度的闲暇时间。

丰富多彩的闲暇生活是衡量生活质量的一个重要标准。调查结果显示，被调查女性闲暇活动占前五位的是：看电视（48.9%）、补觉休息（40.7%）、逛街/购物（39.5%）、阅读（36.9%）和上网/玩游戏（36.6%）。被动型闲暇活动依然是被调查女性的主要休闲选择，这和国内普遍的休闲状态是一致的。据有关报道："国民休闲活动比较单一，大部分人都热衷于上网和看电视……选择出门看电影、戏剧，参加培训的人并不多。"[1] 建议尽早将闲暇教育纳入国民教育中。应通过各种途径和媒介，引导包括女性在内的社会大众，使他们认识到，闲暇不仅仅是游戏和玩乐，而是通过自由的时间安排，丰富闲暇生活，提升生活品质，陶冶情操，促进身心健康，让自己的生活更加充实和有意义。当然更重要的是，在加强闲暇教育的同时，政府有责任将一定比例的税收用之于民，建设更多的公共休闲设施和场地，同时建立更均衡的分配机制，让人们有地方、有能力去享受闲暇时光。

---

① 张梦星：《闲暇的意义》，《中国新时代》2012年第7期。

二是媒体的监督推进了政府有关慈善制度的建设，今后应在落实上下功夫，并对新型慈善渠道给予必要的监督和管理。调查结果显示，2014年超过七成（73.2%）的被调查女性没有参与公益活动。自郭美美事件"拉黑"红十字会信誉，其后一些社会和民间慈善团体和组织及其慈善活动的不良行为不断被媒体曝光，大众做善事的积极性被大大挫伤。2005~2013年，被调查女性参与公益活动的人数从96.2%降到20.3%，下降幅度惊人。可喜的是，2014年参与公益活动的女性人数回升到26.8%。可见媒体对违法违规的慈善组织与活动的曝光，起到了监督和震慑作用。与此同时，政府加快了相关制度建设，《慈善法》已列入十二届全国人大常委会立法规划第一类项目；2014年12月22日国务院又印发了《关于促进慈善事业健康发展的指导意见》，这是新中国成立以来，第一个以中央政府名义出台的指导、规范和促进慈善事业发展的文件，警示各慈善组织要加强自律。政策出台后，重要的是落实，因此，建议政府有关部门和媒体要在有效落实政策方面下功夫。

另外，调查数据显示，由于新兴的自媒体如微信、微博的迅速扩张，"自己寻找途径做公益"成为女性参与公益活动的新方式。这是一柄双刃剑，在扩大人们参与社会公益慈善活动渠道的同时，也可能会给一些不良人员的欺诈行为提供了方便。为此，媒体要提醒和引导人们学会甄别这类信息的真伪；政府有关部门更要对此类不良行为坚决予以打击。

三是为应对老龄社会的到来，政府应尽快从人口制度、政策、措施等方面进行相关调研和调整。我国人口现状极其严峻，国家未富先老，2012年劳动年龄人口开始减少，在全社会尚未做好准备时，老龄社会猝然降临，生育的结构性问题日渐突出。一些专家对此深表忧虑，称"人口是最基础性和持续性的因素，其变化对民族、对国家的兴衰有着不可低估的重要影响"。保持我国人口规模的稳定、人口结构的合理，是使其承载的大国文明和实力，"始终保持生机勃勃、始终充满活力和创造力、始终保持持续竞争力的必要前提，是应对各种'挑战'的必要前提"[1]。2013年12月28日，

---

① 李建新：《人口变迁、人口替代与大国实力兴衰》，《探索与争鸣》2013年第5期。

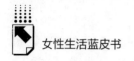

全国人大常委会表决通过了《关于调整完善生育政策的决议》，"单独两孩"政策正式启动实施。然而，该政策实施一年来，并未出现人们预想中的"二孩"申请热。

现实中，养育孩子的经济成本，以及女性为此付出的身心成本节节攀升。这在本次调查中也得到证明，被调查女性对自身生活的主观评价分值随孩子的增加而降低。同时，新生代女性的生育观念发生了变化，她们追求生活的自由自在，对职业发展有着更高的期许，这些都使一些城市女性和家庭对二胎生育持观望、犹豫或消极态度。因此，政府有关部门对年轻人，尤其是育龄女性和家庭的生育观念、生育行为应进行深入的调查研究和及时引导。同时，政府应从人口制度和政策、鼓励机制和扶持措施等方面，在调查研究的基础上进行调整。

执笔：吕晋，中国妇女杂志社总编辑，华坤女性生活调查中心副理事长，副编审。

汪凌，华坤女性生活调查中心课题报告撰稿人，文学硕士，编辑。

数据分析处理：张明明，华坤女性生活调查中心数据分析员，社会学硕士，统计师。

B.3
中国女性资产评估从业人员
状况调查报告

中国资产评估协会

摘　要：　被调查的资产评估行业从业女性，平均年龄 36.7 岁，本科
　　　　　及以上学历者占 64.1%，注册资产评估师占 54.2%，从业
　　　　　时间平均为 8.3 年，每天平均工作 8.3 小时，全年平均出差
　　　　　55 天，95.9% 的人认为自己"适应"或"基本适应"资产
　　　　　评估行业工作，91.9% 的人对工作表示"满意"或"基本
　　　　　满意"；95.0% 的人感到工作有压力；2012 年平均收入 7.6
　　　　　万元，58.1% 的人有房，65.3% 的人感到幸福。

关键词：　女性资产评估从业人员　工作状况　幸福感

　　2013 年 5 月，中国资产评估协会开展了"中国资产评估行业发展与评估师队伍状况调查"。调查内容主要包括中国资产评估师队伍的基本状况、队伍建设状况、资产评估行业建设发展状况，以及资产评估师对加强行业建设的希望和要求等。此次调查的被调查者按照各地区注册资产评估师和从业人员实有人数的比例，从 31 个省（自治区、直辖市）及大连、宁波、深圳和厦门 4 个市的资产评估机构中抽取，由各地区资产评估协会组织实施，共发放问卷 5600 份，回收问卷 5098 份，经核查有效问卷为 5064 份，问卷有效回收率为 90.4%，其中，男性占 55.2%，女性占 44.8%，女性资产评估从业人员有效问卷 2269 份。为准确呈现女性资产评估从业人员的真实状况，现将

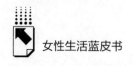

中国女性资产评估从业人员状况进行专门分析，并与男性资产评估从业人员的状况作适当的比较，形成《中国女性资产评估从业人员状况调查报告》。

一 调查样本的基本情况

1. 被调查女性半数以上具有资产评估师资质

本次调查对象分为"注册资产评估师"和"未取得注册资产评估师资格的资产评估从业人员"。在被调查女性中，"未取得注册资产评估职业资格的资产评估从业人员"占45.8%，"注册资产评估师"占54.2%，女性注册资产评估师的比例比男性（67.3%）低13.1个百分点。

2. 已婚的被调查女性超过七成

在被调查女性中，已婚的占比71.8%，未婚的占比28.2%。

3. 在被调查女性中，中共党员的比例接近两成

在被调查女性中，中共党员占19.6%，共青团员占16.8%，群众占61.5%。

4. 在被调查女性中，本科及以上学历者超过六成

在被调查女性中，本科及以上学历者占64.1%，其中，本科学历的占比60.6%，硕士研究生及以上学历占3.5%（见表3-1-1）。女性本科及以上学历的比例比男性（66.5%）低2.4个百分点（见表3-1-2）。

表3-1-1 被调查女性的学历状况

单位：人，%

	学历	计数	百分比	有效百分比	累计百分比
有效样本	专科及以下	803	35.7	35.9	35.9
	本科	1355	60.2	60.6	96.5
	硕士研究生	77	3.4	3.4	99.9
	博士研究生	2	0.1	0.1	100.0
	合计	2237	99.4	100.0	
缺失样本		13	0.6		
总计		2250	100.0		

表 3-1-2　被调查者的学历状况

单位：%

性别	女	男	性别	女	男
专科及以下	35.9	64.1	平均值	34.6	65.4
本科及以上	33.5	66.5			

5. 半数以上被调查女性为会计专业

在被调查女性中，超过半数所学专业为会计，占53.8%；评估专业占18.8%，工程专业占10.1%（见表3-1-3）。

表 3-1-3　被调查女性所学专业的状况

单位：人，%

专业	应答次数		应答人数百分比
	计数	百分比	
评　　估	419	15.9	18.8
会　　计	1195	45.2	53.8
审　　计	133	5.0	6.0
法　　律	46	1.7	2.1
管　　理	191	7.2	8.6
金　　融	85	3.2	3.8
工　　程	224	8.5	10.1
经 济 学	141	5.3	6.3
其　　他	207	7.8	9.3
总　　计	2641	100.0	118.8

6. 被调查女性平均年龄36.7岁，50岁以下的占比91.5%

被调查女性平均年龄36.7岁，比男性（39.4岁）小2.7岁。

把被调查女性年龄分段为：19~29岁、30~39岁、40~49岁、50~60岁、60岁以上，调查结果显示，50岁以下的被调查女性占比91.5%。其中，40~49岁被调查女性的比例最高，为32.4%；其次为30~39岁的被调查女性，占比30.1%；19~29岁的被调查女性占比29.0%。

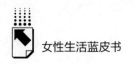

二 被调查女性的工作状况

1. 被调查女性在资产评估行业的从业时长平均为8.3年，比男性短1.7年

被调查女性在资产评估行业的从业时长平均为 8.3 年，比男性（10 年）短 1.7 年。

把被调查女性在资产评估行业的从业时长分为：3 年以下、3～9 年、10～15 年、15 年以上。调查结果显示，在被调查女性中，从业时长以 3～9 年的人数比例最高，为 40.3%；其次为 10～15 年的，为 31.1%；排第三的是从业时间 3 年以下的，为 17.4%（见 3－2－1）。

表 3－2－1 被调查女性的从业时长分段

单位：人，%

	从业时长分段	计数	百分比	有效百分比	累计百分比
有效样本	3 年以下	385	17.1	17.4	17.4
	3～9 年	893	39.7	40.3	57.7
	10～15 年	688	30.6	31.1	88.8
	15 年以上	248	11.0	11.2	100.0
	合计	2214	98.4	100.0	
缺失样本		36	1.6		
总计		2250	100.0		

2. 49.2%的被调查女性认为自己"适应"资产评估工作，适应度低于男性（57.1%）7.9个百分点

在被调查女性中，认为自己"适应"现在从事的资产评估工作的人数比例为 49.2%，46.7% 的人认为自己"基本适应"，两项合计为 95.9%；认为自己"不适应"的被调查女性比例仅为 1.2%（见表 3－2－2）。

表 3 - 2 - 2   被调查女性的工作适应度

单位：人，%

	工作适应度	计数	百分比	有效百分比	累计百分比
有效样本	适应	1103	49.0	49.2	49.2
	基本适应	1046	46.5	46.7	95.9
	不适应	27	1.2	1.2	97.1
	说不清	64	2.8	2.9	100.0
	合计	2240	99.5	100.0	
缺失样本		10	0.4		
总计		2250	100.0		

　　从性别差异来看，被调查女性对工作感到"适应"的占 49.2%，男性该比例为 57.1%，女性的适应度低于男性 7.9 个百分点；对工作感到"基本适应"的比例，女性为 46.7%，男性为 39.7%，女性高于男性 7 个百分点。将"适应"和"基本适应"两项相加，男性的适应度略高于女性（见表 3 - 2 - 3）。

表 3 - 2 - 3   被调查者的工作适应度——性别差异

单位：人，%

性别	单位	适应	基本适应	不适应	说不清	总计
女	计数	1103	1046	27	64	2240
	百分比	49.2	46.7	1.2	2.9	100.0
男	计数	1580	1098	20	70	2768
	百分比	57.1	39.7	0.7	2.5	100.0

　　从业者对工作的适应程度与从业时长成正比。按从业时长进行的交叉分析显示，随着从业时间的增加，被调查女性"适应"评估工作的人数比例也随之增加。从业时长 3 年以下的被调查女性"适应"工作的人数比例为 34.0%，从业时长 3~9 年的被调查女性比例为 43.8%，从业时长 10~15 年的人数比例为 58.9%，从业时长 15 年以上的比例为 65.6%（见表 3 - 2 - 4）。

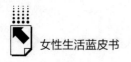

表3-2-4　被调查女性的工作适应度——从业时长差异

单位：人，%

从业时长	单位	适应	基本适应	不适应	说不清	总计
3 年以下	计数	131	233	5	16	385
	百分比	34.0	60.5	1.3	4.2	100.0
3～9 年	计数	390	461	12	27	890
	百分比	43.8	51.8	1.3	3.0	100.0
10～15 年	计数	405	265	4	14	688
	百分比	58.9	38.5	0.6	2.0	100.0
15 年以上	计数	162	73	6	6	247
	百分比	65.6	29.6	2.4	2.4	100.0

3. 被调查女性对工作的满意度很高，1/3的被调查者表示"满意"，近六成的表示"基本满意"

在被调查女性中，对现在的工作表示"满意"的人数比例为33.0%，表示"基本满意"的为58.9%，两项合计为91.9%；表示"不满意"的为3.6%（见表3-2-5）。

表3-2-5　被调查女性的工作满意度

单位：人，%

	工作满意度	计数	百分比	有效百分比	累计百分比
有效样本	满意	739	32.8	33.0	33.0
	基本满意	1320	58.7	58.9	91.9
	不满意	80	3.6	3.6	95.4
	说不清	102	4.5	4.6	100.0
	合计	2241	99.6	100.0	
缺失样本		9	0.4		
总计		2250	100.0		

从性别差异来看，男女从业者对工作的满意度基本一致，没有明显的差异（见表3－2－6）。

表3－2－6　被调查者的工作满意度——性别差异

单位：人，%

性别	单位	满意	基本满意	不满意	说不清	总计
女	计数	739	1320	80	102	2241
	百分比	33.0	58.9	3.6	4.6	100.0
男	计数	928	1589	121	129	2767
	百分比	33.5	57.4	4.4	4.7	100.0

按照从业时长来看，被调查女性对工作的满意度相对稳定，不因工作时长的增长而发生大的变化（见表3－2－7）。

表3－2－7　被调查女性工作满意度——从业时长差异

单位：人，%

从业时长	单位	满意	基本满意	不满意	说不清	总计
3年以下	计数	126	227	9	23	385
	百分比	32.7	59.0	2.3	6.0	100.0
3~9年	计数	288	529	34	40	891
	百分比	32.3	59.4	3.8	4.5	100.0
10~15年	计数	228	401	24	32	685
	百分比	33.3	58.5	3.5	4.7	100.0
15年以上	计数	86	143	12	7	248
	百分比	34.7	57.7	4.8	2.8	100.0

4. 九成以上被调查女性能较好地完成自己承担的工作

在被调查女性中，75.7%的人表示能"较好地完成自己承担的工作"，14.7%的人表示能"游刃有余地完成自己承担的工作"，两项合计为90.4%，仅8.2%的人表示"工作担子重、经常力不从心"（见表3－2－8）。

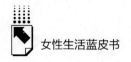

表3-2-8 被调查女性的工作能力

单位：人，%

	工作能力	计数	百分比	有效百分比	累计百分比
有效样本	游刃有余地完成自己承担的工作	327	14.5	14.7	14.7
	较好地完成自己承担的工作	1683	74.8	75.7	90.4
	工作担子重、经常力不从心	183	8.1	8.2	98.7
	其他	30	1.3	1.3	100.0
	合计	2223	98.7	100.0	
缺失样本		27	1.2		
总计		2250	100.0		

从性别差异来看，女性能"游刃有余地完成自己承担的工作"的比例（14.7%）明显低于男性（21.4%），感觉"工作担子重、经常力不从心"男女的比例基本相同（见表3-2-9）。

表3-2-9 被调查者的工作能力——性别差异

单位：人，%

性别	单位	游刃有余地完成自己承担的工作	较好地完成自己承担的工作	工作担子重、经常力不从心	其他	总计
女	计数	327	1683	183	30	2223
	百分比	14.7	75.7	8.2	1.3	100.0
男	计数	589	1901	234	30	2754
	百分比	21.4	69.0	8.5	1.1	100.0

按从业时长进行的交叉分析显示，能"游刃有余地完成自己承担的工作"的比例与从业时长成正比。调查结果显示，随着从业时间的增加，表示能"游刃有余地完成自己承担的工作"的被调查女性人数比例也随之增加，从业3年以下被调查女性的比例仅为5.8%，而从业15年以上被调查女性的比例达到25.0%（见表3-2-10）。

082

表3-2-10 被调查女性的工作能力——从业时长差异

单位：人，%

从业时长	单位	游刃有余地完成自己承担的工作	较好地完成自己承担的工作	工作担子重、经常力不从心	其他	总计
3年以下	计数	22	312	34	13	381
	百分比	5.8	81.9	8.9	3.4	100.0
3~9年	计数	91	694	87	10	882
	百分比	10.3	78.7	9.9	1.1	100.0
10~15年	计数	149	486	44	5	684
	百分比	21.8	71.1	6.4	0.7	100.0
15年以上	计数	61	165	16	2	244
	百分比	25.0	67.6	6.6	0.8	100.0

5. 被调查女性每天的工作时间平均为8.4小时，比男性少

调查结果显示，被调查女性每天的工作时间平均为8.4小时，比男性（8.6小时）少0.2小时，其中最短的为2小时，最长的达到16小时（见表3-2-11）。

将被调查女性的工作时间分为：8小时以下、8小时、8小时以上。调查结果显示，每天工作时间为8小时的被调查女性占比64.1%，工作8小时以上的占比26.7%（见表3-2-12）。

表3-2-11 被调查者每天平均工作时间——性别差异

单位：小时

性别	每天平均工作时间	计数	性别	每天平均工作时间	计数
女	8.4	2228	合计	8.5	4991
男	8.6	2763			

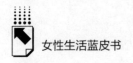

表 3 - 2 - 12　被调查女性每天的工作时间

单位：人，%

	每天工作时间	计数	百分比	有效百分比	累计百分比
有效 样本	8 小时以下	204	9.1	9.2	9.2
	8 小时	1429	63.5	64.1	73.3
	8 小时以上	595	26.4	26.7	100.0
	合计	2228	99.0	100.0	
缺失样本		22	1.0		
总计		2250	100.0		

　　从性别差异来看，女性每天工作 8 小时的比例高于男性近 10 个百分点，男性每天工作 8 小时以上的比例高于女性接近 10 个百分点（见表 3 - 2 - 13）。

表 3 - 2 - 13　被调查者每天的工作时间——性别差异

单位：人，%

性别	单位	8 小时以下	8 小时	8 小时以上	总计
女	计数	204	1429	595	2228
	百分比	9.2	64.1	26.7	100.0
男	计数	226	1507	1030	2763
	百分比	8.2	54.5	37.3	100.0

6. 被调查女性全年平均出差55天，比男性少11天

　　在 2012 年曾出差的被调查女性中，平均出差天数为 55 天，比男性（66 天）少 11 天。其中，最长的出差天数为 300 天，最短的仅 1 天。

　　把被调查女性出差情况划分为：没有出差、1 ~ 54 天、55 ~ 180 天、180 天以上。结果显示，2012 年没出差的被调查女性占比 5.9%，高于男性（1.7%）4.2 个百分点；出差时间 55 天以内的人数比例为 59.3%；出差时间为 55 ~ 180 天的占比 32.1%；出差 180 天以上的占比 2.6%，比男性（4.0%）低 1.4%（见表 3 - 2 - 14、表 3 - 2 - 15）。

表 3 - 2 - 14   被调查女性 2012 年出差情况

单位：人，%

	出差情况	计数	百分比	有效百分比	累计百分比
有效样本	没有出差	126	5.6	5.9	5.9
	1 ~ 54 天	1260	56.0	59.3	65.3
	55 ~ 180 天	682	30.3	32.1	97.4
	180 天以上	56	2.5	2.6	100.0
	合计	2124	94.4	100.0	
缺失样本		126	5.6		
总计		2250	100.0		

表 3 - 2 - 15   被调查者 2012 年出差情况——性别差异

单位：人，%

性别	单位	没有出差	1 ~ 180 天	180 天以上	总计
女	计数	126	1942	56	2124
	百分比	5.9	91.4	2.6	100.0
男	计数	47	2546	107	2700
	百分比	1.7	94.3	4.0	100.0

7. 95.0% 的被调查女性感到有工作压力

在被调查女性中，95.0% 的人感到有工作压力，其中感到"压力很大"的占比 12.4%，感到"有一定压力"的占比 82.6%；3.6% 的人感到"没有压力"（见表 3 - 2 - 16）。

表 3 - 2 - 16   被调查女性的工作压力状况

单位：人，%

	工作压力	计数	百分比	有效百分比	累计百分比
有效样本	压力很大	279	12.4	12.4	12.4
	有一定压力	1852	82.3	82.6	95.0
	没有压力	81	3.6	3.6	98.6
	说不清	31	1.4	1.4	100.0
	合计	2243	99.7	100.0	
缺失样本		7	0.3		
总计		2250	100.0		

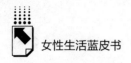

从性别差异来看，男性感到压力很大的比例（17.6%）明显高于女性（12.4%）（见表3-2-17）。

表3-2-17 被调查者工作压力状况——性别差异

单位：人，%

性别	单位	压力很大	有一定压力	没有压力	说不清	总计
男	计数	487	2168	84	34	2773
	百分比	17.6	78.2	3.0	1.2	100.0
女	计数	279	1852	81	31	2243
	百分比	12.4	82.6	3.6	1.4	100.0

按被调查女性年龄段进行的交叉分析显示，30~60岁以上年龄段被调查女性觉得工作"压力很大"的人数比例较高，其中40~49岁的比例最高，为15.9%（见表3-2-18）。

表3-2-18 被调查女性工作压力状况——年龄差异

单位：人，%

年龄段	单位	压力很大	有一定压力	没有压力	说不清	总计
19~29岁	计数	55	548	25	11	639
	百分比	8.6	85.8	3.9	1.7	100.0
30~39岁	计数	83	550	22	9	664
	百分比	12.5	82.8	3.3	1.4	100.0
40~49岁	计数	113	572	20	7	712
	百分比	15.9	80.3	2.8	1.0	100.0
50~60岁	计数	18	125	12	4	159
	百分比	11.3	78.6	7.5	2.5	100.0
60岁以上	计数	4	23	1	0	28
	百分比	14.3	82.1	3.6	0.0	100.0

8. 被调查女性工作压力的主要原因是专业知识及经验匮乏

调查结果显示，被调查女性工作压力的主要来源依次是："自身专业知识及经验匮乏"（62.2%）、"委托方对评估值的主观要求"（40.1%）、"工作强度大，工作时间长"（31.6%）、"家庭和事业难平衡"（21.7%）、

"评估机构为迎合委托方对评估值的要求而做出让步"（19.8%）等（见表3-2-19）。

表3-2-19 被调查女性工作压力的主要来源

单位：人，%

工作压力的主要来源	应答次数		应答人数
	计数	百分比	百分比
自身专业知识及经验匮乏	1365	34.6	62.2
委托方对评估值的主观要求	880	22.3	40.1
评估机构为迎合委托方对评估值的要求而做出让步	434	11.0	19.8
工作强度大，工作时间长	694	17.6	31.6
家庭和事业难平衡	476	12.1	21.7
其他	101	2.6	4.6
总　计	3950	100.0	180.0

从年龄差异来看，年纪轻的从业者（19～29岁）承受"自身专业知识及经验匮乏"带来的压力的人数比例最高，占82.1%。30岁以上的从业者承受来自"委托方对评估值的主观要求"带来的压力的人数比例基本相同，占比均在40.0%以上；来自"工作强度大，工作时间长"带来的压力所占的人数比例均在30.0%以上。30～50岁被调查女性"家庭和事业难平衡"的比例在各年龄段中相对较高，这与人到中年，上有老下有小，家庭担子较重有关（见表3-2-20）。

根据性别和婚姻状况进行的交叉分析显示，工作压力来自"自身专业知识及经验匮乏"的被调查女性的比例为62.2%，高于男性（52.9%）接近10个百分点；工作压力来自"家庭和事业难平衡"，女性人数比例为21.7%，略高于男性（20.9%）0.8个百分点（见表3-2-19、表3-2-21）。

就"家庭和事业难平衡"这一工作压力而言，在女性被调查者中，已婚的占比26.6%，未婚的占比9.4%；在男性中，已婚的占比21.9%，未婚的占比16.2%，可见婚姻对女性从业者的影响要大于男性（见表3-2-21）。

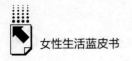

表 3-2-20 被调查女性工作压力的主要来源——年龄差异

单位：人，%

年龄段	单位	自身专业知识及经验匮乏	委托方对评估值的主观要求	评估机构为迎合委托方对评估值的要求而做出让步	工作强度大，工作时间长	家庭和事业难平衡	其他
19~29岁	计数	519	178	84	162	77	21
	百分比	82.1	28.2	13.3	25.6	12.2	3.3
30~39岁	计数	396	275	148	210	191	26
	百分比	60.8	42.2	22.7	32.3	29.3	4.0
40~49岁	计数	344	330	148	244	169	40
	百分比	49.6	47.6	21.4	35.2	24.4	5.8
50~60岁	计数	69	66	34	53	27	13
	百分比	45.4	43.4	22.4	34.9	17.8	8.6
60岁以上	计数	15	11	9	10	6	1
	百分比	55.6	40.7	33.3	37.0	22.2	3.7

表 3-2-21 被调查者工作压力的主要来源——性别、婚姻状况差异

单位：人，%

性别	婚姻状况	单位	自身专业知识及经验匮乏	委托方对评估值的主观要求	评估机构为迎合委托方对评估值的要求而做出让步	工作强度大，工作时间长	家庭和事业难平衡	其他
女	已婚	计数	869	692	356	517	416	76
		百分比	55.5	44.2	22.7	33.0	26.6	4.9
	未婚	计数	494	186	77	174	59	25
		百分比	79.0	29.8	12.3	27.8	9.4	4.0
男	已婚	计数	1084	1117	564	826	489	154
		百分比	48.5	50.0	25.2	37.0	21.9	6.9
	未婚	计数	349	157	76	150	77	18
		百分比	73.3	33.0	16.0	31.5	16.2	3.8
合计		计数	1433	1274	640	976	566	172
		百分比	52.9	47.0	23.6	36.0	20.9	6.3

三 被调查女性的职业忠诚度及国际视野

1. 近七成被调查女性认为"资产评估在社会经济发展中越来越重要，受重视程度不断提高"

调查结果显示，68.5%的被调查女性认为"资产评估在社会经济发展中越来越重要，受重视程度不断提高"，46.7%的人认为"资产评估从业者具有较高的文化素养和专业知识，受到社会尊重"（见表3-3-1）。

表3-3-1 被调查女性对行业和职业的看法

单位：人，%

对行业和职业的看法	应答次数		应答人数
	计数	百分比	百分比
资产评估在社会经济发展中越来越重要,受重视程度不断提高	1508	45.9	68.5
资产评估从业者具有较高的文化素养和专业知识,受到社会尊重	1027	31.2	46.7
这是一个新兴行业,让人羡慕,前途光明	367	11.2	16.7
从业者收入较高	112	3.4	5.1
其他	274	8.3	12.4
总　计	3288	100.0	149.4

按工作满意度进行的交叉分析显示，对现在的工作感到满意和基本满意的被调查女性，对资产评估行业和职业的看法积极、正面的人数比例较高（见表3-3-2）。

表3-3-2 被调查女性对行业和职业的看法——工作满意度差异

单位：人，%

工作满意度	单位	资产评估在社会经济发展中越来越重要,受重视程度不断提高	资产评估从业者具有较高的文化素养和专业知识,受到社会尊重	这是一个新兴行业,让人羡慕,前途光明	从业者收入较高	其他
满意	计数	581	414	166	45	35
	百分比	78.9	56.2	22.6	6.1	4.8
基本满意	计数	846	544	178	55	173
	百分比	66.0	42.4	13.9	4.3	13.5

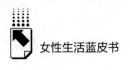

续表

工作满意度	单位	资产评估在社会经济发展中越来越重要,受重视程度不断提高	资产评估从业者具有较高的文化素养和专业知识,受到社会尊重	这是一个新兴行业,让人羡慕,前途光明	从业者收入较高	其他
不满意	计数	24	28	5	5	34
	百分比	31.2	36.4	6.5	6.5	44.2
说不清	计数	53	37	16	6	31
	百分比	54.6	38.1	16.5	6.2	32.0

2. 近八成被调查女性认为一个成功的资产评估师的首要核心竞争力是"专业胜任能力"

调查结果显示,被调查女性认为一个成功的资产评估师的四大核心竞争力分别是:"专业胜任能力"(77.6%)、"诚信"(62.8%)、"团队合作"(45.1%)和"服务质量"(34.7%)(见表3-3-3)。

表3-3-3　一名成功的资产评估师的核心竞争力

单位:人,%

核心竞争力	应答次数		应答人数百分比
	计数	百分比	
诚信	1410	16.4	62.8
社会关系	645	7.5	28.7
专业胜任能力	1742	20.3	77.6
遵纪守法	628	7.3	28.0
团队合作	1012	11.8	45.1
工作态度	759	8.8	33.8
学习能力	514	6.0	22.9
好的口碑	277	3.2	12.3
工作态度	209	2.4	9.3
服务质量	780	9.1	34.7
良好的社会环境	219	2.6	9.8
适应市场的能力	382	4.4	17.0
其他	8	0.1	0.4
总计	8585	100.0	382.4

3. 近九成被调查女性认为资产评估师最重要的品质和素养是"诚信公正"

调查结果显示,被调查女性认为资产评估师最重要的四大品质和素养分别是："诚信公正"（86.0%）、"敬业"（53.4%）、"遵纪守法"（51.6%）和"合作精神"（42.8%）。其他重要的品质和素养依次还有"学习能力""服务意识""务实""进取"等（见表3-3-4）。

表3-3-4　资产评估师最重要的品质和素养

单位：人，%

品质和素养	应答次数		应答人数百分比
	计数	百分比	
诚信公正	1934	22.7	86.0
遵纪守法	1161	13.6	51.6
友善	148	1.7	6.6
务实	586	6.9	26.1
有理想	125	1.5	5.6
敬业	1201	14.1	53.4
进取	477	5.6	21.2
爱国	44	0.5	2.0
孝	50	0.6	2.2
对家庭负责	112	1.3	5.0
学习能力	866	10.2	38.5
奉献	69	0.8	3.1
服务意识	777	9.1	34.6
合作精神	963	11.3	42.8
其他	9	0.1	0.4
总计	8522	100.0	379.1

4. 女性被调查者的职业忠诚度略高于男性

为了解被调查者的职业忠诚度，调查问卷设计了"如果给您重新选择工作的机会，您会如何选择"的问题。调查结果显示，55.4%的被调查女性回答"继续从事资产评估行业工作"，18.6%的被调查者回答"选择其他行业的工作"（见表3-3-5）。

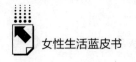

表 3 - 3 - 5　重新择业的选择

单位：人，%

	选择	计数	百分比	有效百分比	累计百分比
有效样本	继续从事资产评估行业工作	1239	55.1	55.4	55.4
	选择其他行业的工作	416	18.5	18.6	74.0
	说不清	580	25.8	26.0	100.0
	合计	2235	99.4	100.0	
缺失样本		15	0.7		
总计		2250	100.0		

　　根据婚姻状况进行的交叉分析显示，未婚被调查女性希望继续从事资产评估行业工作的人数比例为60.1%，高于已婚女性（53.7%）（见表3-3-6）。

表 3 - 3 - 6　重新择业的选择——婚姻状况差异

单位：人，%

婚姻状况	单位	继续从事资产评估行业工作	选择其他行业的工作	说不清	总计
已婚	计数	858	331	410	1599
	百分比	53.7	20.7	25.6	100.0
未婚	计数	380	84	168	632
	百分比	60.1	13.3	26.6	100.0

　　根据被调查女性从业时长进行的交叉分析显示，从业3年以下的被调查女性希望继续从事资产评估行业工作的人数比例最高，为64.1%；从业10～15年的被调查女性希望继续从事资产评估行业工作的人数比例最低，为48.4%（见表3-3-7）。

表 3 - 3 - 7　重新择业的选择——从业时长差异

单位：人，%

从业时长	单位	继续从事资产评估行业工作	选择其他行业的工作	说不清	总计
3 年以下	计数	246	34	104	384
	百分比	64.1	8.9	27.1	100.0
3～9 年	计数	499	163	225	887
	百分比	56.3	18.4	25.4	100.0

续表

从业时长	单位	继续从事资产评估行业工作	选择其他行业的工作	说不清	总计
10~15年	计数	329	164	187	680
	百分比	48.4	24.1	27.5	100.0
15年以上	计数	142	49	57	248
	百分比	57.3	19.8	23.0	100.0

根据工作满意度进行的交叉分析显示，满意度较高的被调查女性选择"继续从事资产评估行业工作"的人数比例也较高（见表3-3-8）。

表3-3-8　重新择业的选择——工作满意度差异

单位：人，%

工作满意度	单位	继续从事资产评估行业工作	选择其他行业的工作	说不清	总计
满意	计数	575	48	112	735
	百分比	78.2	6.5	15.2	100.0
基本满意	计数	639	290	382	1311
	百分比	48.7	22.1	29.1	100.0
不满意	计数	15	44	20	79
	百分比	19.0	55.7	25.3	100.0
说不清	计数	6	33	62	101
	百分比	5.9	32.7	61.4	100.0

根据工作适应度进行的交叉分析显示，工作适应度越高，选择"继续从事资产评估行业工作"的被调查女性比例越高（见表3-3-9）。

表3-3-9　重新择业的选择——工作适应度差异

单位：人，%

工作适应度	单位	继续从事资产评估行业工作	选择其他行业的工作	说不清	总计
适应	计数	743	147	205	1095
	百分比	67.9	13.4	18.7	100.0
基本适应	计数	485	235	320	1040
	百分比	46.6	22.6	30.8	100.0
不适应	计数	3	15	9	27
	百分比	11.1	55.6	33.3	100.0
说不清	计数	5	16	42	63
	百分比	7.9	25.4	66.7	100.0

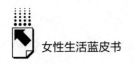

根据性别进行的交叉分析显示，被调查女性面对重新择业的选择时，表示会"继续从事资产评估行业工作"的人数比例（55.4%）高于男性（51.2%），说明女性被调查者的职业忠诚度略高于男性（见表3－3－10）。

表3－3－10　重新择业的选择——性别差异

单位：人，%

性别	单位	继续从事资产评估行业工作	选择其他行业的工作	说不清	总计
女	计数	1239	416	580	2235
	百分比	55.4	18.6	26.0	100.0
男	计数	1410	625	721	2756
	百分比	51.2	22.7	26.2	100.0

5. 九成多被调查女性从未出国考察或境外留学、工作

调查结果显示，92.0%的被调查女性从未出国考察或到境外留学、工作，7.4%的被调查女性曾短期赴境外或国外考察，仅1.5%的被调查女性在国外或境外留学或工作1年以上（见表3－3－11）。被调查女性出国考察、学习的比例均低于男性。

表3－3－11　出国留学、工作或境外考察的经历

单位：人，%

经历	应答次数		应答人数
	计数	百分比	百分比
曾短期赴境外或国外考察	164	7.3	7.4
在国外或境外留学或工作1年以上	34	1.5	1.5
从未出国考察或到境外留学、工作	2035	91.1	92.0
总　计	2233	100.0	101.0

6. 六成多被调查女性希望加强与境外或国外同行的合作

调查结果显示，64.4%的被调查女性希望加强与境外或国外同行的合作，31.4%的被调查女性认为"无所谓"（见表3－3－12）。

表3-3-12　加强与境外或国外同行合作的意愿

单位：人，%

	合作意愿	计数	百分比	有效百分比	累计百分比
有效样本	希望	1444	64.2	64.4	64.4
	不希望	72	3.2	3.2	67.6
	无所谓	705	31.3	31.4	99.0
	其他	22	1.0	1.0	100.0
	合计	2243	99.7	100.0	
缺失样本		7	0.3		
总计		2250	100.0		

7. 近七成被调查女性认为中国资产评估行业有必要拓展国外市场、参与国际竞争

调查结果显示，68.2%的被调查女性认为中国资产评估行业有必要拓展国外市场、参与国际竞争，24.5%的被调查女性对此抱"说不清"的态度（见表3-3-13）。

表3-3-13　拓展国外市场、参与国际竞争的必要性

单位：人，%

	必要性	计数	百分比	有效百分比	累计百分比
有效样本	有必要	1528	67.9	68.2	68.2
	没有必要	162	7.2	7.2	75.5
	说不清	549	24.4	24.5	100.0
	合计	2239	99.5	100.0	
缺失样本		11	0.5		
总计		2250	100.0		

8. 近九成被调查女性"支持"推动资产评估立法

调查结果显示，88.5%的被调查女性"支持"推动资产评估立法（见表3-3-14）。

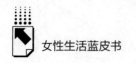

表3-3-14　对推动资产评估立法的态度

单位：人，%

	态度	计数	百分比	有效百分比	累计百分比
有效样本	支持	1984	88.2	88.5	88.5
	反对	21	0.9	0.9	89.5
	说不清	236	10.5	10.5	100.0
	合计	2241	99.6	100.0	
缺失样本		9	0.4		
总计		2250	100.0		

四　被调查女性的生活状况

1. 被调查女性2012年的年均收入为7.6万元，比男性少1.5万元

被调查女性2012年的年均收入为7.6万元。对年收入进行分段：7.6万元以下、7.6万~16万元、16万~50万元、50万元以上。调查结果显示，2012年被调查女性的年收入在7.6万元以下的比例为66.5%，年收入达到及超过平均值7.6万元的，为33.5%（见表3-4-1）。

从性别差异来看，男性的年平均收入为9.1万元，比被调查女性多1.5万元。

表3-4-1　被调查女性2012年的年收入状况

单位：人，%

	年收入	计数	百分比	有效百分比	累计百分比
有效样本	7.6万元以下	1408	62.6	66.5	66.5
	7.6万~16万元	605	26.9	28.6	95.1
	16万~50万元	90	4.0	4.3	99.4
	50万元以上	13	0.6	0.6	100.0
	合计	2116	94.1	100.0	
缺失样本		134	6.0		
总计		2250	100.0		

按年龄段进行的交叉分析显示，2012 年被调查女性的年收入，19 ~ 29 岁的女性收入在 7.6 万元以下的人数比例最高，为 87.6%；40 岁 ~ 49 岁的女性收入在 7.6 万 ~ 16 万元的比例最高，为 38.9%；50 ~ 60 岁的女性收入在 16 万 ~ 50 万元的比例最高，为 10.7%（见表 3 - 4 - 2）。

表 3 - 4 - 2　被调查女性 2012 年的年收入状况——年龄差异

单位：人，%

年龄段	单位	7.6 万元以下	7.6 万 ~ 16 万元	16 万 ~ 50 万元	50 万元以上	总计
19 ~ 29 岁	计数	518	65	5	3	591
	百分比	87.6	11.0	0.8	0.5	100.0
30 ~ 39 岁	计数	367	205	23	3	598
	百分比	63.2	32.6	3.7	0.5	100.0
40 ~ 49 岁	计数	372	266	41	5	684
	百分比	54.4	38.9	6.0	0.7	100.0
50 ~ 60 岁	计数	80	51	16	2	149
	百分比	53.7	34.2	10.7	1.3	100.0
60 岁以上	计数	20	5	2	0	27
	百分比	74.0	18.5	7.4	0.0	100.0

根据学历进行的交叉分析显示，在被调查女性中，高学历的女性，2012 年的年收入相对较高，特别是年收入在 7.6 万元以上的女性中，学历越高收入越高；收入在 7.6 万元以下的女性中，学历越低，比例越高（见表 3 - 4 - 3）。

表 3 - 4 - 3　被调查女性 2012 年的年收入状况——学历差异

单位：人，%

学历	单位	7.6 万元以下	7.6 万 ~ 16 万元	16 万 ~ 50 万元	50 万元以上	总计
专科及以下	计数	574	159	21	2	756
	百分比	75.9	21.0	2.8	0.3	100.0
本科	计数	799	412	56	9	1276
	百分比	62.6	32.3	4.4	0.7	100.0
硕士研究生	计数	27	30	13	1	71
	百分比	38.0	42.3	18.3	1.4	100.0
博士研究生	计数	1	0	0	1	2
	百分比	50.0	0.0	0.0	50.0	100.0

注：本表中博士研究生学历的样本不足 15 人，不做分析，数据仅供参考。

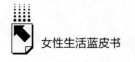

2. 71.6%的被调查女性常用的交通工具为公共交通

调查结果显示，在常用的交通工具中，71.6%的被调查女性乘坐公共交通，21.8%的人乘坐私家车，8.7%的人乘坐公司配的车（见表3-4-4）。

表3-4-4　被调查女性常用的交通工具

单位：人，%

交通工具	应答次数		应答人数
	计数	百分比	百分比
公共交通	1605	63.7	71.6
私家车	488	19.4	21.8
公司配的车	195	7.7	8.7
其他	233	9.2	10.4
总计	2521	100.0	112.4

3. 58.1%的被调查女性居住在自己购买的住房里

在被调查女性中，58.1%的人居住在"自己购买的"住房里，20.9%的人居住在"租来的"住房里，18.7%的人居住在"父母或其他亲属提供的"住房里（见表3-4-5）。

表3-4-5　被调查女性住所状况

单位：人，%

	住所类型	计数	百分比	有效百分比	累计百分比
有效样本	租来的	469	20.7	20.9	20.9
	单位临时分配的	31	1.4	1.4	22.3
	自己购买的	1299	57.4	58.1	80.3
	父母或其他亲属提供的	419	18.5	18.7	99.0
	其他	23	1.0	1.0	100.0
	合计	2241	99.0	100.0	
缺失样本		20	0.9		
总计		2261	100.0		

根据婚姻状况进行的交叉分析显示，77.2%的已婚被调查女性居住在"自己购买的"住房里，49.8%的未婚被调查女性居住在"租来的"住房里（见表3-4-6）。

表3-4-6　被调查女性住所的状况——婚姻状况差异

单位：人，%

婚姻状况		单位	租来的	单位临时分配的	自己购买的	父母或其他亲属提供的	其他	总计
已婚	计数	154	12	1239	182	18	1605
	百分比	9.6	0.7	77.2	11.3	1.1	100.0
未婚	计数	315	19	57	236	5	632
	百分比	49.8	3.0	9.0	37.3	0.8	100.0

4. 被调查女性中最流行的休闲方式是朋友聚会及社会交往

被调查女性闲暇时间活动的方式很多，56.8%的人与"朋友聚会及社会交往"，46.5%的人"读书学习"，41.4%的人外出"旅游"，31.5%的人进行"体育健身"（见表3-4-7）。

表3-4-7　被调查女性的休闲方式

单位：人，%

休闲方式	应答次数		应答人数百分比
	计数	百分比	
体育健身	705	15.0	31.5
唱歌、跳舞及棋琴书画等	341	7.3	15.3
读书学习	1040	22.2	46.5
朋友聚会及社会交往	1271	27.1	56.8
旅游	925	19.7	41.4
观看文艺演出	208	4.4	9.3
其他	197	4.2	8.8
总计	4687	100.0	209.6

从性别差异看，被调查男性选择"体育健身"的比例（45.6%）明显高于被调查女性（31.5%）（见表3-4-8）。

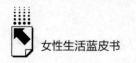

表3-4-8 被调查者的休闲方式——性别差异

单位：人，%

性别	单位	体育健身	唱歌、跳舞及棋琴书画等	读书学习	朋友聚会及社会交往	旅游	观看文艺演出	其他	总计
男	计数	1260	309	1287	1514	851	167	238	5626
	应答人数百分比	45.6	11.2	46.6	54.8	30.8	6.0	8.6	
女	计数	705	341	1040	1271	925	208	197	4687
	应答人数百分比	31.5	15.3	46.5	56.8	41.4	9.3	8.8	

　　从年龄差异来看，19～29岁的被调查女性把"朋友聚会及社会交往"作为最重要的休闲方式（74.0%），远远高出其他年龄段（见表3-4-9）。

表3-4-9 被调查女性的休闲方式——年龄差异

单位：人，%

年龄段	单位	体育健身	唱歌、跳舞及棋琴书画等	读书学习	朋友聚会及社会交往	旅游	观看文艺演出	其他
19～29岁	计数	190	153	290	472	257	84	39
	百分比	29.8	24.0	45.5	74.0	40.3	13.2	6.1
30～39岁	计数	198	95	307	369	297	53	48
	百分比	29.8	14.3	46.2	55.6	44.7	8.0	7.2
40～49岁	计数	246	62	341	320	288	50	77
	百分比	34.7	8.7	48.1	45.1	40.6	7.1	10.9
50～60岁	计数	51	21	73	72	67	17	24
	百分比	32.3	13.3	46.2	45.6	42.4	10.8	15.2
60岁以上	计数	9	2	14	13	4	2	4
	百分比	33.3	7.4	51.9	48.1	14.8	7.4	14.8

5.65.3%的被调查女性感到自己幸福，比男性高近10个百分点

　　调查结果显示，65.3%的被调查女性感到自己幸福，其中感到"很幸福"的占比16.8%，感到"比较幸福"的占比48.5%（见表3-4-10）。

表 3 - 4 - 10　被调查女性的幸福感

单位：人，%

	幸福感	计数	百分比	有效百分比	累计百分比
有效样本	很幸福	377	16.8	16.8	16.8
	比较幸福	1086	48.3	48.5	65.3
	一般	694	30.8	31.0	96.3
	不太幸福	58	2.6	2.6	98.9
	不幸福	24	1.1	1.1	100.0
	合计	2239	99.5	100.0	
缺失样本		11	0.5		
总计		2250	100.0		

按婚姻状况进行的交叉分析显示，已婚被调查女性感到"很幸福"和"比较幸福"的人数比例均高于未婚被调查女性（见表 3 - 4 - 11）。

表 3 - 4 - 11　被调查女性的幸福感——婚姻状况差异

单位：人，%

婚姻状况	单位	很幸福	比较幸福	一般	不太幸福	不幸福	总计
已婚	计数	275	798	486	34	14	1607
	百分比	17.1	49.7	30.2	2.1	0.9	100.0
未婚	计数	102	288	205	24	10	629
	百分比	16.2	45.8	32.6	3.8	1.6	100.0

根据工作满意度进行的交叉分析显示，对自己现在的工作感到满意的被调查女性，感到"很幸福"和"比较幸福"的人数比例最高，为 83.4%（见表 3 - 4 - 12）。

根据性别进行的交叉分析显示，被调查女性感觉自己"很幸福"和"比较幸福"的人数比例（65.3%）高于男性（55.9%）（见表 3 - 4 - 13）。

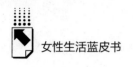

表 3 - 4 - 12　被调查女性的幸福感——工作满意度差异

单位：人，%

工作满意度	单位	很幸福	比较幸福	一般	不太幸福	不幸福	总计
满意	计数	246	368	115	4	3	736
	百分比	33.4	50.0	15.6	0.5	0.4	100.0
基本满意	计数	122	676	480	26	9	1313
	百分比	9.3	51.5	36.6	2.0	0.7	100.0
不满意	计数	4	14	37	18	6	79
	百分比	5.1	17.7	46.8	22.8	7.6	100.0
说不清	计数	4	25	58	10	5	102
	百分比	3.9	24.5	56.9	9.8	4.9	100.0

表 3 - 4 - 13　被调查者的幸福感——性别差异

单位：人，%

性别	单位	很幸福	比较幸福	一般	不太幸福	不幸福	总计
女	计数	377	1086	694	58	24	2239
	百分比	16.8	48.5	31.0	2.6	1.1	100.0
男	计数	325	1220	1038	108	74	2765
	百分比	11.8	44.1	37.5	3.9	2.7	100.0

五　调查结果分析

（一）女性资产评估从业人员队伍是一支以中青年为主、高学历、专业集中、技术性强的高素质队伍

从调查结果看，50岁以下的被调查女性占比91.5%，其中，30~49岁的占62.5%，19~29岁的占29.0%。这说明，中青年占有绝对优势，是女性资产评估从业人员的骨干和主力。被调查女性具有本科及以上学历的占64.1%，其中本科学历的占60.6%，研究生学历的占3.5%。从专业来看，

会计（45.2%）、评估（15.9%）、工程（8.5%）三个专业的比例较高，占比接近七成，专业集中度高，工作的专业性和技术性要求高。

（二）女性资产评估从业人员队伍是一支职业忠诚度、工作适应度、工作满意度很高的稳定的队伍

从职业忠诚度来看，被调查女性平均从业时间为 8 年，超过 3 年的占八成以上，从业时间在 10 年以上的超过四成。超过半数的被调查女性（55.4%）明确表示如果有机会重新择业，会"继续从事资产评估行业工作"，明确表示会"选择其他行业的工作"的仅占 18.6%。这表明，女性资产评估从业人员队伍不存在人才急剧流失的现象，而是具有很强的稳定性。造成队伍稳定的原因，可以从被调查女性对工作的适应度、满意度等方面找到答案。从工作适应度来看，感到"适应"现在从事的资产评估工作的被调查女性占 49.2%，认为"基本适应"的占 46.7%，感到"适应"和"基本适应"的共占 95.9%；感到"不适应"的只占 1.2%。从工作满意度看，对现在的工作表示"满意"的被调查女性占 33%，表示"基本满意"的占 58.9%，感到"满意"和"基本满意"的合计占 91.9%；表示"不满意"的仅占 3.6%。由此可以判断，很高的工作适应度和工作满意度，是队伍保持稳定的重要原因。

（三）"专业能力"是女性资产评估从业人员的硬实力，是最重要的核心竞争力

调查结果显示，对于评估行业核心竞争力的认定，"专业胜任能力"高居首位，占比 77.6%，这一比例高出第二位的"诚信"（62.8%）接近 15 个百分点，高出第三位的"团队合作"（45.1%）近 33 个百分点。由此可以看出，专业能力是女性资产评估从业人员最根本、最重要的素质和能力。

（四）女性资产评估从业人员工作时间长，工作压力大

调查结果表明，被调查女性每天的工作时间平均为 8.4 小时，工作 8

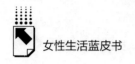

小时以上的占 26.7%。感觉工作"压力很大"的占 12.4%,"有一定压力"的占 82.6%,"压力很大"和"有一定压力"合计为 95%;仅有 3.6% 感觉"没有压力"。这说明女性资产评估从业人员普遍都有工作压力。

(五)女性资产评估从业人员具有较强的幸福感

调查结果显示,在被调查女性中,感到"很幸福"的占 16.8%,感到"比较幸福"的占 48.5%,感到"很幸福"和"比较幸福"的合计为 65.3%。这说明,总体来看,被调查女性具有较强的幸福感。较强的幸福感除工作适应度、工作满意度高等原因外,与女性资产评估从业人员的生活状况密不可分。从婚姻状况来看,已婚率高,占比 71.8%。从经济收入看,2012 年度被调查女性的年均收入为 7.6 万元。从交通状况看,绝大部分被调查女性乘公共交通工具,三成的被调查女性乘私家车或单位配备的车辆。从住房状况看,近六成(58.1%)的被调查女性自己购买了住房。

(六)女性资产评估从业人员与男性从业者有着明显的差异

从资质看,女性注册资产评估师占比为 54.2%,低于男性(67.3%)13.1 个百分点。从学历看,女性本科及以上学历占比 64.1%,比男性(66.5%)低 2.4 个百分点。从年龄看,女性从业者平均年龄 36.7 岁,比男性(39.4 岁)小 2.7 岁。从从业时长看,女性从业者平均为 8.3 年,比男性(平均 10 年)短 1.7 年。从工作适应度看,女性感到能"适应"工作的占比 49.2%,比男性(57.1%)低 7.9 个百分点。从工作压力看,女性觉得"压力很大"的占 12.4%,比男性(17.6%)低 5.2 个百分点。从收入看,女性年平均收入 7.6 万元,低于男性(9.1 万元)1.5 万元。从职业忠诚度看,女性选择"继续从事资产评估行业工作"的占比 55.4%,高于男性(51.2%)3.2 个百分点。从幸福感看,女性觉得"很幸福"和"比较幸福"的比例占 65.3%,高于男性(55.9%)接近 10 个百分点。

六 对策与建议

（一）加大对女性资产评估从业人员专业知识培训力度，提高她们的能力和水平，以便更好地适应工作

调查结果显示，被调查女性对工作的适应度以及从容完成工作的程度，与男性存在明显差距。被调查女性对工作的适应度低于男性近 8 个百分点（女性为 49.2%，男性为 57.1%）。女性能"游刃有余地完成工作"的比例低于男性近 7 个百分点（女性为 14.7%，男性为 21.4%）。调查还显示，从业 3 年以下的女性资产评估从业人员适应工作的比例偏低，只占 34.0%；而从业 3 年以下希望继续从事资产评估行业工作的女性所占的比例高，达64.1%。偏低的工作适应能力与较高的继续从事资产评估行业工作的愿望之间存在很大的矛盾。这就迫切需要通过加强专业知识培训，提高她们适应工作的能力，缩小女性与男性在工作适应度方面的差异，以形成女性较强的适应能力与较高的从业愿望之间的平衡，更好地推动资产评估行业的健康发展。

（二）加强资产评估行业的环境建设，加强对女性的人文关怀和心理疏导，减缓她们的从业压力

调查结果显示，95.0% 的女性资产评估从业人员感到有工作压力，其中，觉得"压力很大"的占比 12.4%，觉得"有一定压力"的占比82.6%。压力的主要来源依次是："自身专业知识及经验匮乏"（62.2%）、"委托方对评估值的主观要求"（40.1%）、"工作强度大，工作时间长"（31.6%）、"家庭和事业难平衡"（21.7%）等。减缓女性资产评估从业人员的工作压力，帮助她们缓解家庭与事业之间的矛盾，除加强培训、提高专业能力之外，建议进一步加强资产评估行业的环境建设，特别是加强法制环境、执业环境和社会环境三方面建设。在法制环境方面，应加快推动资产评

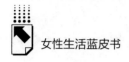

估立法，尽快出台《资产评估法》，使资产评估行业有法可依。在执业环境方面，应加强和规范对资产评估机构的统一管理，加强对相关业务的具体指导，加强对恶性竞争、无序竞争的治理整顿，形成规范有序、优胜劣汰的行业发展机制，形成健康有序的执业环境。在社会环境方面，应加强资产评估行业与社会的沟通，向社会普及资产评估相关知识，及时向社会推出资产评估行业的前沿信息和相关的调查数据，扩大和深化大众对包括女性资产评估从业人员的知晓和了解，为她们提供更多便捷的切实的服务，形成有利于女性资产评估从业人员健康发展的良好环境。

（三）积极拓宽女性资产评估从业人员的国际视野，引导她们积极参与国际竞争

调查结果显示，只有7.4%的被调查女性曾短期赴境外或国外考察，仅1.5%的被调查女性在国外或境外留学或工作1年以上，超过九成的被调查女性从未出国考察或在境外留学、工作。近七成的被调查女性认为中国资产评估行业有必要拓展国外市场、参与国际竞争，超过六成的被调查女性希望加强与境外或国外同行的合作。这说明，大多数女性资产评估从业人员具有适应改革开放的大形势、积极走出国门、走向世界的强烈意识。因此建议加大与国际同行的交流，有计划地组织专业水平高、从业时间长、从业信誉好的女性资产评估从业人员到发达国家进行行业考察，拓宽她们的国际视野，培养她们的国际竞争能力，更好地推动中国资产评估行业走向世界，提高中国资产评估行业的国际地位和竞争力。

（四）加强"四自精神"教育，努力开创女性资产评估工作的新局面

女性资产评估从业人员是我国经济社会发展中一支重要的力量，女性资产评估工作正在为推动我国的经济社会发展发挥重要作用。同时要看到，与男性资产评估从业人员相比，女性资产评估从业人员在诸多方面还存在一些差异甚至是差距，这一方面需要社会各方面客观正确地看待，同时更需要社

会各方面积极提供力所能及的帮助和支持。而最紧要的是，加强自尊、自信、自立、自强的"四自精神"教育，帮助女性资产评估从业人员不断实现自我超越和自我发展，积极为社会做出更大的贡献，真正实现男女平等。

执笔：公茂虹，中国社会科学院中国廉政研究中心副研究员，博士。

数据分析处理：杨海燕，原华坤女性生活调查中心数据分析员，社会学硕士。

B.4

产后重返职场哺乳期妈妈工作
生活状况调查报告

《父母世界》杂志　华坤女性生活调查中心

摘　要： 70.6%的被调查者产假后按时上班，82.7%的人在原单位工作；87.4%的人认为"当了妈妈，也必须是一个有经济收入、独立的女性"。50.4%的人使用了每天1小时哺乳时间，26.1%的人成为"背奶族"；15.6%的单位有哺乳室。婴幼儿月支出4281.5元，占家庭收入的23.3%。有了孩子，51.1%的人认为生活"变好了"，66.8%的人幸福感上升。她们感到幸福、辛苦、快乐。

关键词： 产后重返职场哺乳期妈妈　工作　孩子

有这样一群妈妈，她们生完孩子后选择了重返职场；她们在繁忙的工作和生活中坚持母乳喂养，给宝宝第一份天然健康美食；她们把吸奶器和储奶容器带到工作单位，利用工作间隙吸奶和冷藏，然后将奶带回家喂宝宝，她们被形象地称为"背奶族"。对于这样的一群妈妈，她们的工作和生活有哪些特点？她们面临哪些困难？这就是本调查想解答的问题。

本调查采用问卷调查的方式，根据判断抽样的原则，从全国10个大中城市抽取样本。被调查者必须符合"城市常住人口、产后重返职场、正在给宝宝喂母乳、个人及家庭收入属于中高水平"这4个条件。调查共发放问卷1210份，共回收问卷1156份，经过核查，有效问卷1050份，有效回收率为 86.8%。

本调查报告通过 6 个维度：被调查者的基本信息、被调查者的生育状况、产后重返职场的工作状况、产后重返职场的生活状况、产后重返职场哺乳期妈妈希望得到的帮助及婴幼儿消费状况，对产后重返职场哺乳期妈妈的工作和生活状况进行考察，得出结论，并提出对策建议。本调查运用统计软件SPSS18.0 进行数据分析。

一 被调查者的基本信息

1. 样本量及样本分布

调查结果显示，共有 10 个城市的 1050 名女性填答了调查问卷。北京、上海和广州为一线城市；其他 7 个城市为二线城市，包括成都、南京、杭州、长沙、哈尔滨、西安和大连。其中，一线城市有 513 名，二线城市有537 名，一、二线城市被调查人数比例约为 1∶1（见表 4-1-1）。

表 4-1-1 被调查者的城市分布

单位：%

城市	百分比	城市	百分比
北 京	22.5	长 沙	7.2
上 海	12.9	哈尔滨	7.6
广 州	13.5	西 安	7.8
成 都	6.9	大 连	6.7
南 京	7.6	合 计	100.0
杭 州	7.3		

注：样本量为 1050 份。

2. 被调查者的年龄结构

调查结果显示，被调查者的平均年龄为 29.5 岁。其中，最小 22 岁，最大 42 岁。为便于对不同年龄段女性进行对比分析，将被调查者的年龄划分为 24 岁及以下、25～29 岁、30～35 岁和 35 岁以上。数据显示，25～35 岁

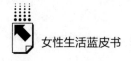

的女性占 91.1%。其中，25~29 岁占 50.0%，30~35 岁占 41.1%（见表 4-1-2）。

表 4-1-2　被调查者的年龄结构

单位：%

年龄分段	百分比	年龄分段	百分比
24 岁及以下	4.3	35 岁以上	4.6
25~29 岁	50.0	合计	100.0
30~35 岁	41.1		

注：样本量为 1050 份。

3. 被调查者的职业结构

调查结果显示，在被调查者中 91.5% 的女性有就职单位，其中，57.0% 为公司/企业员工和管理者（其中普通员工占 80.2%，中高层管理者占 19.8%），22.9% 为事业单位工作人员，8.7% 为公务员，2.9% 为社会组织工作人员。8.5% 的女性没有就职单位，为个体经营/自由职业者，例如个体业主、淘宝店主、自由撰稿人或律师（见表 4-1-3）。

表 4-1-3　被调查者的职业分布

单位：%

职业	百分比	职业	百分比
公务员	8.7	社会组织工作人员	2.9
事业单位工作人员	22.9	个体经营/自由职业者	8.5
公司/企业员工和管理者	57.0	合计	100.0

注：样本量为 1046 份

4. 被调查者的婚姻结构

调查结果显示，被调查者以已婚为主，包括初婚和离婚后再婚，共占 98.5%；因为未婚、离异、丧偶等原因形成的单亲妈妈，占 1.5%（见表 4-1-4）。

表4-1-4 被调查者的婚姻状况

单位：%

婚姻状况	百分比	婚姻状况	百分比
已婚	98.5	离异/丧偶后单身	1.3
未婚	0.2	合计	100.0

注：样本量为1047份。

5. 被调查者的学历结构

调查结果显示，被调查者的学历较高。其中，本科学历女性所占比例最高，为54.8%；硕士及以上学历女性居其次，占20.9%；大专/高职女性居第三，占19.8%；高中/中专及以下学历女性所占比例比较小，仅为4.4%（见表4-1-5）。

表4-1-5 被调查者的学历结构

单位：%

学历	百分比	学历	百分比
高中/中专及以下	4.4	硕士及以上	20.9
大专/高职	19.8	合计	100.0
本科	54.8		

注：样本量为1043份。

6. 被调查者的收入状况

调查结果显示，2014年6月，被调查者的家庭平均收入为18345.1元，个人平均收入为6696.3元。个人平均收入占家庭平均收入的比值形成一个新的指标，即女性个人对家庭的贡献率，为39.7%。

假定被调查者及家庭每个月的收入不变，那么她们的家庭年收入约22万元，个人年收入约8万元。对比国家统计局公布的2013年全国城镇居民人均年总收入为29547.1元、人均年可支配收入为26955.1元可以看出，被调查者家庭及个人收入属于中高水平。

为便于对不同家庭收入水平进行对比分析，将家庭月收入分为10000元

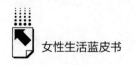

以下、10000 ~ 19999 元、20000 ~ 30000 元和 30000 元以上 4 个组。调查数据显示，10000 ~ 19999 元所占比例最大，为 40.3%。家庭月平均收入18345.1 元也落在该范围内（见表 4 - 1 - 6）。

表 4 - 1 - 6　被调查者的家庭月收入

单位：%

家庭月收入	百分比	家庭月收入	百分比
10000 元以下	26.0	30000 元以上	15.0
10000 ~ 19999 元	40.3	合计	100.0
20000 ~ 30000 元	18.7		

注：样本量为 1044 份。

二　被调查者的生育状况

（一）被调查者的平均生育年龄

1. 被调查者的平均生育年龄为28.9岁

调查结果显示，被调查者的平均生育年龄为 28.9 岁，其中最小 22 岁，最大 42 岁。计划生育是基本国策，晚婚晚育则是实现这一国策的重要手段之一。按照《婚姻法》规定，晚育是指已婚妇女 24 周岁以上或晚婚后怀孕生育第一个孩子。本调查中的晚育特指定义中的第一种情况。以 24 岁为分界线，将被调查者分为晚育和非晚育。结果显示，生育年龄 24 周岁以上的女性高达 93.9%，24 周岁及以下的非晚育女性仅为 6.1%。

对于女性来说，卵子细胞一般在 24 岁左右完全成熟，最佳受孕年龄为25 ~ 26 岁。而卵细胞异常自 30 岁起开始增加，35 岁以后尤其突出。因此，将被调查者的年龄划分为 24 岁及以下、25 ~ 29 岁、30 ~ 35 岁和 35 岁以上。调查结果显示，生育年龄在 25 ~ 29 岁的比例最大，占 56.6%；30 ~ 35 岁居其次，占34.1%；24 岁及以下和 35 岁以上女性所占比例都比较小（见表 4 - 2 - 1）。

表 4 - 2 - 1　被调查者的生育年龄

单位：%

年龄	百分比	年龄	百分比
24 岁及以下	6.1	35 岁以上	3.2
25 ~ 29 岁	56.6	合计	100.0
30 ~ 35 岁	34.1		

注：样本量 1050 份。

2. 交叉分析

按城市进行交叉分析，结果显示，在 10 个城市中，北京被调查者的平均生育年龄最高，为 30.3 岁；大连第二，为 29.5 岁；广州第三，为 29.2 岁（见表 4 - 2 - 2）。

表 4 - 2 - 2　被调查者的生育年龄——城市差异

单位：岁

城　市	均值	城　市	均值
北　京	30.3	长　沙	28.5
上　海	28.6	哈尔滨	28.7
广　州	29.2	西　安	28.8
成　都	28.3	大　连	29.5
南　京	25.9	总　计	28.9
杭　州	28.9		

注：样本量为 1050 份。

一线城市的平均生育年龄为 29.5 岁，比二线城市（28.3 岁）高出 1.2 岁（见表 4 - 2 - 3）。

表 4 - 2 - 3　被调查者的生育年龄——一二线城市差异

单位：岁

城市分类	均值	城市分类	均值
一线城市	29.5	总　计	28.9
二线城市	28.3		

注：样本量为 1050 份。

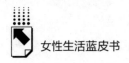

按职业进行交叉分析，结果显示，在不同职业被调查者中，社会组织工作人员平均生育年龄最高，为29.9岁；事业单位工作人员居第二，为29.3岁；公务员第三，为29.2岁，公司/企业员工和管理者第四，为28.8岁（见表4-2-4）。

表4-2-4 被调查者的生育年龄——职业差异

单位：岁

职业	均值	职业	均值
公务员	29.2	社会组织工作人员	29.9
事业单位工作人员	29.3	个体经营/自由职业者	28.4
公司/企业员工和管理者	28.8	合计	28.9

注：样本量为1046份。

按学历进行交叉分析，结果显示，生育年龄与被调查者的学历同步增长。高中/中专及以下学历被调查者的平均生育年龄为28.3岁。随着学历提高，生育年龄也逐步增加。硕士及以上学历女性的平均生育年龄达到30.7岁，比高中/中专及以下高出2.4岁（见表4-2-5）。

表4-2-5 被调查者的生育年龄——学历差异

单位：岁

学历	均值	学历	均值
高中/中专及以下	28.3	硕士及以上	30.7
大专/高职	28.4	总计	28.9
本科	28.5		

注：样本量为1043份。

（二）被调查者的分娩状况

1.57.2%的被调查者自然分娩

调查结果显示，57.2%的被调查者为自然分娩，42.8%为剖腹产。

2. 交叉分析

按城市进行交叉分析，结果显示，在 10 个城市中，南京被调查者的自然分娩比例最高，为 79.2%；北京第二，为 72.8%。其他 7 个城市的自然分娩率均在 60.0% 以下。剖腹产比例最高的是杭州，为 64.4%；哈尔滨居第二，为 59.7%；上海居第三，为 51.2%（见表 4-2-6）。

表 4-2-6 被调查者的分娩方式——城市差异

单位：%

分娩方式	北京	上海	广州	成都	南京	杭州	长沙	哈尔滨	西安	大连	合计
自然分娩	72.8	48.8	54.1	43.7	79.2	35.6	58.1	40.3	55.0	56.9	57.2
剖腹产	27.2	51.2	45.9	56.3	20.8	64.4	41.9	59.7	45.0	43.1	42.8
合计	100.0	100.0	100.0	100.0	100.0	100.0	100.0	100.0	100.0	100.0	100.0

注：有效样本 988 个。

一线城市被调查者自然分娩比例为 61.3%，比二线城市（53.2%）高出 8.1%（见表 4-2-7）。

表 4-2-7 被调查者的分娩方式——一二线城市差异

单位：%

分娩方式	一线城市	二线城市	合计
自然分娩	61.3	53.2	57.2
剖腹产	38.7	46.8	42.8
合计	100.0	100.0	100.0

注：有效样本 988 个。

按年龄进行交叉分析，结果显示，在被调查者中，生育年龄为 24 岁及以下的非晚育被调查者的自然分娩比例为 66.7%，高于晚育女性（见表 4-2-8）。

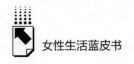

表 4 - 2 - 8　被调查者的分娩方式——年龄差异

单位：%

分娩方式	24 岁及以下	25 ~ 29 岁	30 ~ 35 岁	35 岁以上	合计
自然分娩	66.7	58.1	53.9	57.6	57.2
剖腹产	33.3	41.9	46.1	42.4	42.8
合计	100.0	100.0	100.0	100.0	100.0

注：样本量为 988 份。

（三）被调查者生孩子时的平均工龄

1. 被调查者生孩子时的平均工龄为 5.7 年

调查结果显示，被调查者生孩子时的平均工龄为 5.7 年，最短 1 年，最长 20 年。

接下来，从不同城市、不同职业对工龄进一步分析。

2. 交叉分析

按城市进行交叉分析，结果显示，在 10 个城市中，北京被调查者的平均工龄最长，为 7.6 年；大连其次，为 6.4 年；杭州第三，为 5.8 年（见表 4 - 2 - 9）。

表 4 - 2 - 9　被调查者生孩子时的工龄——城市差异

单位：年

城市编码	均值	城市编码	均值
北　京	7.6	长　沙	5.3
上　海	5.6	哈尔滨	5.5
广　州	5.0	西　安	4.6
成　都	5.4	大　连	6.4
南　京	2.6	总　计	5.7
杭　州	5.8		

注：样本量为 1023 份。

一线城市被调查者生孩子时的平均工龄为 6.3 年，比二线城市（5.0年）多出 1.3 年（见表 4-2-10）。

表 4-2-10　被调查者生孩子时的工龄——一二线城市差异

单位：年

城市分类	均值	城市分类	均值
一线城市	6.3	总计	5.7
二线城市	5.0		

注：样本量为 1023 份。

按职业进行交叉分析，结果显示，被调查者生孩子时的平均工龄，事业单位工作人员最高，为 5.9 年；公司/企业员工和管理者第二，为 5.7 年；个体经营/自由职业者居第三，为 5.5 年（见表 4-2-11）。

表 4-2-11　被调查者生孩子时的工龄——职业差异

单位：年

职业	均值	职业	均值
公务员	5.4	社会组织工作人员	5.4
事业单位工作人员	5.9	个体经营/自由职业者	5.5
公司/企业员工和管理者	5.7	总　计	5.7

注：样本量为 1019 份。

（四）被调查者对生育政策的知晓率和享受程度

2012 年 4 月 18 日，国务院第 200 次常务会议通过并公布了《女职工劳动保护特别规定》，自公布之日起施行。该法第七条规定：女职工生育享受98 天产假。第八条规定：女职工产假期间的生育津贴，对已经参加生育保险的，按照用人单位上年度职工月平均工资的标准由生育保险基金支付；对未参加生育保险的，按照女职工产假前工资的标准由用人单位支付。本次调查对于生育政策的知晓度和执行情况进行了了解。

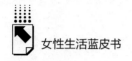

1. 对生育政策的知晓率

调查结果显示，94.4%的被调查者听说过98天产假，87.1%的女性听说过晚育假，90.0%的女性听说过带薪产假。可以看出，女性对98天产假的知晓率最高，带薪产假其次，对晚育假的知晓率最低（见表4－2－12、4－2－13和4－2－14）。

表4－2－12　被调查者对98天产假的知晓率

单位：%

是否知道	百分比	是否知道	百分比
知道	94.4	合计	100.0
不知道	5.6		

注：样本量为974份。

表4－2－13　被调查者对晚育假的知晓率

单位：%

是否知道	百分比	是否知道	百分比
知道	87.1	合计	100.0
不知道	12.9		

注：样本量为989份。

表4－2－14　被调查者对带薪产假的知晓率

单位：%

是否知道	百分比	是否知道	百分比
知道	90.0	合计	100.0
不知道	10.0		

注：样本量为947份。

2. 享受生育政策的状况

调查结果显示，91.8%的被调查者享受了98天产假，70.2%的女性享受了晚育假，76.9%的女性享受了带薪产假，23.1%的产妇没有享受带薪产假，即她们休了产假，但是在产假期间没有拿到工资（见表4－2－15、4－2－16和4－2－17）。

表 4 - 2 - 15 被调查者享受 98 天产假的状况

单位：%

是否享受	百分比	是否享受	百分比
享受了	91.8	合计	100.0
没享受	8.2		

注：样本量为 954 份。

表 4 - 2 - 16 被调查者享受晚育假的状况

单位：%

是否享受	百分比	是否享受	百分比
享受了	70.2	合计	100.0
没享受	29.8		

注：样本量为 967 份。

表 4 - 2 - 17 被调查者享受带薪产假的状况

单位：%

是否享受	百分比	是否享受	百分比
享受了	76.9	合计	100.0
没享受	23.1		

注：样本量为 931 份。

3. 生育政策的知晓率与享受程度间的差异

将以上知晓度和享受程度的两组数据对比分析可以看出，被调查者对 98 天产假的知晓度大于享受程度（94.4% > 91.8%），对晚育假的知晓度大于享受程度（87.1% > 70.2%），对带薪产假的知晓度也大于享受程度（90.0% > 76.9%）。这说明政府和相关部门一方面应加大对相关政策的宣传力度，提高广大妇女对各项生育政策的知晓率，另一方面应加大检查和执法力度，确保国家规定的各项生育政策能够落到实处。

同时还可以看出，对于晚育假，无论是知晓度还是享受程度都是最低的。由于晚育假的适用条件为 24 周岁以上生育一孩的已婚妇女，因此需要

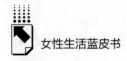

对数据进一步处理，排除非晚育女性。在晚育女性中，有87.3%的女性知道晚育假，72.7%的女性享受了晚育假，之间存在差异（见表4－2－18和4－2－19）。

表4－2－18　晚育被调查者对晚育假的知晓率

单位：%

晚育假	百分比	晚育假	百分比
知道	87.3	合计	100.0
不知道	12.7		

注：样本量为927份。

表4－2－19　晚育被调查者享受晚育假的状况

单位：%

晚育假	百分比	晚育假	百分比
享受了	72.7	合计	100.0
没享受	27.3		

注：样本量为907份。

4. 交叉分析

按学历进行交叉分析，结果显示，被调查者对98天产假、晚育假和带薪产假的知晓度，呈现出和学历同步增长的趋势。同时，她们享受这3项生育政策的比例，也随学历同步增长（见表4－2－20和4－2－21）。

表4－2－20　被调查者对生育政策知晓状况——学历差异

单位：%

生育政策	高中/中专及以下	大专/高职	本科	硕士及以上	合计
98天产假	72.7	89.7	97.3	95.6	94.3
晚育假	60.5	78.8	89.6	93.5	87.0
带薪产假	74.4	82.1	91.9	95.6	89.9

注：98天产假样本量为967份，晚育假样本量为982份，带薪产假样本量为940份。

表 4 - 2 - 21 被调查者享受 3 项生育政策的状况——学历差异

单位：%

生育政策	高中/中专及以下	大专/高职	本科	硕士及以上	合计
98 天产假	63.6	84.6	94.7	98.5	92.0
晚育假	32.6	46.4	73.7	91.8	70.2
带薪产假	51.2	60.2	77.6	97.0	76.9

注：98 天产假有效样本量为 947 份，晚育假样本量为 960 份，带薪产假样本量为 924 份。

按职业进行交叉分析，结果显示，在被调查者中，不同职业女性对 98 天产假、晚育假和带薪产假的知晓率均存在差异。社会组织工作人员对 98 天产假和带薪产假的知晓度都最高，均为 100.0%；公务员对晚育假（94.3%）的知晓度最高；而个体经营/自由职业者对这 3 项生育政策的知晓度都偏低（见表 4 - 2 - 22）。

表 4 - 2 - 22 被调查者对生育政策知晓状况——职业差异

单位：%

生育政策	公务员	事业单位工作人员	公司/企业员工和管理者	社会组织工作人员	个体经营/自由职业者	合计
98 天产假	97.5	96.0	96.8	100.0	68.3	94.3
晚育假	94.3	89.4	90.0	93.1	51.8	87.1
带薪产假	93.2	91.4	92.2	100.0	66.7	90.0

注：98 天产假样本量为 971 份，晚育假样本量为 986 份，带薪产假样本量为 944 份。

按职业进行交叉分析，结果显示，在被调查者中，不同职业女性对 98 天产假、晚育假和带薪产假的享受程度存在差异。社会组织工作人员对 98 天产假的享受程度最高，达到 100.0%；公务员对晚育假（86.6%）和带薪产假（91.5%）的享受程度都最高；而个体经营/自由职业者对这 3 项生育政策的享受程度都偏低（见表 4 - 2 - 23）。

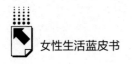

表4-2-23 被调查者享受3项生育政策的状况——职业差异

单位：%

生育政策	公务员	事业单位工作人员	公司/企业员工和管理者	社会组织工作人员	个体经营/自由职业者	合计
98天产假	97.3	98.6	95.4	100.0	42.0	91.9
晚育假	86.6	81.5	71.5	65.5	17.5	70.4
带薪产假	91.5	89.0	76.2	85.7	34.6	77.0

注：98天产假样本量为950份，晚育假样本量为964份，带薪产假样本量为928份。

　　按年龄进行交叉分析，结果显示，在被调查者中，对98天产假、晚育假和带薪产假的知晓率，呈现出和年龄同步增长的趋势。同时，她们对这3项生育政策的享受程度，也呈现出和年龄同步增长的趋势（见表4-2-24、4-2-25）。

表4-2-24 被调查者对生育政策知晓状况——年龄差异

单位：%

生育政策	25岁以下	25~29岁	30~35岁	35岁以上	合计
98天产假	84.4	93.6	96.5	93.8	94.4
晚育假	81.4	83.8	90.7	93.8	87.1
带薪产假	86.7	90.0	89.9	93.6	90.0

注：98天产假样本量为974份，晚育假样本量为989份，带薪产假样本量为947份。

表4-2-25 被调查者享受3项生育政策的状况——年龄差异

单位：%

生育政策	25岁以下	25~29岁	30~35岁	35岁以上	合计
98天产假	75.0	91.8	93.8	91.7	91.8
晚育假	26.8	63.4	81.6	81.3	70.2
带薪产假	45.5	75.0	82.2	81.3	76.9

注：98天产假样本量为954份，晚育假样本量为967份，带薪产假样本量为931份。

三 产后重返职场的工作状况

（一）被调查者重返职场的时间

1. 70.6%的被调查者产假后按时上班

休产假后，有多少女性按时重返职场？调查结果显示，70.6%的被调查者在休完产假后按时上班，8.6%的女性没休完产假就上班了；18.3%的女性休完产假后又休息了一段时间才上班，平均延长时间为52天，最短5天，最长365天（见表4-3-1）。

表 4-3-1 被调查者休完产假后是否按时上班

单位：%

上班时间	百分比	上班时间	百分比
按时上班	70.6	其他	2.4
延迟上班	18.3	合计	100.0
提前上班	8.6		

注：样本量为1022份。

2. 交叉分析

按城市进行交叉分析，结果显示，在10个城市的被调查者中，休完产假后按时上班比例最高的依次是：南京（88.8%）、北京（79.5%）和大连（77.8%）；没休完产假提前上班比例最高的依次是：哈尔滨（22.5%）、长沙（16.0%）和成都（10.9%）；延迟上班比例最高的3个城市依次是：西安（40.2%）、上海（25.6%）和杭州（25.3%）（见表4-3-2）。

一线城市72.6%的被调查者在休完产假后按时上班，比二线城市（68.8%）高出3.8个百分点。一线城市被调查者延迟上班时间（17.1%<

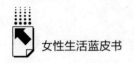

表4-3-2　被调查者是否按时上班——城市差异

单位：%

是否按时上班	北京	上海	广州	成都	南京	杭州	长沙	哈尔滨	西安	大连	合计
按时上班	79.5	67.7	65.4	64.1	88.8	70.7	60.0	68.8	52.4	77.8	70.6
延迟上班	9.4	25.6	22.1	21.9	7.5	25.3	18.7	7.5	40.2	14.3	18.3
提前上班	9.8	5.3	5.9	10.9	3.8	2.7	16.0	22.5	7.3	3.2	8.6
其他	1.3	1.5	6.6	3.1	0.0	1.3	5.3	1.3		4.8	2.4
合计	100.0	100.0	100.0	100.0	100.0	100.0	100.0	100.0	100.0	100.0	100.0

注：样本量为1022份。

19.5%）和提前上班（7.6%＜9.6%）的比例均低于二线城市。从某种意义上说明，一线城市产假执行情况更加规范（见表4-3-3）。

表4-3-3　被调查者是否按时上班——一二线城市差异

单位：%

是否按时上班	一线城市	二线城市	合计
按时上班	72.6	68.8	70.6
延迟上班	17.1	19.5	18.3
提前上班	7.6	9.6	8.6
其他	2.8	2.1	2.4
合计	100.0	100.0	100.0

注：样本量为1022份。

按学历进行交叉分析，结果显示，在被调查者中，休完产假后按时上班比例和被调查者的学历同步增长。高中/中专及以下学历女性休完产假后按时上班的比例最低，为42.9%。随着学历提高，产后按时上班的比例也逐步增加，硕士及以上学历女性产后按时上班的比例最高，为76.5%（见表4-3-4）。

表4-3-4　被调查者是否按时上班——学历差异

单位：%

产后是否按时上班	高中/中专及以下	大专/高职	本科	硕士及以上	合计
按时上班	42.9	64.6	72.6	76.5	70.7
延迟上班	19.0	18.2	19.3	15.7	18.3

续表

产后是否按时上班	高中/中专及以下	大专/高职	本科	硕士及以上	合计
提前上班	21.4	12.1	7.2	6.5	8.6
其他	16.7	5.1	0.9	1.4	2.5
合计	100.0	100.0	100.0	100.0	100.0

注：样本量为1016份。

（二）重返职场后的工作单位、岗位与职位的变化

1. 重返职场时，82.7%还在原单位工作

调查结果显示，在被调查者中，产后82.7%的女性仍在原单位工作，12.0%的女性换了新工作，5.3%的女性选择了自主创业（见表4-3-5）。

表4-3-5 被调查者产后工作单位的变动

单位：%

工作是否变动	百分比	工作是否变动	百分比
还在原单位	82.7	我自主创业，当老板了	5.3
换了新工作	12.0	合计	100.0

注：样本量为1046份。

2. 产后86.0%的被调查者还在原岗位，89.0%还在原职位

调查结果显示，在被调查者中，产后86.0%的女性还在原岗位，14.0%的女性被调到新岗位。89.0%的女性职位没有变化，5.8%的女性职位降了，5.3%的女性升职了。这说明，八成以上的被调查者休完产假后，仍在原单位的原岗位或原职位工作（见表4-3-6、4-3-7）。

表4-3-6 被调查者产后工作岗位的变动

单位：%

岗位是否变动	百分比	岗位是否变动	百分比
还在原岗位	86.0	合计	100.0
调到新岗位	14.0		

注：样本量为849份。

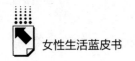

表4-3-7　被调查者产后职位的变动

单位：%

职位是否变动	百分比	职位是否变动	百分比
职位没变	89.0	职位降了	5.8
升职了	5.3	合计	100.0

注：样本量为816份。

（二）被调查者产后重新找工作的原因

调查结果显示，部分被调查者产后重新找工作的主要原因：一是"原来的工作单位太远，想在家附近找工作，节省上下班时间，便于照顾孩子"（43.5%）；二是"想找一份对工作时间要求不太严格，比较自由的工作"（37.9%）；三是"原来的职位被别人顶替了"（35.5%）；四是"想找一份收入相对高的工作，给宝宝创造较好的经济条件"（26.6%）；五是"想找一份专业对口、能体现自我价值的工作"（16.1%）；六是"因为生孩子，被原单位辞退了"（8.1%）；七是"从一个城市换到另一个城市"、"原来单位要求上夜班"等其他原因（2.4%）（见表4-3-8）。

表4-3-8　被调查者重新找工作的原因

单位：%

原因	应答次数百分比	应答人数百分比
原来的职位被别人顶替了	20.9	35.5
因为生孩子,被原单位辞退了	4.7	8.1
原来的工作单位太远,想在家附近找工作,节省上下班时间,便于照顾孩子	25.6	43.5
想找一份对工作时间要求不太严格,比较自由的工作	22.3	37.9
想找一份收入相对高的工作,给宝宝创造较好的经济条件	15.6	26.6
想找一份专业对口、能体现自我价值的工作	9.5	16.1
其他	1.4	2.4

（三）被调查者的工作状态

1. 37.1%的被调查者认为自己"有了宝宝，工作更有动力，更加努力"

重返职场后，被调查者的工作状态如何？调查结果显示，在 7 种工作状态中，"现阶段以宝宝为重，满足于能完成任务"所占比例最大，为 45.1%；"晚上带孩子睡眠不足，上班精力不佳"居其次，为 37.2%；"有了宝宝，工作更有动力，更加努力"居第三，为 37.1%，其他状态还有"有了宝宝，工作不如从前出色，虽心有不甘，但也没办法""常请假、迟到、早退，也不能出差、加班，影响工作""时常牵挂宝宝，不能专心工作，业绩不如以前""心气、状态都不如以前，对上班有点畏惧、觉得有压力"（见表 4 - 3 - 9）。

表 4 - 3 - 9　被调查者产后重返职场时的工作状态

单位：%

工作状态	应答次数百分比	应答人数百分比
有了宝宝,工作更有动力,更加努力	18.8	37.1
有了宝宝,工作不如从前出色,虽心有不甘,但也没办法	13.2	26.1
现阶段以宝宝为重,满足于能完成任务	22.9	45.1
晚上带孩子睡眠不足,上班精力不佳	18.8	37.2
时常牵挂宝宝,不能专心工作,业绩不如以前	8.8	17.3
常请假、迟到、早退,也不能出差、加班,影响工作	9.0	17.7
心气、状态都不如以前,对上班有点畏惧、觉得有压力	8.2	16.2
其他	0.3	0.7

2. 交叉分析

按工作单位进行交叉分析，结果显示，在被调查者中，选择了"有了宝宝，工作更有动力，更加努力"这种积极状态的，自主创业当老板的比例最高（49.1%），换了新工作的居中（46.8%），还在原单位工作的被调查者比例最低（34.8%）。

同时，在选择了"工作不如从前出色，虽心有不甘，但也没办法""现阶段以宝宝为重，满足于能完成任务""时常牵挂宝宝，不能专心工作，业绩不如以前"和"常请假、迟到、早退，也不能出差、加班"这几种消极状态的，都是自主创业当老板的比例最低，换了新工作的居中，还在原单位工作的比例最高（见表4-3-10）。

表4-3-10　产后工作状态——工作单位差异

单位：%

工作状态	还在原单位	换了新工作	自主创业，当老板	合计
有了宝宝,工作更有动力,更加努力	34.8	46.8	49.1	37.0
工作不如从前出色,虽心有不甘,但也没办法	27.5	20.2	18.9	26.2
现阶段以宝宝为重,满足于能完成任务	46.9	41.9	24.5	45.2
晚上带孩子睡眠不足,上班精力不佳	38.9	25.8	35.8	37.2
时常牵挂宝宝,不能专心工作,业绩不如以前	17.7	16.1	15.1	17.3
常请假、迟到、早退,也不能出差、加班	18.4	16.9	9.4	17.7
心气、状态不如以前,对上班有点畏惧、有压力	15.7	23.4	9.4	16.3
其他	0.5	0.0	5.7	0.7

注：样本量为1038份。

按工作岗位进行交叉分析，结果显示，调到新岗位的被调查者选择"心气、状态不如以前，对上班有点畏惧、有压力"（26.9%）、"常请假、迟到、早退，也不能出差、加班"（29.4%）和"工作不如从前出色，虽心有不甘，但也没办法"（36.1%）的比例均为最高（见表4-3-11）。

表4-3-11　产后工作状态——工作岗位差异

单位：%

工作状态	还在原岗位	调到新岗位	合计
有了宝宝,工作更有动力,更加努力	34.7	35.3	34.8
工作不如从前出色,虽心有不甘,但也没办法	26.0	36.1	27.5
现阶段以宝宝为重,满足于能完成任务	47.4	47.1	47.3
晚上带孩子睡眠不足,上班精力不佳	38.8	39.5	38.9
时常牵挂宝宝,不能专心工作,业绩不如以前	17.5	21.0	18.0
常请假、迟到、早退,也不能出差、加班	16.9	29.4	18.7
心气、状态不如以前,对上班有点畏惧、有压力	13.6	26.9	15.5
其他	0.4	0.8	0.5

注：样本量为845份。

按职务变化进行交叉分析，结果显示，产后升职的被调查者选择"工作更有动力，更加努力"的比例最高，为65.1%，降职的被调查者选择"工作不如从前出色，虽心有不甘，但也没办法""现阶段以宝宝为重，满足于能完成任务""晚上带孩子睡眠不足，上班精力不佳""时常牵挂宝宝，不能专心工作，业绩不如以前""常请假、迟到、早退，也不能出差、加班""心气、状态不如以前，对上班有点畏惧、有压力"的比例都比较高（见表4-3-12）。

表4-3-12　产后工作状态——职务变化差异

单位：%

工作状态	职位没变	升职了	职位降了	合计
有了宝宝,工作更有动力,更加努力	34.1	65.1	17.8	34.9
工作不如从前出色,虽心有不甘,但也没办法	27.3	11.6	53.3	28.0
现阶段以宝宝为重,满足于能完成任务	47.8	16.3	62.2	46.9
晚上带孩子睡眠不足,上班精力不佳	38.1	32.6	51.1	38.5
时常牵挂宝宝,不能专心工作,业绩不如以前	16.7	9.3	37.8	17.5
常请假、迟到、早退,也不能出差、加班	16.4	16.3	44.4	18.0
心气、状态不如以前,对上班有点畏惧、有压力	14.1	18.6	37.8	15.6
其他	0.6	0.0	0.0	0.5

注：样本量为812份。

按城市进行交叉分析，结果显示，在10个城市被调查者中，选择"有了宝宝，工作更有动力，更加努力"比例最高的是广州，为55.4%，其次是哈尔滨，为47.5%，第三是北京，为40.6%；选择"工作不如从前出色，虽心有不甘，但也没办法"，广州（36.0%）最高；选择"现阶段以宝宝为重，满足于能完成任务"，南京（68.8%）最高；选择"晚上带孩子睡眠不足，上班精力不佳"，西安（61.0%）最高；选择"时常牵挂宝宝，不能专心工作，业绩不如以前""常请假、迟到、早退，也不能出差、加班""心气状态不如以前，对上班有点畏惧、有压力"都是广州被调查者的比例最高，分别为35.3%、43.2%和33.8%（见表4-3-13）。

表4-3-13 产后工作状态——城市差异

单位：%

工作 状态	工作更 有动 力，更 加努力	工作不如从 前出色，虽 心有不甘， 但也没办法	现阶段以 宝宝为 重，满足 于能完成 任务	晚上带孩 子睡眠不 足，上班 精力不佳	时常牵挂 宝宝，不 能专心工 作，业绩 不如以前	常请假、 迟到、早 退，也不 能出差、 加班	心气状态不 如以前，对 上班有点畏 惧、有压力	其他
北 京	40.6	31.6	44.0	26.5	14.1	9.0	16.2	0.4
上 海	36.6	13.4	32.8	32.8	14.9	16.4	11.2	0.0
广 州	55.4	36.0	40.3	47.5	35.3	43.2	33.8	0.7
成 都	31.0	35.2	50.7	39.4	25.4	14.1	23.9	1.4
南 京	22.5	20.0	68.8	7.5	8.8	7.5	7.5	0.0
杭 州	26.3	19.7	60.5	40.8	7.9	23.7	13.2	3.9
长 沙	35.5	18.4	48.7	43.4	13.2	14.5	7.9	0.0
哈尔滨	47.5	27.5	31.3	52.5	6.3	7.5	16.3	0.0
西 安	20.7	19.5	39.0	61.0	28.0	17.1	3.7	1.2
大 连	33.3	31.9	52.2	36.2	13.0	23.2	20.3	0.0
合 计	37.1	26.1	45.1	37.2	17.3	17.7	16.2	0.7

注：样本量为1041份。

一线城市的被调查者选择"有了宝宝，工作更有动力，更加努力"的比例为43.6%，比二线城市（30.9%）高出12.7%；二线城市选择"现阶段以宝宝为重，满足于能完成任务"的比例较高，为50.0%（见表4-3-14）。

表4-3-14 产后工作状态——一二线城市差异

单位：%

工作状态	一线城市	二线城市	合计
有了宝宝，工作更有动力，更加努力	43.6	30.9	37.1
工作不如从前出色，虽心有不甘，但也没办法	28.0	24.3	26.1
现阶段以宝宝为重，满足于能完成任务	40.0	50.0	45.1
晚上带孩子睡眠不足，上班精力不佳	33.9	40.3	37.2
时常牵挂宝宝，不能专心工作，业绩不如以前	20.1	14.6	17.3
常请假、迟到、早退，也不能出差、加班	20.3	15.2	17.7
心气、状态不如以前，对上班有点畏惧、有压力	19.7	12.9	16.2
其他	0.4	0.9	0.7

注：样本量为1041份。

(四)哺乳期最理想的工作机制

1. 哺乳期理想的工作机制是实行"弹性工作制""阶段性就业"和"就近就业"

调查结果显示,在被调查者中,70.6%的女性认为哺乳期最理想的工作机制是"允许弹性工作制,不规定上下班时间,以完成任务为标准",53.7%的女性认为是"允许阶段性就业,哺乳期不上班,但保留我的岗位,过了哺乳期,顺利地重返原岗位",46.4%的女性认为是"工作单位离家近,能兼顾宝宝和工作,不当'背奶族'",33.3%的女性认为是"带着宝宝一起上下班,单位或附近社区有托儿室,上班时由专业的育婴师看护宝宝,工休时我可以给宝宝喂母乳",还有1.3%的女性选择了"其他",认为是"男性也放带薪产假,陪伴孩子,减轻女性的负担""可以在家上班,又能工作又能照顾孩子"等其他机制(见表4-3-15)。

表4-3-15 哺乳期理想的工作机制

单位:%

理想的工作机制	应答次数百分比	应答人数百分比
实行弹性工作制,不规定上下班时间,以完成任务为标准	34.4	70.6
允许阶段性就业,哺乳期不上班,但保留我的岗位,过了哺乳期,顺利地重返原岗位	26.2	53.7
工作单位离家近,能兼顾宝宝和工作,不当"背奶族"	22.6	46.4
带着宝宝一起上下班,单位或附近社区有托儿室,上班时由专业的育婴师看护宝宝,工休时我可以给宝宝喂母乳	16.2	33.3
其他	0.7	1.3

2. 交叉分析

按城市进行交叉分析,结果显示,在10个城市的被调查者中,对哺乳期理想的工作机制,选择"弹性工作制"比例最高的是南京,为85.0%;选择"阶段性就业"比例最高的是广州(76.4%);选择"就近就业"比例

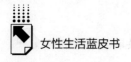
最高的也是广州（78.6%）；选择"带着宝宝一起上下班"比例最高的是广州（68.6%）（见表4－3－16）。

表4－3－16 哺乳期理想的工作机制——城市差异

单位：%

理想的工作机制	北京	上海	广州	成都	南京	杭州	长沙	哈尔滨	西安	大连	合计
弹性工作制	65.7	57.0	81.4	77.5	85.0	64.9	69.7	65.0	74.4	76.8	70.6
阶段性就业	48.7	36.3	76.4	50.7	66.3	44.2	61.8	42.5	68.3	44.9	53.7
就近就业	43.6	54.1	78.6	36.6	17.5	42.9	46.1	50.0	19.5	50.7	46.4
带着宝宝一起上下班	44.9	20.0	68.6	26.8	26.3	15.6	25.0	28.8	15.9	17.4	33.3
其他	0.8	0.7	4.3	0.0	0.0	1.3	3.9	0.0	1.2	0.0	1.3

注：样本量为1046份。

一线城市和二线城市被调查者选择比例相差最大的两项分别是："带着宝宝一起上下班"（44.8%－22.2%＝22.6%）和"就近就业"（56.0%－37.2%＝18.8%）。这说明，在北京、上海、广州这些一线城市上班，每天上下班花在路上的时间长，给哺乳和照顾宝宝带来更多困难（见表4－3－17）。

表4－3－17 哺乳期理想的工作机制——一二线城市差异

单位：%

理想的工作机制	一线城市	二线城市	合计
弹性工作制	67.7	73.3	70.6
阶段性就业	53.0	54.4	53.7
就近就业	56.0	37.2	46.4
带着宝宝一起上下班	44.8	22.2	33.3
其他	1.8	0.9	1.3

注：样本量为1046份。

按职业进行交叉分析，结果显示，在被调查者中，社会组织工作人员认为哺乳期最理想的工作机制是"弹性工作制"（80.0%）和"阶段性就业"（70.0%）的比例都是最高的，公务员"选择弹性工作制"（74.7%）和"阶段性就业"（65.9%）的比例也比较高（见表4－3－18）。

表4－3－18 哺乳期理想的工作机制——职业差异

单位：%

理想的工作机制	公务员	事业单位工作人员	公司/企业员工和管理者	社会组织工作人员	个体经营/自由职业者	合计
弹性工作制	74.7	62.9	73.5	80.0	64.8	70.6
阶段性就业	65.9	44.6	58.2	70.0	30.7	53.7
就近就业	38.5	45.8	47.4	56.7	44.3	46.3
带着宝宝一起上下班	33.0	41.3	29.7	40.0	34.1	33.3
其他	1.1	1.3	0.8	3.3	4.5	1.3

注：样本量为1042份。

按学历进行交叉分析，结果显示，在被调查者中，本科学历女性认为哺乳期最理想的工作机制是"弹性工作制"（73.9%）和"阶段性就业"（57.1%）的比例都最高，大专/高职学历女性选择"就近就业"（58.3%）的比例最高，硕士及以上学历女性选择"带着宝宝一起上下班"（50.5%）的比例最高（见表4－3－19）。

表4－3－19 哺乳期理想的工作机制——学历差异

单位：%

理想的工作机制	高中/中专及以下	大专/高职	本科	硕士及以上	合计
弹性工作制	70.5	66.5	73.9	65.6	70.5
阶段性就业	50.0	46.1	57.1	52.3	53.6
就近就业	54.5	58.3	42.0	43.6	46.1
带着宝宝一起上下班	45.5	31.1	26.4	50.5	33.2
其他	4.5	1.9	0.9	1.4	1.3

注：样本量为1039份。

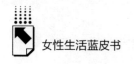

（五）被调查者对工作与孩子关系的认识

对于很多职场女性来说，生宝宝既是一件让人兴奋的事情，但同时又会带来诸多的困惑。她们产后重返职场，如何权衡工作与孩子之间的关系呢？

1. 对4个倾向于工作的观点的态度

调查结果显示，在 4 个倾向于工作的观点中，87.4% 的被调查者同意"当了妈妈，也必须是一个有经济收入、独立的女性"，86.8% 的女性同意"产后重返职场是家庭收入的需要，更是女性自我发展的需要"，79.1% 的女性同意"产后重返职场，有益于婚姻与家庭的稳定与和谐"，53.3% 的女性同意"为了抚育宝宝放弃工作，代价太大"。

这说明，大多数被调查者是赞同产后回归职场的。她们这样选择更多的是出于经济收入和自我发展的需要（见表 4 - 3 - 20、4 - 3 - 21、4 - 3 - 22、4 - 3 - 23）。

表 4 - 3 - 20　被调查者对"当了妈妈，也必须是一个
有经济收入、独立的女性"的态度

单位：%

态度	百分比	态度	百分比
同意	87.4	不好说	8.1
不同意	4.5	合计	100.0

注：样本量为 1049 份。

表 4 - 3 - 21　被调查者对"产后重返职场是家庭收入的需要，
更是女性自我发展的需要"的态度

单位：%

态度	百分比	态度	百分比
同意	86.8	不好说	7.8
不同意	5.3	合计	100.0

注：样本量为 1047 份。

表4-3-22 被调查者对"产后重返职场，有益于
婚姻与家庭的稳定与和谐"的态度

单位：%

态度	百分比	态度	百分比
同意	79.1	不好说	14.3
不同意	6.6	合计	100.0

注：样本量为1048份。

表4-3-23 被调查者对"为了抚育宝宝放弃工作，代价太大"的态度

单位：%

态度	百分比	态度	百分比
同意	53.3	不好说	19.3
不同意	27.4	合计	100.0

注：样本量为1042份。

2. 对4个倾向于孩子的观点的态度

调查结果显示，在4个倾向于孩子的观点中，73.9%的女性同意"鱼和熊掌不可兼得，哺乳期应以宝宝为重"，79.4%的女性同意"养育一个健康快乐成才的孩子，同样是女性对社会的贡献"。

同时，60.5%的女性反对"女人的天职是相夫教子，有了孩子女人应回归家庭"，64.2%的女性反对"就业是女性一生的事，为孩子可以暂时离开职场"（见表4-3-24、4-3-25、4-3-26和4-3-27）。

这说明，虽然被调查者认为孩子比工作重要，但不愿意为了孩子放弃工作。

表4-3-24 被调查者对"鱼和熊掌不可兼得，哺乳期应以宝宝为重"的态度

单位：%

态度	百分比	态度	百分比
同意	73.9	不好说	16.3
不同意	9.8	合计	100.0

注：样本量为1040份。

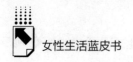

表4-3-25　被调查者对"养育一个健康快乐成才的孩子，
同样是女性对社会的贡献"的态度

单位：%

态度	百分比	态度	百分比
同意	79.4	不好说	12.9
不同意	7.7	合计	100.0

注：样本量为1039份。

表4-3-26　被调查者对"女人的天职是相夫教子，
有了孩子女人应回归家庭"的态度

单位：%

态度	百分比	态度	百分比
同意	19.1	不好说	20.4
不同意	60.5	合计	100.0

注：样本量为1040份。

表4-3-27　被调查者对"就业是女性一生的事，
为孩子可以暂时离开职场"的态度

单位：%

态度	百分比	态度	百分比
同意	15.9	不好说	19.9
不同意	64.2	合计	100.0

注：样本量为1042份。

3. 对3个兼顾工作和孩子观点的态度

既要养育好孩子，维持一个幸福的家庭，又要努力干好工作，这大概是产后重返职场的被调查女性都想实现的愿望。74.2%的被调查者赞同"只要努力，并合理安排，可以做到工作育儿两不误"（见表4-3-28）。

表4-3-28 被调查者对"只要努力，并合理安排，可以做到工作育儿两不误"的态度

单位：%

态度	百分比	态度	百分比
同意	74.2	不好说	16.9
不同意	8.9	合计	100.0

注：样本量为1046份。

按城市进行交叉分析，结果显示，在10个城市中，赞同"只要努力，并合理安排，可以做到工作育儿两不误"，比例最高的是北京（88.9%），其次是大连（84.1%），第三是广州（83.7%）（见表4-3-29）。

表4-3-29 对"只要努力，并合理安排，可以做到工作育儿两不误"的态度——城市差异

单位：%

态度	北京	上海	广州	成都	南京	杭州	长沙	哈尔滨	西安	大连	合计
同意	88.9	59.3	83.7	78.9	50.0	81.8	60.5	66.3	64.6	84.1	74.2
不同意	4.7	12.6	11.3	2.8	15.0	1.3	17.1	15.0	9.8	1.4	8.9
不好说	6.4	28.1	5.0	18.3	35.0	16.9	22.4	18.8	25.6	14.5	16.9
合计	100.0	100.0	100.0	100.0	100.0	100.0	100.0	100.0	100.0	100.0	100.0

注：样本量为1046份。

一线城市有79.6%的被调查者认为"只要努力，并合理安排，可以做到工作育儿两不误"，比二线城市（69.0%）高出10.6个百分点（见表4-3-30）。

表4-3-30 对"可以做到工作育儿两不误"的态度——一二线城市差异

单位：%

态度	一线城市	二线城市	合计
同意	79.6	69.0	74.2
不同意	8.6	9.2	8.9
不好说	11.7	21.9	16.9
合计	100.0	100.0	100.0

注：样本量为1046份。

调查结果还显示，15.9%的女性认为"生孩子养孩子都是我一个人的事，谁都指望不上"。75.3%的女性认为"就业不一定非要去单位，可以选择更灵活、更多样的就业方式，如在家开网店、办工作室"（见表4-3-31、4-3-32）。

表4-3-31　被调查者对"生孩子养孩子都是我一个人的事，
谁都指望不上"的态度

单位：%

态度	百分比	态度	百分比
同意	15.9	不好说	19.9
不同意	64.2	合计	100.0

注：样本量为1042份。

表4-3-32　被调查者对"就业不一定非要去单位，可以选择
更灵活、更多样的就业方式"的态度

单位：%

态度	百分比	态度	百分比
同意	75.3	不好说	19.2
不同意	5.6	合计	100.0

注：样本量为1039份。

四　产后重返职场的生活状况

（一）使用每天1小时哺乳时间的状况

1. 50.4%的被调查者使用了每天1小时的哺乳时间

《女职工劳动保护特别规定》第九条规定：对哺乳未满1周岁婴儿的女职工，用人单位应当在每天的劳动时间内为哺乳期女职工安排1小时哺乳时间。调查结果显示，50.4%的被调查者使用了每天1小时的哺乳时间，16.1%的女性因为各种原因没有使用单位安排的哺乳时间，33.5%的女性所在单位没有安排哺乳时间（见表4-4-1）。

这些数据说明，一些单位、机构对哺乳时间的执行情况并不理想。有超过三成的工作单位没有为哺乳期妇女（宝宝1周岁前）安排哺乳时间。即使单位安排了，也有近两成女性没有使用。

表4-4-1 被调查者使用每天1小时哺乳时间情况

单位：%

每天1小时哺乳假	百分比	每天1小时哺乳假	百分比
安排了，我也使用了	50.4	没有安排	33.5
安排了，但我没使用	16.1	合计	100.0

注：样本量为1038份。

2. 交叉分析

按城市进行交叉分析，结果显示，在10个城市中，南京（92.4%）和杭州（77.9%）被调查者使用哺乳时间的比例最高；哺乳时间单位"安排了，但我没使用"，比例最高的是广州（29.5%）；成都和长沙分别有50.0%的被调查者所在单位"没有安排哺乳时间"，哈尔滨的这个比例达到49.4%（见表4-4-2）。

表4-4-2 使用每天1小时哺乳时间情况——城市差异

单位：%

哺乳假	安排了，我也使用了	安排了，但我没使用	没有安排	合计
北　京	50.0	12.9	37.1	100.0
上　海	63.4	20.9	15.7	100.0
广　州	22.3	29.5	48.2	100.0
成　都	30.6	19.4	50.0	100.0
南　京	92.4	1.3	6.3	100.0
杭　州	77.9	10.4	11.7	100.0
长　沙	27.0	23.0	50.0	100.0
哈尔滨	46.8	3.8	49.4	100.0
西　安	46.3	22.0	31.7	100.0
大　连	58.6	10.0	31.4	100.0
合　计	50.4	16.1	33.5	100.0

注：样本量为1038份。

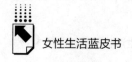

按职业进行交叉分析，结果显示，在被调查者中，公务员使用每天1小时哺乳时间的比例最高，为58.2%；公司/企业员工和管理者居其次，为53.5%；事业单位工作人员居第三，为49.2%（见表4-4-3）。

表4-4-3　被调查者使用每天1小时哺乳时间情况——职业差异

单位：%

合计	公务员	事业单位工作人员	公司/企业员工和管理者	社会组织工作人员	个体经营/自由职业者	合计
使用了	58.2	49.2	53.5	41.4	25.0	50.3
安排了,但没使用	17.6	20.6	15.4	27.6	3.6	16.2
没有安排	24.2	30.3	31.1	31.0	71.4	33.6
合计	100.0	100.0	100.0	100.0	100.0	100.0

注：样本量为1034份。

按学历进行交叉分析，结果显示，不同学历被调查者使用每天1小时哺乳时间的比例存在差异。本科（56.3%）和硕士及以上（46.8%）学历的被调查者所在单位安排且使用哺乳时间的比例相对较高，高中/中专及以下学历的被调查者所在单位没有安排哺乳时间的比例最高，为66.7%（见表4-4-4）。

表4-4-4　被调查者使用每天1小时哺乳时间情况——学历差异

单位：%

哺乳假	高中/中专及以下	大专/高职	本科	硕士及以上	合计
安排了,我也使用了	24.4	42.9	56.3	46.8	50.2
安排了,但我没使用	8.9	18.7	16.8	13.8	16.2
没有安排	66.7	38.4	26.9	39.4	33.6
合计	100.0	100.0	100.0	100.0	100.0

注：样本量为1031份。

（二）上夜班、加班或出差情况

1.85.2%的被调查者在宝宝1周岁前没有被单位安排上夜班、加班或出差

《女职工劳动保护特别规定》第九条还规定：对哺乳未满1周岁婴儿的

女职工,用人单位不得延长劳动时间或者安排夜班劳动。调查结果显示,85.2%的被调查者没有被安排上夜班、加班或出差,14.8%的被调查者被单位安排上夜班、加班或出差。其中,安排加班的比例最大(8.9%),出差居其次(6.0%),上夜班排第三(2.6%)(见表4-4-5)。

表4-4-5 被调查者被安排上夜班、加班或出差情况

单位:%

安排	应答次数百分比	应答人数百分比
安排上夜班	2.5	2.6
安排加班	8.7	8.9
安排出差	5.9	6.0
以上都没有安排	82.9	85.2

2. 交叉分析

按城市进行交叉分析,结果显示,在10个城市的被调查者中,没有被安排上夜班、加班或出差排在前三位的依次是:南京(98.7%)、广州(97.8%)和长沙(89.3%);成都女性上夜班(13.0%)和加班(20.3%)的比例都最高,西安女性出差(14.6%)的比例最高(见表4-4-6)。

表4-4-6 被调查者上夜班、加班或出差情况——城市差异

单位:%

安排	安排上夜班	安排加班	安排出差	没有以上安排
北 京	1.3	10.0	4.8	85.7
上 海	4.5	16.4	10.4	74.6
广 州	0.0	2.9	0.0	97.8
成 都	13.0	20.3	2.9	72.5
南 京	2.6	0.0	0.0	98.7
杭 州	1.3	18.2	13.0	71.4
长 沙	0.0	9.3	5.3	89.3
哈尔滨	3.8	6.4	6.4	85.9
西 安	0.0	1.2	14.6	85.4
大 连	4.3	2.9	5.7	87.1

注:样本量为1030份。

按职业进行交叉分析，结果显示，在宝宝1周岁前没有上夜班、加班和出差的被调查者中，比例最高的是个体经营/自由职业者，为93.8%；其次是事业单位工作人员，为89.9%。社会组织工作人员上夜班的比例最高，为3.4%。公司/企业员工和管理者加班的比例最高，为10.9%；公务员出差的比例最高，为17.6%（见表4-4-7）。

表4-4-7　被调查者被安排上夜班、加班或出差情况——职业差异

单位：%

安排	公务员	事业单位工作人员	公司/企业员工和管理者	社会组织工作人员	个体经营/自由职业者	合计
安排上夜班	1.1	2.5	3.1	3.4	1.2	2.6
安排加班	8.8	7.1	10.9	6.9	1.2	9.0
安排出差	17.6	4.2	5.3	3.4	3.7	5.9
没有以上安排	75.8	89.9	83.6	86.2	93.8	85.3

按学历进行交叉分析，结果显示，在不同学历被调查者中，上夜班、加班或出差的比例存在差异。宝宝1周岁前，硕士及以上学历的被调查者没有上夜班、加班、出差的比例最低，为82.1%，但加班（10.6%）和出差（10.1%）的比例最高；高中/中专及以下学历的被调查者上夜班的比例最高，为7.0%（见表4-4-8）。

表4-4-8　被调查者被安排上夜班、加班或出差情况——学历差异

单位：%

安排	高中/中专及以下	大专/高职	本科	硕士及以上	合计
安排上夜班	7.0	4.0	2.1	1.8	2.6
安排加班	7.0	4.5	10.2	10.6	9.0
安排出差	0.0	3.5	5.4	10.1	5.8
没有以上安排	90.7	90.1	84.5	82.1	85.3

注：样本量为1023份。

（三）被调查者坚持母乳喂养的3种方式

1. 73.9%的被调查者认为"应坚持母乳喂养，且尽可能时间长点"

调查结果显示，73.9%的被调查者认为"应坚持母乳喂养，且尽可能时间长点"，62.8%的女性认为"在母乳不够的时候，可以适当添加奶粉和辅食"，54.4%的女性认为"宝宝6个月以后，母乳的营养就不够了，需要添加辅食"。这些数据说明，七成以上女性认为应该坚持母乳喂养（见表4-4-9）。

表4-4-9　被调查者对母乳喂养的态度

单位：%

态度	应答次数百分比	应答人数百分比
应坚持母乳喂养,且尽可能时间长点	38.5	73.9
在母乳不够的时候,可以适当添加奶粉和辅食	32.8	62.8
宝宝6个月后,母乳的营养就不够了,需要添加辅食	28.4	54.4
其他	0.3	0.6

2. 坚持母乳喂养的3种方式

被调查者如何坚持母乳喂养呢？调查结果显示，在被调查者中，35.5%的女性"白天不喂母乳，晚上回家喂母乳"；34.7%的女性"中午回家喂母乳"；26.1%的被调查者加入"背奶族"，白天给宝宝"喂我背回家的母乳"（见表4-4-10）。

表4-4-10　被调查者坚持哺乳坚持母乳喂养的方式

单位：%

哺乳方式	有效百分比	哺乳方式	有效百分比
我中午回家喂母乳	34.7	其他	3.7
喂我背回家的母乳	26.1	合计	100.0
白天不喂母乳,晚上回家喂母乳	35.5		

注：样本量为1013份。

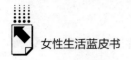

3. 交叉分析

按城市进行交叉分析，结果显示，在 10 个城市的被调查者中，北京（50.4%）、上海（28.8%）和南京（27.8%）的"背奶族"比例最大。"中午回家喂母乳"比例最大的依次是：西安（72.8%）和长沙（62.2%）。"白天不喂母乳，晚上回家喂母乳"比例最大的是南京（55.7%），其次是上海（46.2%）（见表 4 – 4 – 11）。

表 4 – 4 – 11　被调查者坚持母乳喂养方式——城市差异

单位：%

城市	我中午回家喂母乳	喂我背回家的母乳	白天不喂母乳，晚上回家喂母乳	其他	合计
北　京	22.9	50.4	26.7	0.0	100.0
上　海	24.2	28.8	46.2	0.8	100.0
广　州	33.3	12.6	42.2	11.9	100.0
成　都	35.1	21.1	35.1	8.8	100.0
南　京	12.7	27.8	55.7	3.8	100.0
杭　州	42.1	26.3	31.6	0.0	100.0
长　沙	62.2	6.8	21.6	9.5	100.0
哈尔滨	45.0	12.5	42.5	0.0	100.0
西　安	72.8	7.4	18.5	1.2	100.0
大　连	28.6	23.8	41.3	6.3	100.0
合计	34.7	26.1	35.5	3.7	100.0

注：样本量为 1013 份。

一线城市有 26.0% 的被调查者中午回家喂母乳，比二线城市（43.3%）低了 17.3 个百分点；一线城市有 34.6% 的女性加入"背奶族"，比二线城市（17.6%）高出 17.0 个百分点（见表 4 – 4 – 12）。

表 4 – 4 – 12　被调查者坚持母乳喂养方式——一二线城市差异

单位：%

哺乳方式	一线城市	二线城市	合计
我中午回家喂母乳	26.0	43.3	34.7
喂我背回家的母乳	34.6	17.6	26.1
白天不喂母乳，晚上回家喂母乳	36.0	35.1	35.5
其他	3.4	3.9	3.7
合计	100.0	100.0	100.0

注：样本量为 1013 份。

按学历进行交叉分析，结果显示，在被调查者中，"背奶族"和学历同步增长。高中/中专及以下学历女性加入"背奶族"的比例最低，为9.8%。随着学历增加，"背奶族"比例也不断增加，硕士及以上学历女性加入"背奶族"的比例最大，为43.0%，比高中/中专及以下学历女性高出33.2个百分点（见表4-4-13）。

表4-4-13　被调查者坚持母乳喂养的方式——学历差异

单位：%

哺乳方式	高中/中专及以下	大专/高职	本科	硕士及以上	合计
我中午回家喂母乳	43.9	34.0	36.3	30.4	34.9
喂我背回家的母乳	9.8	17.0	24.0	43.0	26.0
白天不喂母乳,晚上回家喂母乳	34.1	43.5	36.5	25.7	35.5
其他	12.2	5.5	3.3	0.9	3.6
合计	100.0	100.0	100.0	100.0	100.0

注：样本量为1006份。

（四）单位配备哺乳室、保存母乳设备的状况

1.15.6%的被调查者所在单位配备哺乳室,37.7%配备保存母乳设备

调查结果显示，84.4%的被调查者所在单位没有哺乳室。同时，62.3%的女性所在单位没有保存母乳的设备。这说明，工作单位为哺乳期妇女配备保存母乳设备的比例低，配备哺乳室的比例更低，应引起关注。

按城市进行交叉分析，结果显示，在10个城市中，上海被调查者所在单位配备哺乳室的比例最高，为31.3%。其他9个城市该比例均不足20%，哈尔滨仅为3.8%（见表4-4-14）。

一线城市有79.4%的被调查者所在单位没有配备哺乳室，比二线城市（89.3%）低了9.9个百分点（见表4-4-15）。

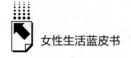

表4-4-14　被调查者所在单位配备哺乳室状况——城市差异

单位：%

哺乳室	有	没有	合计
北　京	16.5	83.5	100.0
上　海	31.3	68.7	100.0
广　州	17.1	82.9	100.0
成　都	1.4	98.6	100.0
南　京	17.5	82.5	100.0
杭　州	13.2	86.8	100.0
长　沙	12.0	88.0	100.0
哈尔滨	3.8	96.2	100.0
西　安	9.8	90.2	100.0
大　连	17.1	82.9	100.0
合　计	15.6	84.4	100.0

注：样本量为1041份。

表4-4-15　被调查者所在单位配备哺乳室状况——一二线城市差异

单位：%

哺乳室	一线城市	二线城市	合计
有	20.6	10.7	15.6
没有	79.4	89.3	84.4
合计	100.0	100.0	100.0

注：样本量为1041份。

按职业进行交叉分析，结果显示，在被调查者中，公务员所在单位有哺乳室的比例最高，为29.7%；社会组织居其次，占20.7%；事业单位居第三，占18.8%（见表4-4-16）。

表4-4-16　被调查者所在单位配备哺乳室状况——职业差异

单位：%

哺乳室	公务员	事业单位工作人员	公司/企业员工和管理者	社会组织工作人员	个体经营/自由职业者	合计
有	29.7	18.8	12.5	20.7	11.9	15.6
没有	70.3	81.3	87.5	79.3	88.1	84.4
合计	100.0	100.0	100.0	100.0	100.0	100.0

注：样本量为1037份。

按城市进行交叉分析，结果显示，在 10 个城市的被调查者中，南京女性所在单位配备保存母乳设备的比例最高，为 87.5%；杭州其次，为 59.7%；上海第三，为 58.5%（见表 4 - 4 - 17）。

表 4 - 4 - 17 被调查者所在单位配备保存母乳设备状况——城市差异

单位：%

城市	有	没有	合计
北　京	24.6	75.4	100.0
上　海	58.5	41.5	100.0
广　州	21.4	78.6	100.0
成　都	31.9	68.1	100.0
南　京	87.5	12.5	100.0
杭　州	59.7	40.3	100.0
长　沙	23.3	76.7	100.0
哈 尔 滨	27.5	72.5	100.0
西　安	29.3	70.7	100.0
大　连	34.8	65.2	100.0
合　计	37.7	62.3	100.0

注：样本量为 1041 份。

一线城市有 67.3% 的被调查者所在单位没有配备存奶设备，比二线城市（57.5%）高出 9.8 个百分点（见表 4 - 4 - 18）。

表 4 - 4 - 18 被调查者所在单位配备保存母乳设备状况——一二线城市差异

单位：%

保存母乳设备	一线城市	二线城市	合计
有	32.7	42.5	37.7
没有	67.3	57.5	62.3
合计	100.0	100.0	100.0

注：样本量为 1041 份。

按职业进行交叉分析，结果显示，在不同职业被调查者中，在社会组织工作的女性，单位配备保存母乳设备的比例最高，为 44.8%；公务员其次，为 44.0%（见表 4 - 4 - 19）。

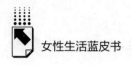

表 4 - 4 - 19　被调查者所在单位配备保存母乳设备状况——职业差异

单位：%

保存母乳设备	公务员	事业单位工作人员	公司/企业员工和管理者	社会组织工作人员	个体经营/自由职业者	合计
有	44.0	35.6	39.0	44.8	25.9	37.7
没有	56.0	64.4	61.0	55.2	74.1	62.3
合计	100.0	100.0	100.0	100.0	100.0	100.0

注：样本量为 1037 份。

（五）自家老人和保姆是照看孩子的主力人群

1. 63.0% 的被调查者上班时由自家老人带孩子

调查结果显示，被调查者上班时，由自家老人带孩子的占 63.0%，由自家老人和保姆共同带孩子的占 28.8%，由保姆单独带孩子的占 5.7%。这说明，女性产后回归职场，自家老人和聘请的保姆是照看孩子的主力人群（见表 4 - 4 - 20）。

表 4 - 4 - 20　被调查者上班时谁帮忙带孩子

单位：%

带孩子	百分比	带孩子	百分比
自家老人	63.0	托儿机构	0.9
丈夫	0.1	寄托在熟人家	1.0
保姆	5.7	其他	0.2
自家老人和保姆	28.8	合计	100.0
丈夫和保姆	0.4		

注：样本量为 1046 份。

2. 交叉分析

按城市进行交叉分析，结果显示，在 10 个城市的被调查者中，由"自家老人和保姆"共同带孩子比例较高的 3 个城市是：北京（56.4%）、上海（35.8%）和广州（27.5%）；由"保姆"带孩子，广州的比例最高（13.4%）；由"丈夫和保姆"共同带孩子，大连比例最高，为 2.9%；由

"托儿机构"带孩子,西安比例最高,为4.9%;孩子"寄托在熟人家",哈尔滨的比例最高,为5.0%(见表4-4-21)。

表4-4-21 被调查者上班时谁帮忙带孩子——城市差异

单位:%

带孩子	自家老人	丈夫	保姆	自家老人和保姆	丈夫和保姆	托儿机构	寄托在熟人家	其他	合计
北 京	36.3	0.0	6.8	56.4	0.0	0.0	0.0	0.4	100.0
上 海	59.0	0.0	3.7	35.8	0.7	0.0	0.7	0.0	100.0
广 州	56.3	0.7	13.4	27.5	0.7	1.4	0.0	0.0	100.0
成 都	73.6	0.0	8.3	16.7	0.0	0.0	1.4	0.0	100.0
南 京	88.8	0.0	2.5	8.8	0.0	0.0	0.0	0.0	100.0
杭 州	77.9	0.0	3.9	18.2	0.0	0.0	0.0	0.0	100.0
长 沙	73.3	0.0	4.0	21.3	0.0	0.0	0.0	1.3	100.0
哈尔滨	68.8	0.0	3.8	20.0	0.0	2.5	5.0	0.0	100.0
西 安	78.0	0.0	1.2	11.0	0.0	4.9	4.9	0.0	100.0
大 连	81.4	0.0	2.9	11.4	2.9	1.4	0.0	0.0	100.0
合 计	63.0	0.1	5.7	28.8	0.4	0.9	1.0	0.2	100.0

注:样本量为1046份。

二线城市由自家老人带孩子的占77.4%,比一线城市(47.8%)高29.6个百分点;由保姆单独带孩子,一线城市占7.8%,比二线城市(3.7%)高4.1个百分点;由自家老人和保姆共同带孩子的,一线城市占42.9%,比二线城市(15.3%)高27.6个百分点(见表4-4-22)。

表4-4-22 被调查者上班时谁帮忙带孩子——一二线城市差异

单位:%

带孩子	一线城市	二线城市	合计
自家老人	47.8	77.4	63.0
丈夫	0.2	0.0	0.1
保姆	7.8	3.7	5.7
自家老人和保姆	42.9	15.3	28.8
丈夫和保姆	0.4	0.4	0.4
托儿机构	0.4	1.3	0.9
寄托在熟人家	0.2	1.7	1.0
其他	0.2	0.2	0.2
合计	100.0	100.0	100.0

注:样本量为1046份。

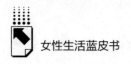

进一步的卡方检验结果显示，城市间的 P 值为 0.000，小于 0.05，即不同城市带孩子存在显著差异。通过计算相关系数还可以看出，λ 统计量为 0.176，表明谁带孩子和城市存在密切关系。

按家庭收入进行交叉分析，结果显示，被调查者家庭月收入在 1 万元以下和 1 万元以上的，谁带孩子存在显著差异。其中，家庭月收入在 1 万元以下的，由自家老人单独带孩子的占 81.7%，由自家老人和保姆共同带孩子的占 10.4%，由保姆单独带孩子的占 2.6%。

而对于家庭月收入在 1 万元以上的家庭来说，由自家老人单独带孩子的比例均低于 60.0%，由自家老人和保姆共同带孩子的均高于 30.0%，由保姆单独带孩子的均超过 5.0%（见表 4 - 4 - 23）。

表 4 - 4 - 23　被调查者上班时谁帮忙带孩子——家庭收入差异

单位：%

谁带孩子	10000 元以下	10000 ~ 19999 元	20000 ~ 30000 元	30000 元以上	合计
自家老人	81.7	59.0	47.2	59.9	62.8
丈夫	0.0	0.0	0.5	0.0	0.1
保姆	2.6	5.7	8.7	7.6	5.8
自家老人和保姆	10.4	33.6	42.6	31.2	28.9
丈夫和保姆	0.4	0.2	0.5	0.6	0.4
托儿机构	1.9	1.0	0.0	0.0	0.9
寄托在熟人家	2.6	0.5	0.5	0.0	1.0
其他	0.4	0.0	0.0	0.6	0.2
合计	100.0	100.0	100.0	100.0	100.0

注：样本量为 1040 份。

（六）丈夫帮助照料孩子的状况

1.41.8% 的被调查者表示丈夫主动帮忙带孩子

调查结果显示，41.8% 的被调查者表示丈夫"非常主动，和我一起带宝宝"；31.5% 的女性表示"他想帮我带宝宝，但笨手笨脚的，帮不了多大忙"；28.7% 的女性表示丈夫"由于加班和应酬，没时间带宝宝"，14.6%

的女性表示丈夫"偶尔也帮忙,但很不耐烦",7.0%的女性表示丈夫"从不插手宝宝的事"(见表4-4-24)。

表4-4-24 丈夫照料孩子状况

单位:%

丈夫	应答次数百分比	应答人数百分比
非常主动,和我一起带宝宝	33.7	41.8
笨手笨脚的,帮不了多大忙	25.4	31.5
由于加班和应酬,没时间带宝宝	23.1	28.7
偶尔也帮忙,但很不耐烦	11.8	14.6
从不插手宝宝的事	5.7	7.0
其他	0.5	0.6

按城市进行交叉分析,结果显示,在10个城市中,丈夫"非常主动,和我一起带宝宝"的比例最高的是南京,为57.5%;其次是北京,为48.1%;上海第三,为46.3%。丈夫"笨手笨脚的,帮不了多大忙"的比例最高的是成都,为47.2%;其次是哈尔滨,为40.5%。丈夫"由于加班和应酬,没时间带宝宝"的比例最高的是哈尔滨,为38.0%;其次是南京,为37.5%。丈夫"偶尔也帮忙,但很不耐烦"的比例最高的是西安,为34.1%;其次是广州,为27.1%。丈夫"从不插手宝宝的事"的比例最高的是广州,为15.7%;其次是大连,为10.4%(见表4-4-25)。

表4-4-25 丈夫照料孩子状况——城市差异

单位:%

丈夫	北京	上海	广州	成都	南京	杭州	长沙	哈尔滨	西安	大连	合计
非常主动,和我一起带宝宝	48.1	46.3	29.3	38.9	57.5	39.0	42.1	43.0	29.3	38.8	41.8
笨手笨脚的,帮不了多大忙	25.8	23.9	40.0	47.2	17.5	32.5	35.5	40.5	25.6	40.3	31.5
由于加班和应酬,没时间带宝宝	24.9	26.1	32.1	23.6	37.5	31.2	25.0	38.0	23.2	31.3	28.7
偶尔也帮忙,但很不耐烦	8.2	11.9	27.1	16.7	6.3	16.9	7.9	11.4	34.1	9.0	14.6
从不插手宝宝的事	9.4	5.2	15.7	5.6	0.0	2.6	6.6	5.1	0.0	10.4	7.0
其他	0.4	0.0	0.0	2.8	0.0	1.3	1.3	0.0	1.2	0.0	0.6

注:样本量为1040份。

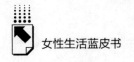
一线城市有 10.1% 的被调查者表示丈夫"从不插手宝宝的事",比二线城市(4.1%)高出 6.0 个百分点(见表 4 - 4 - 26)。

表 4 - 4 - 26 丈夫照料孩子状况——一二线城市差异

单位:%

丈夫	一线城市	二线城市	合计
非常主动,和我一起带宝宝	42.4	41.3	41.8
笨手笨脚的,帮不了多大忙	29.2	33.8	31.5
由于加班和应酬,没时间带宝宝	27.2	30.0	28.7
偶尔也帮忙,但很不耐烦	14.4	14.8	14.6
从不插手宝宝的事	10.1	4.1	7.0
其他	0.2	0.9	0.6

注:样本量为 1040 份。

按职业进行交叉分析,结果显示,在被调查者中,丈夫"非常主动,和我一起带宝宝"的比例最高的是公务员(53.3%);"从不插手宝宝的事"的比例最高的是社会组织工作人员的丈夫,为 16.7%,个体经营/自由职业者其次,为 9.1%(见表 4 - 4 - 27)。

表 4 - 4 - 27 丈夫照料孩子状况——职业差异

单位:%

丈夫	公务员	事业单位工作人员	公司/企业员工和管理者	社会组织工作人员	个体经营/自由职业者	合计
非常主动,和我一起带宝宝	53.3	41.7	41.0	50.0	34.1	41.9
笨手笨脚的,帮不了多大忙	25.6	30.6	31.7	40.0	36.4	31.6
由于加班和应酬,没时间带宝宝	26.7	28.9	29.2	30.0	26.1	28.7
偶尔也帮忙,但很不耐烦	10.0	12.8	15.0	10.0	22.7	14.6
从不插手宝宝的事	2.2	8.9	6.1	16.7	9.1	6.9
其他	1.1	1.3	0.3	0.0	0.0	0.6

按学历进行交叉分析，结果显示，在不同学历的被调查者中，本科学历女性的丈夫"非常主动，和我一起带宝宝"的比例最高，为44.2%；高中/中专及以下学历女性的丈夫"笨手笨脚的，帮不了多大忙"的比例最高，为43.5%；本科学历女性的丈夫"由于加班和应酬，没时间带宝宝"的比例最高，为31.2%；高中/中专及以下学历女性的丈夫"偶尔也帮忙，但很不耐烦"的比例最高，为28.3%；硕士及以上学历女性的丈夫"从不插手宝宝的事"的比例最高，为13.4%（见表4-4-28）。

表4-4-28　丈夫照料孩子状况——学历差异

单位：%

丈夫	高中/中专及以下	大专/高职	本科	硕士及以上	合计
非常主动,和我一起带宝宝	37.0	41.9	44.2	38.0	42.1
笨手笨脚的,帮不了多大忙	43.5	36.5	30.5	26.9	31.5
由于加班和应酬,没时间带宝宝	19.6	24.1	31.2	27.8	28.6
偶尔也帮忙,但很不耐烦	28.3	15.8	13.9	11.1	14.3
从不插手宝宝的事	6.5	6.9	4.8	13.4	7.1
其他	0.0	0.0	1.1	0.0	0.6

（七）育儿知识来源

1. 被调查者育儿知识三大来源：长辈传授（72.4%）、同龄妈妈经验分享（70.3%）和育儿书籍（61.5%）

调查结果显示，被调查者育儿知识来源的前三项依次是：长辈传授（72.4%）、同龄妈妈经验分享（70.3%）和育儿书籍（61.5%）；其他来源还有"育儿网站/频道""医生/护士""育儿杂志""专业咨询机构""电视/广播"等（见表4-4-29）。

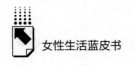

表 4 - 4 - 29　被调查者的育儿知识来源

单位：%

来源	应答次数百分比	应答人数百分比
长辈传授	20.0	72.4
同龄妈妈经验分享	19.5	70.3
医生/护士	11.1	40.0
专业咨询机构	5.0	18.0
育儿杂志	7.5	27.1
育儿书籍	17.0	61.5
育儿网站/频道	15.2	54.9
电视/广播	4.6	16.8
其他	0.1	0.2

2. 交叉分析

按城市进行交叉分析，结果显示，在 10 个城市的被调查者中，育儿知识来源于"长辈传授"比例最高的是南京，为 88.8%，其次是北京（86.9%）；育儿知识来源于"同龄妈妈经验分享"比例最高的是杭州，为 88.3%，其次是大连（85.7%）；育儿知识来源于"医生/护士"比例最高的是广州，为 83.0%，其次是长沙（65.8%）；育儿知识来源于"专业咨询机构"比例最高的是长沙，为 31.6%，其次是哈尔滨（31.3%）；育儿知识来源于"育儿杂志"比例最高的是大连，为 44.3%，其次是长沙（42.1%）；育儿知识来源于"育儿书籍"比例最高的是北京，为 76.7%，其次是大连（72.9%）；育儿知识来源于"育儿网站/频道"比例最高的是杭州，为 71.4%，其次是成都（70.8%）；育儿知识来源于"电视/广播"比例最高的是哈尔滨，为 42.5%，其次是长沙（27.6%）（见表 4 - 4 - 30）。

一线城市女性通过长辈传授、医生/护士、育儿书籍、育儿网站/频道获取育儿知识的比例高于二线城市；但通过同龄妈妈经验分享、专业咨询机构、育儿杂志、电视/广播获取育儿知识的比例低于二线城市（见表 4 - 4 - 31）。

表 4 - 4 - 30　育儿知识来源——城市差异

单位：%

来源	北京	上海	广州	成都	南京	杭州	长沙	哈尔滨	西安	大连	合计
长辈传授	86.9	81.5	57.4	62.5	88.8	53.2	81.6	56.3	58.0	74.3	72.4
同龄妈妈经验分享	78.0	69.6	50.4	73.6	41.3	88.3	84.2	70.0	66.7	85.7	70.3
医生/护士	24.6	30.4	83.0	34.7	37.5	27.3	65.8	18.8	45.7	35.7	40.0
专业咨询机构	24.2	11.9	13.5	8.3	5.0	10.4	31.6	31.3	21.0	18.6	18.0
育儿杂志	28.8	17.8	30.5	38.9	6.3	33.8	42.1	25.0	8.6	44.3	27.1
育儿书籍	76.7	45.9	60.3	63.9	53.8	68.8	68.4	62.5	27.2	72.9	61.5
育儿网站/频道	65.3	39.3	58.9	70.8	7.5	71.4	65.8	68.8	34.6	57.1	54.9
电视/广播	16.5	17.0	10.6	8.3	7.5	19.5	27.6	42.5	4.9	18.6	16.8
其他	0.8	0.0	0.0	0.0	0.0	0.0	0.0	0.0	0.0	0.0	0.2

表 4 - 4 - 31　育儿知识来源——一二线城市差异

单位：%

来源	一线城市	二线城市	合计
长辈传授	77.3	67.7	72.4
同龄妈妈经验分享	68.2	72.4	70.3
医生/护士	42.2	37.9	40.0
专业咨询机构	18.0	18.1	18.0
育儿杂志	26.4	27.8	27.1
育儿书籍	64.1	59.1	61.5
育儿网站/频道	56.6	53.2	54.9
电视/广播	15.0	18.5	16.8
其他	0.4	0.0	0.2

注：有效样本 1048 份。

　　按年龄进行交叉分析，结果显示，不同年龄段被调查者获取育儿知识比例较高的前三位都是"长辈传授""同龄妈妈经验分享"和"育儿书籍"，但是，25 岁以上的被调查者，通过"育儿网站/频道"获取育儿知识的比例超过 50%。30 ~ 35 岁的被调查者通过"育儿杂志"获取育儿知识的比例最高，为 29.5%；25 ~ 29 岁居其次，为 26.9%；而 25 岁以下（17.8%）和 35 岁以上（16.7%）选择比例相对较低，均低于 20.0%（见表 4 - 4 - 32）。

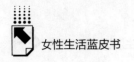

表 4－4－32　育儿知识来源——年龄段差异

单位：%

来源	25 岁以下	25～29 岁	30～35 岁	35 岁以上	合计
长辈传授	75.6	72.7	71.0	79.2	72.4
同龄妈妈经验分享	64.4	69.8	72.2	64.6	70.3
医生/护士	40.0	43.5	38.7	12.5	40.0
专业咨询机构	11.1	20.0	16.0	20.8	18.0
育儿杂志	17.8	26.9	29.5	16.7	27.1
育儿书籍	53.3	59.2	65.0	64.6	61.5
育儿网站/频道	33.3	53.2	58.5	60.4	54.9
电视/广播	6.7	19.1	16.5	4.2	16.8
其他	2.2	0.0	0.2	0.0	0.2

注：有效样本 1048 份。

　　按职业进行交叉分析，结果显示，在被调查者中，获取育儿知识比例较高的前三位都是"长辈传授""同龄妈妈经验分享"和"育儿书籍"，但是选择"同龄妈妈经验分享"比例最高的是公务员（81.3%），社会组织工作人员选择"长辈传授""同龄妈妈经验分享"的比例均达到80.0%。选择通过"育儿杂志"获取育儿知识，社会组织工作人员的比例最高，为30.0%；事业单位工作人员居其次，为29.2%；个体经营/自由职业者居第三，为28.1%（见表 4－4－33）。

表 4－4－33　育儿知识来源——职业差异

单位：%

来源	公务员	事业单位工作人员	公司/企业员工和管理者	社会组织工作人员	个体经营/自由职业者	合计
长辈传授	67.0	77.5	72.2	80.0	61.8	72.3
同龄妈妈经验分享	81.3	62.9	70.2	80.0	77.5	70.4
医生/护士	45.1	40.4	37.9	50.0	46.1	40.1
专业咨询机构	24.2	18.8	16.3	26.7	18.0	18.0
育儿杂志	23.1	29.2	26.4	30.0	28.1	27.0
育儿书籍	60.4	67.9	60.8	43.3	57.3	61.6
育儿网站/频道	53.8	62.5	52.7	50.0	51.7	54.9
电视/广播	14.3	16.3	17.3	23.3	14.6	16.8
其他	1.1	0.0	0.2	0.0	0.0	0.2

注：样本量为 1044 份。

按学历进行交叉分析，结果显示，随着被调查者学历增加，她们通过"长辈传授""同龄妈妈经验分享""育儿书籍""育儿网站/频道"获取育儿知识的比例不断增加。但是，她们通过"医生/护士"获取育儿知识的比例却不断下降（见表44-34）。

表4-4-34　育儿知识来源——学历差异

单位：%

来源	高中/中专及以下	大专/高职	本科	硕士及以上	合计
长辈传授	65.2	69.9	71.3	79.4	72.4
同龄妈妈经验分享	58.7	68.9	70.6	73.4	70.3
医生/护士	50.0	46.1	41.2	28.4	39.9
专业咨询机构	28.3	18.0	14.5	23.9	17.8
育儿杂志	21.7	26.2	28.9	24.8	27.2
育儿书籍	43.5	57.8	59.9	74.3	61.8
育儿网站/频道	47.8	48.1	53.8	65.6	54.9
电视/广播	10.9	17.5	17.5	15.1	16.7
其他	0.0	0.5	0.0	0.5	0.2

注：样本量为1041份。

（八）最信任的育儿知识来源

1. 被调查者最信任的三大育儿知识来源："同龄妈妈经验分享""育儿书籍"和"医生/护士"

调查结果显示，被调查者最信任的育儿知识来源排在前三位的依次是："同龄妈妈经验分享"（47.7%）、"育儿书籍"（44.9%）和"医生/护士"（40.2%）。

从育儿知识来源对比分析可以看出，"长辈传授"是女性最大的育儿知识来源，但在女性最信任的来源中却只排到了第4位；"同龄妈妈经验分享""育儿书籍"和"医生/护士"成为女性最信任的育儿知识三大来源（见表4-4-35）。

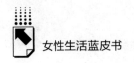

表4-4-35　被调查者信任的育儿知识来源

单位：%

可信度高的来源	应答次数百分比	应答人数百分比
长辈传授	15.4	38.7
同龄妈妈经验分享	19.0	47.7
医生/护士	16.0	40.2
专业咨询机构	9.3	23.4
育儿杂志	5.9	14.8
育儿书籍	17.9	44.9
育儿网站/频道	13.7	34.6
电视/广播	2.9	7.3

2. 交叉分析

按城市进行交叉分析，结果显示，在10个城市中，育儿知识来源信任"长辈传授"比例最高的是南京，为86.3%；信任"同龄妈妈经验分享"比例最高的是杭州，为71.1%；信任"医生/护士"比例最高的是长沙，为71.2%，其次是广州（70.7%）；信任"专业咨询机构"比例最高的是长沙，为56.2%；信任"育儿杂志"比例最高的是成都，为30.6%；信任"育儿书籍"比例最高的是大连，为66.2%，其次是哈尔滨（60.0%）；信任"育儿网站/频道"比例最高的是哈尔滨，为67.5%，其次是成都（56.9%）；信任"电视/广播"比例最高的是哈尔滨，为31.3%，其次是杭州（13.2%）（见表4-4-36）。

表4-4-36　最信任的育儿知识来源——城市差异

单位：%

信任的来源	北京	上海	广州	成都	南京	杭州	长沙	哈尔滨	西安	大连	合计
长辈传授	41.9	50.0	40.0	22.2	86.3	21.1	23.3	31.3	8.8	44.1	38.7
同龄妈妈经验分享	48.3	51.5	35.0	47.2	33.8	71.1	46.6	62.5	26.3	64.7	47.7
医生/护士	21.6	38.1	70.7	38.9	36.3	43.4	71.2	16.3	42.5	41.2	40.2
专业咨询机构	21.2	21.6	2.1	23.6	5.0	27.6	56.2	37.5	35.0	29.4	23.4
育儿杂志	16.1	11.9	14.3	30.6	5.0	19.7	23.3	11.3	2.5	16.2	14.8
育儿书籍	39.8	38.1	46.4	55.6	52.5	51.3	37.0	60.0	20.0	66.2	44.9
育儿网站/频道	33.9	24.6	39.3	56.9	3.8	43.4	31.5	67.5	18.8	32.4	34.6
电视/广播	1.7	11.2	4.3	5.6	3.8	13.2	4.1	31.3	0.0	8.8	7.3

注：样本量为1039份。

一线城市信任"长辈传授"的比例高于二线城市；其他选项的比例均低于二线城市（见表4-4-37）。

表4-4-37 最信任的育儿知识来源——一二线城市差异

单位：%

信任的来源	一线城市	二线城市	合计
长辈传授	43.5	34.0	38.7
同龄妈妈经验分享	45.5	49.9	47.7
医生/护士	39.4	41.0	40.2
专业咨询机构	16.1	30.4	23.4
育儿杂志	14.5	15.1	14.8
育儿书籍	41.2	48.6	44.9
育儿网站/频道	32.9	36.1	34.6
电视/广播	4.9	9.6	7.3

注：样本量为1039份。

按年龄行交叉分析，结果显示，对"长辈传授"和"医生/护士"的信任比例，随着年龄的增长而降低。对"育儿网站/频道"的信任比例，随年龄的增加而增加。对"育儿杂志"的信任比例，25~29岁最高，为16.8%；25岁以下居其次，为15.6%；30~35岁和35岁以上均低于13.0%（见表4-4-38）。

表4-4-38 最信任的育儿知识来源——年龄差异

单位：%

来源	25岁以下	25~29岁	30~35岁	35岁以上	合计
长辈传授	55.6	41.1	35.0	29.2	38.7
同龄妈妈经验分享	57.8	49.0	46.7	33.3	47.7
医生/护士	48.9	43.1	39.5	8.3	40.2
专业咨询机构	15.6	26.1	21.3	20.8	23.4
育儿杂志	15.6	16.8	12.6	12.5	14.8
育儿书籍	46.7	43.8	47.7	31.3	44.9
育儿网站/频道	20.0	34.6	35.0	43.8	34.6
电视/广播	4.4	8.5	6.1	8.3	7.3

注：样本量为1039份。

按职业进行交叉分析，结果显示，社会组织工作人员信任"长辈传授"和"医生/护士"的比例最高，均为50.0%；信任"专业咨询机构"比例最高的是公务员，为30.0%；个体经营/自由职业者信任"同龄妈妈经验分享"（51.7%）、"育儿书籍"（51.7%）和"育儿杂志"（17.2%）的比例均为最高；信任"育儿网站/频道"比例最高的是事业单位工作人员，为39.2%（见表4-4-39）。

表4-4-39 最信任的育儿知识来源——职业差异

单位：%

信任的来源	公务员	事业单位工作人员	公司/企业员工和管理者	社会组织工作人员	个体经营/自由职业者	合计
长辈传授	38.9	34.2	41.0	50.0	31.0	38.6
同龄妈妈经验分享	50.0	40.0	50.0	50.0	51.7	47.8
医生/护士	41.1	40.0	39.8	50.0	41.4	40.4
专业咨询机构	30.0	19.6	24.1	13.3	24.1	23.3
育儿杂志	10.0	12.9	16.2	13.3	17.2	14.9
育儿书籍	43.3	41.3	46.8	26.7	51.7	45.0
育儿网站/频道	26.7	39.2	33.8	30.0	36.8	34.6
电视/广播	5.6	7.1	8.0	0.0	6.9	7.2

注：样本量为1035份。

按学历进行交叉分析，结果显示，随着女性学历提高，她们对"医生/护士""专业咨询机构"和"育儿网站/频道"这三个育儿知识来源的信任度呈现下降趋势（见表4-4-40）。

表4-4-40 最信任的育儿知识来源——学历差异

单位：%

信任的来源	高中/中专及以下	大专/高职	本科	硕士及以上	合计
长辈传授	26.1	49.5	39.7	29.4	38.9
同龄妈妈经验分享	34.8	53.4	48.6	43.1	47.8
医生/护士	50.0	42.2	44.3	25.7	40.2
专业咨询机构	32.6	26.0	22.7	19.7	23.2
育儿杂志	13.0	21.1	14.4	11.0	14.9
育儿书籍	41.3	47.5	47.7	36.2	45.0
育儿网站/频道	47.8	36.8	32.8	33.5	34.4
电视/广播	2.2	14.7	5.9	5.0	7.3

注：样本量为1032份。

（九）被调查者重返职场后的感受

1. 被调查者的三大感受：幸福、辛苦和快乐

调查结果显示，产后重返职场哺乳期妈妈感受的 3 个关键词：幸福（70.7%）、辛苦（65.0%）和快乐（55.2%）；其他感受还有"很累""欣慰""感动""焦虑""郁闷"等。这说明，宝宝给妈妈带来的积极情绪大于消极情绪（见表 4 - 4 - 41）。

表 4 - 4 - 41   被调查者的育儿感受

单位：%

感受	应答次数百分比	应答人数百分比
很　　累	15.4	53.2
辛　　苦	18.8	65.0
焦　　虑	6.6	22.6
委　　屈	3.5	12.0
郁　　闷	2.4	8.2
幸　　福	20.5	70.7
快　　乐	16.0	55.2
感　　动	8.0	27.6
欣　　慰	9.0	31.0
其　　他	0.1	0.2

2. 交叉分析

按城市进行交叉分析，结果显示，在 10 个城市中，北京女性是"幸福""很累"和"辛苦"，上海女性是"辛苦""很累"和"幸福"，广州和成都女性是"幸福""辛苦"和"快乐"，南京女性是"快乐""幸福"和"很累"，杭州女性是"辛苦""幸福"和"快乐"，长沙和哈尔滨女性是"幸福""辛苦"和"快乐"，西安女性是"幸福""辛苦"和"很累"，大连女性是"快乐""幸福"和"辛苦"（见表 4 - 4 - 42）。

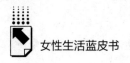

表4-4-42　被调查者的育儿感受——城市差异

单位：%

感受	北京	上海	广州	成都	南京	杭州	长沙	哈尔滨	西安	大连	合计
很 累	68.0	55.7	41.1	53.5	55.8	51.9	61.3	51.3	31.6	38.8	53.2
辛 苦	59.7	58.8	68.8	69.0	53.2	75.3	69.3	71.3	74.7	61.2	65.0
焦 虑	23.4	12.2	38.3	38.0	9.1	22.1	22.7	22.5	12.7	19.4	22.6
委 屈	12.1	3.8	19.1	12.7	1.3	14.3	13.3	21.3	1.3	20.9	12.0
郁 闷	5.2	6.1	17.7	12.7	1.3	7.8	6.7	12.5	3.8	7.5	8.2
幸 福	73.2	57.3	70.9	77.5	75.3	59.7	70.7	72.5	89.9	64.2	70.7
快 乐	51.9	35.1	59.6	56.3	81.8	53.2	65.3	63.8	29.1	76.1	55.2
感 动	28.1	15.3	35.5	39.4	16.9	37.7	20.0	41.3	2.5	43.3	27.6
欣 慰	23.8	22.1	41.1	43.7	11.7	61.0	33.3	50.0	15.2	19.4	31.0
其 他	0.0	0.8	0.0	1.4	0.0	0.0	0.0	0.0	0.0	0.0	0.2

注：样本量为1029份。

一线城市女性选择"很累"（57.3%）、"焦虑"（24.7%）和"郁闷"（8.9%）的比例比二线城市高。这些数据说明，一线城市女性重返职场后的负面情绪多于二线城市（见表4-4-43）。

表4-4-43　被调查者的育儿感受——一二线城市差异

单位：%

感受	一线城市	二线城市	合计
很 累	57.3	49.2	53.2
辛 苦	62.0	67.9	65.0
焦 虑	24.7	20.7	22.6
委 屈	11.9	12.0	12.0
郁 闷	8.9	7.4	8.2
幸 福	68.4	73.0	70.7
快 乐	49.7	60.5	55.2
感 动	26.8	28.3	27.6
欣 慰	28.2	33.7	31.0
其 他	0.2	0.2	0.2

注：样本量为1029份。

按年龄进行交叉分析，结果显示，随着年龄增加，被调查者感到"很累"的比例逐渐增加。25岁以下有46.5%的女性感到"很累"，25~29岁和30~35岁分别增加到52.9%和53.0%，35岁以上达到63.8%。

在被调查者中，25岁以下选择"幸福""郁闷""快乐"和"感动"的比例在各年龄段中最高，25~29岁者选择"焦虑"的比例最高，30~35岁者选择"辛苦"和"委屈"的比例最高（见表4-4-44）。

表4-4-44　被调查者的育儿感受——年龄差异

单位：%

感受	25岁以下	25~29岁	30~35岁	35岁以上	合计
很　累	46.5	52.9	53.0	63.8	53.2
辛　苦	55.8	65.8	66.0	55.3	65.0
焦　虑	9.3	24.1	23.0	14.9	22.6
委　屈	11.6	11.0	13.1	12.8	12.0
郁　闷	9.3	7.7	8.8	6.4	8.2
幸　福	76.7	72.4	68.2	70.2	70.7
快　乐	60.5	56.6	54.4	42.6	55.2
感　动	37.2	25.5	29.2	27.7	27.6
欣　慰	30.2	31.3	31.4	25.5	31.0

注：样本量为1029份。

按学历进行交叉分析，结果显示，随着被调查者学历增加，她们感到"焦虑""委屈""郁闷"的比例呈现下降趋势，而感到"幸福"和"快乐"的比例呈现上升趋势（见表4-4-45）。

表4-4-45　被调查者的育儿感受——学历差异

单位：%

感受	高中/中专及以下	大专/高职	本科	硕士及以上	合计
很　累	66.7	56.5	48.0	60.0	53.0
辛　苦	64.4	64.5	66.7	61.4	65.1
焦　虑	28.9	25.5	21.2	22.3	22.6

续表

感受	高中/中专及以下	大专/高职	本科	硕士及以上	合计
委　屈	22.2	16.0	10.1	10.2	11.8
郁　闷	13.3	11.5	6.2	8.4	8.0
幸　福	62.2	67.5	71.4	74.0	70.7
快　乐	51.1	55.5	54.3	58.6	55.3
感　动	31.1	30.0	26.7	26.5	27.5
欣　慰	28.9	31.5	32.2	27.9	31.0
其　他	0.0	0.0	0.4	0.0	0.2

（十）有孩子之后生活的变化

1. 51.1%的被调查者认为有了宝宝之后生活"变好了"

本次调查分别从社交圈、身材体形、穿着打扮、健康状况、夫妻关系和幸福感6个指标，对重返职场哺乳期妈妈的生活变化进行测量。调查结果显示，社交圈"扩大了"多于"缩小了"（33.3% > 26.6%），身材体形"变差了"多于"变好了"（38.1% > 31.1%）、穿着打扮"变得不讲究了"大于"更注意了"（29.0% > 24.6%）、健康状况变好了多于变差了（30.2% > 20.3%）、夫妻关系"更好了"多于"不如之前融洽"（37.4% > 15.3%）、幸福感"提升了"多于"下降了"（66.8% > 9.6%）（见表4-4-46、4-4-47、4-4-48、4-4-49、4-4-50、4-4-51）。

表4-4-46　被调查者社交圈的变化

单位：%

社交圈	百分比	社交圈	百分比
扩大了	33.3	缩小了	26.6
没有变化	40.2	合计	100.0

注：样本量为1046份。

表 4 - 4 - 47   被调查者身材体形的变化

单位：%

身材体形	百分比	身材体形	百分比
变好了	31.1	变差了	38.1
没有变化	30.8	合计	100.0

注：样本量为 1045 份。

表 4 - 4 - 48   被调查者穿着打扮的变化

单位：%

穿着打扮	百分比	穿着打扮	百分比
更注意了	24.6	变得不讲究了	29.0
没有变化	46.5	合计	100.0

注：样本量为 1046 份。

表 4 - 4 - 49   被调查者健康状况的变化

单位：%

健康状况	百分比	健康状况	百分比
更健康	20.3	不如之前健康	30.2
没有变化	49.5	合计	100.0

注：样本量为 1045 份。

表 4 - 4 - 50   被调查者夫妻关系的变化

单位：%

夫妻关系	百分比	夫妻关系	百分比
更好了	37.4	不如之前融洽	15.3
没有变化	47.3	合计	100.0

注：样本量为 1043 份。

表 4 - 4 - 51   被调查者幸福感的变化

单位：%

幸福感	百分比	幸福感	百分比
提升了	66.8	下降了	9.6
没有变化	23.6	合计	100.0

注：样本量为 1043 份。

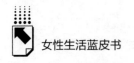

　　将总体分值进一步分段可以看出，在被调查者中，认为有了孩子以后生活"变好了"的比例最大，为51.1%；"变差了"的居其次，为32.4%，"没有变化"的为16.5%。可以看出，生孩子对女性生活是有影响的，积极影响大于负面影响（见表4－4－52）。

表 4 － 4 － 52　被调查者生活变化情况

单位：%

变化	百分比	变化	百分比
变好了	51.1	变差了	32.4
没有变化	16.5	合计	100.0

注：样本量为1036份。

　　上述6个指标，按照"变好了"、"没有变化"和"变差了"分别被赋予90分、60分、30分。结果显示，生活变化总体平均分值为63.2分。

　　在涵盖的6个指标中，平均分大于60分的有三个指标，分别是幸福感（77.2分）、夫妻关系（66.6分）、社交圈（62.0分）；平均分小于60分的有三个指标，分别是：穿着打扮（58.7分）、身材体形（57.9分）、健康状况（57.0分）。这些数据说明，生完孩子之后，女性的社交圈扩大了，夫妻关系更好了，幸福感增强了。但是，身材体形变差了，穿着打扮不太讲究了，自身健康状况变差了（见表4－4－53）。

表 4 － 4 － 53　被调查者生活变化总体分值

单位：分

指　标	均值	指标	均值
社交圈	62.0	夫妻关系	66.6
身材体形	57.9	幸福感	77.2
穿着打扮	58.7	合　计	63.2
健康状况	57.0		

注：样本量为1036份。

五 产后重返职场哺乳期妈妈希望得到的帮助

产后重返职场哺乳期妈妈面临很多困难。调查结果显示，她们最希望在哺乳期得到以下几方面的帮助。

一是"希望试行弹性工作制"（65.6%）；二是"希望得到丈夫的帮助"（64.8%），希望年轻的父亲学习育儿知识，承担起养育宝宝的责任，做合格的"奶爸"；三是"希望得到工作单位的特殊关照"，帮助她们顺利地度过哺乳期（57.3%）；四是如果父母的身体条件还可以，"希望得到自家老人的帮助"（56.7%）；五是"希望延长98天产假"（51.9%）（见表4-5-1）。

表4-5-1 被调查者希望得到的帮助

单位：%

希望	应答次数百分比	应答人数百分比
希望得到丈夫的帮助	13.9	64.8
希望得到自家老人的帮助	12.2	56.7
希望得到工作单位的特殊关照	12.3	57.3
希望开办托儿所	9.8	45.4
希望建立哺乳室	8.9	41.4
希望试行弹性工作制	14.1	65.6
希望试行多元就业模式	9.9	46.1
希望延长98天产假	11.2	51.9
希望开展育婴师和家政服务员培训	7.4	34.3
其他	0.2	1.0

按城市进行交叉分析，结果显示，在10个城市的被调查者中，北京女性"希望试行弹性工作制"的比例最高（69.9%），其次是"希望得到丈夫的帮助"（58.5%）；上海女性"希望得到丈夫的帮助"的比例最高（65.2%），其次是"希望延长98天产假"（64.4%）；广州女性"希望得到丈夫的帮助"的比例最高，为93.0%，其次是"希望试行弹性工作制"（85.9%）和"希望延长98天产假"（85.9%）；成都女性"希望延长98天

产假"的比例最高（83.1%），其次是"希望试行弹性工作制"（78.9%）；南京女性"希望得到丈夫的帮助"（68.8%）和"希望得到自家老人的帮助"的比例最高（68.8%）；杭州女性"希望得到丈夫的帮助"的比例最高（72.7%），其次是"希望试行弹性工作制"（67.5%）；长沙女性"希望试行弹性工作制"的比例最高（68.4%），其次是"希望试行多元就业模式"（64.5%）；哈尔滨女性"希望得到自家老人的帮助"的比例最高（82.5%），其次是"希望得到工作单位的特殊关照"（57.5%）；西安女性"希望试行弹性工作制"的比例最高（58.5%），其次是"希望得到丈夫的帮助"和"希望开办托儿所"（均为45.1%）；大连女性"希望得到丈夫的帮助"的比例最高（71.0%），其次是"希望得到自家老人的帮助"（68.1%）（见表4-5-2）。

表4-5-2 被调查者希望得到的帮助——城市差异

单位：%

希望	北京	上海	广州	成都	南京	杭州	长沙	哈尔滨	西安	大连	合计
希望得到丈夫的帮助	58.5	65.2	93.0	67.6	68.8	72.7	56.6	41.3	45.1	71.0	64.8
希望得到自家老人的帮助	46.2	54.8	67.6	53.5	68.8	63.6	43.4	82.5	32.9	68.1	56.7
希望得到工作单位的特殊关照	50.4	53.3	83.8	56.3	40.0	61.0	67.1	57.5	42.7	58.0	57.3
希望开办托儿所	37.7	49.6	69.7	52.1	30.0	40.3	31.6	53.8	45.1	36.2	45.4
希望建立哺乳室	44.5	28.1	71.8	64.8	13.8	33.8	40.8	47.5	11.0	40.6	41.4
希望试行弹性工作制	69.9	53.3	85.9	78.9	50.0	67.5	68.4	51.3	58.5	58.0	65.6
希望试行多元就业模式	44.9	31.1	85.2	47.9	37.5	24.7	64.5	33.8	32.9	40.6	46.1
希望延长98天产假	42.4	64.4	85.9	83.1	11.3	41.6	35.5	42.5	42.7	56.5	51.9
希望开展育婴师和家政服务员培训	25.4	24.4	85.2	47.9	10.0	33.8	27.6	31.3	4.9	39.1	34.3
其他	0.4		2.1	1.4		1.3	2.6	1.3		1.4	1.0

注：样本量为1048份。

除"希望得到自家老人的帮助"的比例二线城市高于一线城市外，其他选项均为一线城市的比例高于二线城市（见表4-5-3）。

表4-5-3　被调查者希望得到的帮助——一二线城市差异

单位：%

希望	一线城市	二线城市	合计
希望得到丈夫的帮助	69.8	60.0	64.8
希望得到自家老人的帮助	54.4	58.9	56.7
希望得到工作单位的特殊关照	60.4	54.4	57.3
希望开办托儿所	49.7	41.3	45.4
希望建立哺乳室	49.7	41.3	45.4
希望试行弹性工作制	70.0	61.5	65.6
希望试行多元就业模式	52.4	40.0	46.1
希望延长98天产假	60.2	43.9	51.9
希望开展育婴师和家政服务员培训	41.7	27.1	34.3
其他	0.8	1.1	1.0

注：样本量为1048份。

按职业进行交叉分析，结果显示，社会组织工作人员"希望得到丈夫的帮助"、"希望得到自家老人的帮助"、"希望得到工作单位的特殊关照"、"希望开办托儿所"、"希望试行多元就业模式"、"希望延长98天产假"和"希望在工作单位建立哺乳室"的比例均最高；公司/企业员工和管理者"希望试行弹性工作制"的比例最高；个体经营/自由职业者"希望开展育婴师和家政服务员培训"的比例最高（见表4-5-4）。

表4-5-4　被调查者希望得到的帮助——职业差异

单位：%

希望	公务员	事业单位工作人员	公司/企业员工和管理者	社会组织工作人员	个体经营/自由职业者	合计
希望得到丈夫的帮助	57.1	70.8	63.0	73.3	64.8	64.8
希望得到自家老人的帮助	58.2	47.5	59.2	63.3	61.4	56.7
希望得到工作单位的特殊关照	60.4	56.3	58.8	66.7	45.5	57.5
希望开办托儿所	46.2	42.5	45.7	56.7	47.7	45.5
希望建立哺乳室	37.4	40.4	42.4	50.0	39.8	41.5

续表

希望	公务员	事业单位工作人员	公司/企业员工和管理者	社会组织工作人员	个体经营/自由职业者	合计
希望试行弹性工作制	61.5	65.0	68.4	60.0	54.5	65.6
希望试行多元就业模式	46.2	44.6	46.6	60.0	43.2	46.2
希望延长98天产假	58.2	56.3	49.2	73.3	44.3	51.9
希望开展育婴师和家政服务员培训	28.6	34.2	31.9	46.7	53.4	34.4
其他	1.1	2.1	0.3		2.3	1.0

注：样本量为1044份。

按年龄进行交叉分析，结果显示，30~35岁被调查者希望在工作单位建立哺乳室的比例最高，为42.1%；25~29岁居其次，为41.2%；25岁以下居第三，为40.9%（见表4-5-5）。

表4-5-5 被调查者希望得到的帮助——年龄差异

单位：%

希望	25岁以下	25~29岁	30~35岁	35岁以上	合计
希望得到丈夫的帮助	81.8	64.9	65.5	41.7	64.8
希望得到自家老人的帮助	61.4	58.4	57.2	29.2	56.7
希望得到工作单位的特殊关照	54.5	57.1	59.7	41.7	57.3
希望开办托儿所	36.4	46.4	44.7	50.0	45.4
希望建立哺乳室	40.9	41.2	42.1	37.5	41.4
希望试行弹性工作制	54.5	66.0	65.0	77.1	65.6
希望试行多元就业模式	40.9	47.1	45.8	41.7	46.1
希望延长98天产假	40.9	51.0	54.4	50.0	51.9
希望开展育婴师和家政服务员培训	34.1	32.2	37.7	25.0	34.3
其他	0.0	0.6	1.4	2.1	1.0

注：样本量为1048份。

按学历进行交叉分析，结果显示，高中/中专及以下学历女性希望在工作单位建立哺乳室的比例最高，为55.6%；硕士及以上学历居其次，为46.8%；大专/高职学历居第三，为42.7%（见表4-5-6）。

表4-5-6　被调查者希望得到的帮助——学历差异

单位：%

希望	高中/中专及以下	大专/高职	本科	硕士及以上	合计
希望得到丈夫的帮助	66.7	69.4	63.5	63.3	64.7
希望得到自家老人的帮助	51.1	61.7	58.4	48.2	56.6
希望得到工作单位的特殊关照	51.1	56.8	60.8	48.6	57.1
希望开办托儿所	53.3	46.1	45.1	43.6	45.3
希望建立哺乳室	55.6	42.7	37.8	46.8	41.4
希望试行弹性工作制	60.0	57.8	65.7	74.3	65.7
希望试行多元就业模式	57.8	50.5	43.4	47.2	46.2
希望延长98天产假	55.6	54.4	47.2	61.0	51.9
希望开展育婴师和家政服务员培训	57.8	42.7	29.9	32.1	34.1
其他	4.4	0.0	1.0	0.9	1.0

注：样本量为1041份。

六　婴幼儿消费状况

1. 2014年6月被调查者家庭婴幼儿消费平均为4281.5元，占家庭收入的23.3%

调查结果显示，2014年6月，被调查者家庭用于婴幼儿的平均支出为4281.5元，最少300元，最多8万元。标准差达到3835.5元，说明不同家庭之间的婴幼儿消费差异是非常大的。被调查者家庭婴幼儿消费占家庭收入（19345.1元）的23.3%。

对于这样的支出，19.8%的被调查者认为"非常大"，47.2%认为"比较大"，两者合计比例达到67.0%（见表4-6-1）。

表4-6-1　被调查者家庭的婴幼儿支出

单位：%

支出	百分比	支出	百分比
非常大	19.8	比较小	3.7
比较大	47.2	非常小	0.5
一般	28.8	合计	100.0

注：样本量为1030份。

调查结果显示，婴幼儿主要支出的前五项依次是：纸尿裤（78.6%）、奶粉（75.3%）、玩具（62.0%）、辅食（61.9%）和服装服饰（60.0%）（见表4-6-2）。

表4-6-2　被调查者家庭的婴幼儿支出内容

单位：%

支出	应答次数百分比	应答人数百分比
奶粉	15.0	75.3
辅食	12.4	61.9
服装服饰	12.0	60.0
纸尿裤	15.7	78.6
洗护用品	9.6	47.9
玩具	12.4	62.0
婴儿车	8.4	42.0
医药费	7.1	35.6
保姆费	6.8	33.8
其他	0.6	2.9

按城市进行交叉分析结果显示，在10个城市的被调查者中，婴幼儿的月均支出，上海（5605.4元）、北京（5537.3元）和广州（5063.5元）位居前三位；支出相对较低的3个城市是南京（2476.9元）、哈尔滨（2321.3元）和西安（1869.5元）（见表4-6-3）。

表4-6-3　被调查者家庭的婴幼儿支出——城市差异

单位：元

城　市	均值	城　市	均值
北　京	5537.3	长　沙	3893.3
上　海	5605.4	哈尔滨	2321.3
广　州	5063.5	西　安	1869.5
成　都	4667.9	大　连	3762.3
南　京	2476.9	总　计	4281.50
杭　州	3705.3		

注：样本量为1034份。

一线城市被调查者家庭婴幼儿的平均月支出为5421.9元，比二线城市（3184.4元）高出2237.5元（见表4-6-4）。

表 4 – 6 – 4　被调查者家庭的婴幼儿支出——一二线城市差异

单位：元

城市分类	均值	城市分类	均值
一线城市	5421.9	总计	4281.5
二线城市	3184.4		

注：样本量为 1033 份。

按收入进行交叉分析，结果显示，婴幼儿支出与家庭收入之间存在很强的关系。家庭收入越高，宝宝支出也越高。家庭月收入 1 万元以下的，婴儿月均支出最低，为 2464.4 元；家庭月收入 3 万元以上的，婴儿月均支出最高，为 5595.0 元，比家庭月收入 1 万元以下的高出 3129.4 元（见表 4 – 6 – 5）。同时数据显示，家庭收入越高，婴儿支出占家庭收入的比例越低。

表 4 – 6 – 5　被调查者家庭的婴幼儿支出——收入差异

单位：元

收入分类	均值	收入分类	均值
10000 元以下	2464.4	30000 元以上	5595.0
10000 ~ 19999 元	4586.5	总计	4291.6
20000 ~ 30000 元	5193.9		

注：样本量为 1029 份。

七　结论

"产后重返职场哺乳期妈妈工作生活状况调查"的主要结论如下。

（一）被调查者的基本情况

1. 被调查者平均年龄为29.5岁，以"已婚"为主（98.5%）；学历较高，本科及以上学历者占75.7%

这个年龄段的女性，绝大多数已进入稳定的婚姻生活当中，担当起妻子

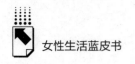

和母亲角色。同时，被调查者多数已逐步进入职业生涯的拓展与发展的关键时期，其中一部分出类拔萃者脱颖而出，担当起了中高层管理者的重任。还能看到的是，绝大多数被调查者接受了良好的教育，其中有七成半的女性接受了本科及以上的高等教育。

2. 被调查者个人月均收入为6696.3元，被调查者家庭用于婴幼儿的月均支出为4281.5元，约占家庭收入的1/4；近七成女性认为婴幼儿消费支出大

从收入状况看，被调查者个人 2014 年 6 月的平均收入为 6696.3 元，家庭平均收入为 18345.1 元，女性对家庭收入的贡献率近四成（39.7%）。国家统计局数据显示，2013 年城镇居民人均年可支配收入为 26955.1 元，则月均收入为 2246.3 元。将被调查者个人月均收入与国家统计局公布的 2013 年全国城镇居民人均收入水平进行比对，可见其个人与家庭收入均高于全国平均数，属于中高收入水平。

从调查数据可以看到，2014 年 6 月，被调查者家庭用于婴幼儿的月平均支出为 4281.5 元，约占家庭收入的 1/4（23.3%）。被调查者认为婴幼儿消费支出"非常大"（19.8%）和"比较大"（47.2%），两项合计，近七成（67.0%）女性认为与婴幼儿相关的支出大。婴幼儿支出与家庭收入之间存在较强关联，家庭月收入 1 万元以下的，婴儿月均支出最低，为 2464.4 元；家庭月收入 3 万元以上的，婴儿月均支出最高，为 5595.0 元。一线城市被调查者家庭婴幼儿消费明显高于二线城市，婴幼儿消费最高的上海（5605.4 元）与消费最低的西安（1869.5 元）相差 3735.9 元。这表明，宝宝出生，对家庭消费的影响很大。家庭收入越高，婴幼儿消费也相应增加。同时数据显示，家庭收入越高，婴儿支出占家庭收入的比例越低。

3. 被调查者普遍晚育，平均生育年龄为28.9岁；接近六成的被调查者是自然分娩

一般认为，女性 21～30 岁是最佳生育年龄。基于中国施行计划生育的国情，晚婚晚育是实现这一国策的重要手段之一，24 岁成为我国晚育的分界线。因为社会与经济等多方面因素的交互影响，女性推迟生育年龄的现

象已是世界性趋势。综合有关媒体报道，2013 年法国女性首次生育年龄为 30.3 岁，美国女性则推迟生育年龄至 30~35 岁，2011 年日本女性首次生育年龄超过 30 岁。至于中国女性，据报道，由中国妇女发展基金会、国家卫生和计划生育委员会科学技术研究所、中华医学会计划生育学分会共同发起的一项调查称，"近 10 年来，我国平均生育年龄从 26.29 岁推迟到 28.18 岁。"

本次被调查者的平均生育年龄为 28.9 岁，略高于全国平均生育年龄。被调查者的生育年龄与学历同步增长，硕士及以上学历的被调查者的平均生育年龄为 30.7 岁，比高中/中专及以下学历者高出 2.4 岁。可见，城市女性推迟生育年龄的现象在中国同样未能避免。女性晚育的原因依个体差异而各有不同。从一般情况看，女性受过良好的教育，视野开阔，越来越多地进入职场，获取高收入，晋升高职位，逐步实现其自我价值，在家庭中赢得较高的地位和话语权，诸如此类的新观念和新的生活方式，影响了城市女性对生育时间的选择。此外，避孕方式的改善，养育孩子的成本上升，环境污染，不良生活方式对女性身体的损害，以及日趋激烈的职场竞争等，也是女性推迟生育年龄的因素。

关于生育方式，从数据中可见，接近六成的被调查者是自然分娩（57.2%），其自然分娩比例基本上随年龄增高而降低，其中 24 岁及以下者自然分娩比例最高（66.7%）。可见，生育方式的选择与晚育有一定关联。职业女性在为事业打拼的同时，如何在最佳时间、以自然分娩的方式生育一个健康宝宝，值得关注。

（二）本次调查基本结论

1. 哺乳期被调查者重返职场的状况

（1）七成多被调查者休完产假后按时上班（70.6%）。

从调查结果中可见，70.6% 的被调查者休完产假后就按时上班，履行另一个身份——职业人的责任。并且，随学历的升高，产后按时上班的人数比例随之增加，其中，硕士及以上学历的人数比例最高，为 76.5%。有 8.6%

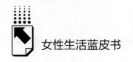

的女性没休完产假就提前上班了；提前上班的人数比例，随学历升高呈现递减态势；高中\中专及以下学历的被调查者没休完产假就上班的人数比例最高，比硕士及以上学历的被调查者高出14.9个百分点。由此可见"学历"是一个不可忽视的影响因素。是否可以判断，受教育程度的高低，一方面影响了女性对自己职业身份和责任的认同以及自律意识；另一方面也在一定程度上影响了女性维护权利的自觉意识。还有18.3%的女性延迟了上班时间。

（2）八成以上被调查者产假后仍在原单位、原岗位和原职位工作。

生育所带来的体力、精力、情感、时间等方面的付出，不可避免地对职业女性回归职场造成影响。职业女性除了要面对自身体力和心理上的调整，还要应对社会有形无形的各种压力，甚至是歧视。本次调查数据显示，被调查者休完产假后，82.7%回到原单位，86.0%回到原岗位，89.0%的女性职位没有变化。可见，八成以上的被调查者产后都能顺利地重归职场。

然而，除了自主创业外，仍有12.0%的被调查者产后不得不重新找工作。她们重新找工作的原因很多，其中35.5%的被调查者是由于生育丢掉了工作，从中不难看出生育给哺乳期职业女性带来的直接困难和她们面临的困境。

（3）大部分被调查者重返职场后，处在忙于应对工作与养育宝宝的被动状态中，但有37.1%的被调查者"有了宝宝，工作更有动力，更加努力"。

产后职业女性必须尽快回归职业人角色。调查结果显示，被调查者排前三位的工作状态依次是："现阶段以宝宝为重，满足于能完成任务"（45.1%）、"晚上带孩子睡眠不足，上班精力不佳"（37.2%）、"有了宝宝，工作更有动力，更加努力"（37.1%）。

总体上看，不到四成的被调查者重返职场后，在工作中持积极态度（37.1%），宝宝在一定程度上成为工作的动力；但是，六成多被调查者仍处在忙于应对工作与养育宝宝的被动状态。一些研究表明，职业女性承担着家庭与工作双重责任，尤其是哺乳期的职业女性，无论天性还是传统习俗，都要求她们对宝宝倾注更多精力。回归职场后，工作责任成为她们必须面对的又一重压力。在双重责任的压力下，如果她们缺少帮助，在工作和养育宝宝之间很容易出现顾此失彼的状况。

（4）生育宝宝后，被调查者依然坚持明确、自觉的性别意识，坦然承担妻子和母亲的责任，认同和谐的家庭生活也是人生的圆满体现。

从调查结果中可以看到，生育宝宝后，被调查者的个体独立意识鲜明，两性平等观念已深入人心；她们坚持明确、自觉的性别意识，坦然承担妻子和母亲的角色与责任，追求稳定和谐的婚姻家庭生活。调查结果显示，近九成被调查者认为"当了妈妈，也必须是一个有经济收入、独立的女性"（87.4%）、"产后重返职场是家庭收入的需要，更是女性自我发展的需要"（86.8%），近八成女性认为"养育一个健康快乐成才的孩子，同样是女性对社会的贡献"（79.4%），超过七成的女性认同："产后重返职场，有益于婚姻与家庭的稳定与和谐"（79.1%）、"就业不一定非要去单位，可以选择更灵活、更多样的就业方式，如在家开网店、办工作室"（75.3%）、"只要努力，并合理安排，可以做到工作育儿两不误"（74.2%）等。

在繁重的身心压力下，被调查者依然表达了努力维护工作、家庭双重责任的愿望，让人心生敬意。

2. 被调查者坚持母乳喂养的状况

（1）五成多的被调查者使用了1小时哺乳时间，上班后坚持喂母乳的情况不容乐观。

《女职工劳动保护特别规定》规定，孩子未满1周岁，用人单位应在每天的劳动时间内，为哺乳期职业女性安排1小时哺乳时间。然而，从调查结果看，被调查者整体的使用情况并不理想。调查数据显示，仅有五成多的被调查者使用了每天1小时的哺乳时间（50.4%）；同时，有超过三成的女性所在单位没有安排哺乳时间（33.5%）；公务员使用哺乳时间的人数比例最高，也只有58.2%。

上班后哺乳期女性如何坚持喂养母乳？调查数据显示，居首位的是"白天不喂母乳，晚上回家喂母乳"（35.5%），其次是"中午回家喂母乳"（34.7%），另有26.1%的女性加入"背奶族"，给宝宝喂带回家的母乳。在10个城市中，"中午回家喂母乳"人数比例超过五成的城市是西安

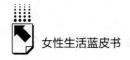

（72.8%）、长沙（62.2%）；"背奶族"人数比例占首位的城市是北京，达50.4%，远远超出其他城市。

可见，被调查者重返职场后，依然想方设法，坚持母乳喂养，母爱的艰辛历历可见。在她们之中，最幸运的是那些能中午回家喂母乳的女性，她们也是有条件使用1小时哺乳时间的受益者。而在西安、长沙这样的内陆二线城市，经济发展速度相对稍缓，城市格局尚未有巨大的扩张，人们的工作生活节奏较慢，这样的工作生活环境有可能为哺乳期女性提供"中午回家喂母乳"的条件。而"背奶族"人数高居榜首的北京，其首都的政治地位，其打造经济中心、文化中心、金融中心的魄力，随之而来的工作压力、交通不便、物价高涨……都使身在其中的哺乳期职业女性无比艰辛。

（2）隔辈老人成为照顾婴幼儿的主力军，大多数被调查者的丈夫在帮助带孩子上持积极主动态度。

休完产假，职业女性要回归职场，谁来照顾孩子，成为非常现实的问题。在中国大多数地区，隔辈老人成为照顾婴幼儿的主力军。此外，随着服务业的日渐发展和细化，催生出"月嫂"这个新行当，月嫂和保姆逐渐进入经济条件较好的家庭，帮助照顾孩子。这种现状也被本次调查所印证。调查数据显示，在被调查者家里，由自家老人单独带孩子的人数比例高居首位（63.0%），其次是自家老人和保姆共同带孩子（28.8%），再次是保姆单独带孩子（5.7%）。此外，家庭月收入以1万元为分界线，呈现出了明显的差异：家庭月收入1万元以下，自家老人单独带孩子的超过八成（81.7%）；家庭月收入1万元以上，老人单独带孩子的比例大幅下降，老人和保姆共同带孩子的比例大幅上升。可见，家庭经济的高低，很大程度决定了照顾小婴儿的主体人群。

随着我国两性平等观念深入人心，尤其在城市，越来越多的职业女性接受过高等教育，她们入职各行各业，毫不逊色于"另一半"；同时，有越来越多的丈夫主动分担家务。调查数据显示，在被调查者看来，丈夫对照顾宝宝的态度占前三位是："非常主动，和我一起带宝宝"（41.8%）、"他想帮我带宝宝，但笨手笨脚的，帮不了多大忙"（31.5%）、"由于加班和应酬，没时间带宝宝"（28.7%）。可见，大多数被调查者的丈夫对带孩子持积极主动态度，只是由于缺乏育儿知识、工作忙等原因，无法很有效地帮助妻子照顾好宝宝，这个缺憾有待社会共同探讨解决之道。

3. 被调查者生育宝宝后，个人和家庭生活发生变化

（1）生育对被调查者的生活产生积极影响，66.8%的被调查者幸福感"提升了"。

调查数据显示，哺乳期妈妈的生活总体表现出良好的变化趋势。在被调查者中，生活"变好了"的比例最大，为51.1%，可见，生育对职业女性生活的积极影响更明显。此外，孩子的出生，对被调查者的幸福感产生了巨大影响，66.8%的被调查者幸福感"提升了"。

在夫妻关系方面，新生儿的出生，辛苦之余，给更多小夫妻带来的是幸福、快乐，小宝宝成为家庭关系的"黏合剂"。从调查数据中可以看到，夫妻关系"更好了"的比例（37.4%）远高于"不如之前融洽"的比例（15.3%）。

在社交方面，生育对女性社交圈的影响相当大，新生宝宝或为媒介，或为滞碍因素，使近六成女性的社交生活发生了变化。从调查数据看，被调查者社交圈"扩大了"的比例（33.3%），大于"缩小了"的比例（26.6%）。

在健康方面，一般而言，产妇如果在月子中得到良好照顾，健康状况将好于生育前。但调查结果是，30.2%的被调查者身体"不如之前健康"，比生育前"更健康"（20.3%）高出近10个百分点。

在身材体形方面，近七成被调查者的体形因为生育发生了变化。其中38.1%的被调查者身材体形"变差了"，31.1%"变好了"。

在穿着打扮方面，因为要喂奶、照料宝宝，很容易让哺乳期妈妈放松对自己的关照。从调查数据中可以看出，46.5%的被调查者穿着打扮"没有变化"居首，24.6%的被调查者对穿着打扮"更注意了"。但是，有29.0%的被调查者"不讲究了"，这往往是不知不觉中失去丈夫关注的原因之一，值得引起哺乳期妈妈的关注。

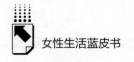

（2）宝宝降生，被调查者的感受是：幸福并辛苦着。

宝宝降生，给一个家庭带来了太多的变化，对女性来说，感受是五味杂陈，辛苦和欢欣交织。从调查数据看，产后重返职场哺乳期妈妈的感受占前三位的依次是："幸福"（70.7%）、"辛苦"（65.0%）和"快乐"（55.2%）。

数据还显示，感到"很累"的比例依年龄增长而递增，35岁以上达到最高值。在最佳生育期生育宝宝是最理想的，但是这又与激烈的职场竞争相冲突，这当然是另一个话题了。

此外，受教育程度的高低，对哺乳期职业女性在化解或转移育儿过程中的辛劳，在心理层面提供更多的安慰，起到了一定作用。从调查数据中可以看到，感到"焦虑"和"委屈"的比例，基本依学历升高而降低，感到"幸福"和"快乐"的比例随学历升高而上升；高中/中专及以下学历的被调查者感到"很累"和"辛苦"占据第一和第二位；而大专/高职以上学历的被调查者，居首位的都是"幸福"，"辛苦"退居第二位。

总体来说，被调查者在这个特殊时期的感受是：幸福并辛苦着！

八　对策与建议

（一）要进一步落实国家的生育政策，维护女性权益

1. 严格执行产假制度

职业女性生育后享受带薪休假，是妇女的一项基本权利。国际劳工组织《生育保障公约》规定：妇女产假应该不少于14周（98天）。英国、法国、德国、西班牙等国多在半年或一年左右，古巴规定女性可享受52周全薪休假；2013年底，俄罗斯国家杜马通过有关延长产假的修正案，职业女性产假延长至4年半。根据我国国情，《女职工劳动保护特别规定》（2012年4月28日施行）中规定，女职工生育享受98天带薪产假。此外，职业女性如遇到晚育、多胞胎以及难产等特殊情况，还可以增加相应天数的假期。其中

晚育假，国家在《人口与计划生育条例》（2002 年 9 月 1 日施行）中提示，由各地政府自行规定，一般不少于 30 天。

在本次调查中，多数被调查者知晓并享受了国家赋予自己的生育休假等权利，94.4% 的女性听说过 98 天产假，91.8% 的人享受了；90.0% 的女性听说过带薪产假，76.9% 的人享受了；87.1% 的女性听说过晚育假，在晚育女性中，72.7% 的人享受了晚育假。可见，对于相关的生育政策，还有相当比例的被调查者不知晓、未享受。在 25 岁以下的被调查者中，享受带薪产假的人数比例最低，仅为 45.5%。

虽然国家对女性生育政策有明确的规定，各地政府也纷纷以"条例"的形式细化了地方性政策，但是执行方——职业女性所在单位——仍有很大的改善空间。同时，政府在劳动监察执法方面力量不足、力度不够，对相关政策和条例没有制定具体的、有震慑力的惩罚规定，发现问题后难于查处，因而纵容了一些用人单位和个人知法违法的行为。因此，当务之急是加强对执行产假制度的监管力度，尽快制定出对违反产假制度的处罚细则，确保每一位产妇都能享受到产假期间国家给予的各项保护政策。

2. 进一步落实对哺乳期女性的劳动保护政策

《女职工劳动保护特别规定》规定，孩子未满 1 周岁，用人单位应在每天的劳动时间内为哺乳期职业女性安排 1 小时哺乳时间，并且不得延长劳动时间或安排夜班等其他不适宜的劳动。

调查数据显示，50.4% 的被调查者使用了每天 1 小时的哺乳时间，但是有超过三成的被调查者所在单位没有安排哺乳时间（33.5%）；85.2% 的被调查者没有被所在单位安排上夜班、加班、出差等工作，但仍有 14.8% 的单位没有落实这项劳动保护政策。因此，用人单位需要进一步落实有关对哺乳期女性的劳动保护政策。

3. 建立哺乳室、配备保存母乳设备

总体而言，用人单位设置哺乳室，配备保存母乳设备等情况，亟须改进。调查数据显示，超过八成被调查者所在单位没有哺乳室（84.4%），超过六成的女性所在单位没有保存母乳的设备（62.3%）。考虑到目前在哺乳

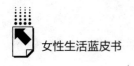

期女性中日益庞大的"背奶族"，用人单位须给予高度关注，帮助"背奶族"妈妈设置哺乳室，配备保存母乳设备，切实解决困难。

（二）加大宣传力度，进一步提高对母乳喂养的认识

1. 加大对母乳喂养及相关知识的宣传和普及

全球的健康权威专家一致认为，只有母乳含有最佳的营养成分，最适合婴儿出生后 6 个月的生长发育，目前仍没有一种产品可以完全替代母乳。联合国儿童基金会和世界卫生组织共同倡导，在宝宝出生后的 6 个月，要进行纯母乳喂养。宝宝 6 个月以后，添加营养丰富的辅食，并且继续母乳喂养至少到两岁，母乳喂养的全部好处就会得以体现。越来越多的职业女性认识到母乳喂养的好处，并且希望给孩子喂养母乳的时间尽可能长一些。

本次调查结果显示，有 73.9% 的被调查者赞同"应坚持母乳喂养，且尽可能时间长点"，62.8% 的女性认为"在母乳不够的时候，可以适当添加奶粉和辅食"，54.4% 的女性认为"宝宝 6 个月以后，母乳的营养就不够了，需要添加辅食"。可见，要让所有的育龄女性和公众充分认识到母乳喂养的必要性，还需要加大宣传和普及的力度。

2. 加强对科学育儿知识的传播

如今，育龄女性获取育儿知识的途径很多。书籍是传统的获取知识的来源，网站则是近年来飞速发展、对报纸杂志等平面媒体带来巨大冲击的新媒体。不仅大的出版社和门户网站都有针对哺乳期女性的专门书籍和栏目频道，即便是专业网站，也将育龄女性从孕前、孕期，到生育、养育……每个阶段，分门别类提供指导、信息……加之如今计算机、手机已是职业女性必备之物，因此，书籍和网站、新媒体，已成为她们不分伯仲、值得信任的知识来源。从调查结果也能看到，互联网的蓬勃发展在职业女性获取育儿知识上发挥了重要作用。

调查数据显示，被调查者获取育儿知识的来源占前三位的是："长辈传授"（72.4%）、"同龄妈妈经验分享"（70.3%）和育儿书籍（61.5%）。

调查数据同时显示，被调查者获取育儿知识时，最信任的知识来源首先

是"同龄妈妈经验分享"（47.7%），其次是"育儿书籍"（44.9%），居第三位的是"医生/护士"（40.2%）。"长辈传授"从获取育儿知识来源的第一位，下滑到最可信任的育儿知识来源的第四位。可见，虽然老人是家庭中照料孩子的主力军，但是，由于老人知识结构陈旧，抚养方式落伍，因此不能成为女性最受信任的育儿知识源。因此，对隔辈老人育儿知识的传播与更新就显得十分重要。

值得注意的是，"同龄妈妈经验分享"获得了不同年龄、职业、学历被调查者的共同肯定。腾讯 QQ、微信业务的快速发展，给哺乳期妈妈们提供了非常方便的交流平台，她们建立起自己的群，随时可以在线交流心得、互通有无，大大促进、推动了"同龄妈妈经验分享"。

因此，出版社、纸媒体和新媒体，以及妇幼保健医院等，要提高职业素养，重视育儿知识传播过程中的科学性、准确性，从而真正成为育龄女性信任的知识来源。

（三）采取灵活多样的就业方式，缓解哺乳期妈妈的实际困难

在本次调查中，被调查者希望在哺乳期试行多元就业模式。七成多的被调查者认为哺乳期最理想工作模式是"试行弹性工作制"（70.6%），此外她们希望"允许阶段性就业"（53.7%）、"就近就业"（46.4%）等。因此，希望相关部门和单位，创新工作机制，试行弹性工作制、阶段性就业、就近就业，采取灵活多样的就业方式，让哺乳期妈妈既能不离开职场，又能够更好地养育孩子，顺利地度过哺乳期。

（四）动员组织社会力量，帮助解决哺乳期妈妈的后顾之忧

繁衍下一代不仅是女性的事，也是每个家庭和全社会的事情。因此，媒体、妇联等社会组织、社区、街道等基层组织应为哺乳期妈妈多办实事，帮助她们解除后顾之忧。例如可以通过媒体、网络、开办培训班、举办讲座等多种方式，宣传普及育儿知识和育儿技能，解决育龄女性及其配偶、家人缺乏育儿知识和育儿技能的问题，让更多的年轻父亲当好"奶爸"，让老一代

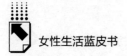

人更新育儿知识，做到科学育儿。有资质的机构可以多办一些月嫂培训班、家政服务员培训班，提高她们照顾新生儿和从事家政服务的水平，提供优质的服务。总之，应动员全社会的力量，给哺乳期妈妈以多种形式的关爱和切实的帮助。

执笔：汪凌，华坤女性生活调查中心课题报告撰稿人，文学硕士，编辑。

数据分析处理：张明明，华坤女性生活调查中心数据分析员，社会学硕士，统计师。

B.5

2014年中国城市女性消费状况调查报告

华坤女性消费指导中心

摘　要： 2014 年，家庭收入用于消费、储蓄、投资比例是 61∶23∶16，家庭月消费 9296.9 元，个人月消费 3692.0 元。个人最大一笔开支，购买服装服饰的人最多，旅游消费金额最大。家庭最大一笔开支，买房/租房/装修的家庭最多，支出最大。67.3% 的人外出旅游；91.8% 的人网购，网购金额占家庭消费额的 22.9%。消费安全放心度为 51.7 分。希望政府加强监管，改善消费环境。

关键词： 女性消费　消费特点　预期消费

2014 年 10 月华坤女性消费指导中心委托华坤女性生活调查中心开展了“2014 年中国城市女性消费状况调查”。本次调查选择在北京、上海、广州、杭州、哈尔滨、长沙、南昌、成都、兰州和西安 10 个大中城市进行。共发放问卷 1210 份，回收问卷 1035 份，有效问卷 1020 份，有效率为 84.3%。

一　被调查样本的基本状况

（一）样本的城市分布

本调查选取的调查对象为城市女性，即在调查城市居住 6 个月及以上的常

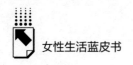

住成年女性人口。这 10 个城市中，东部地区 4 个：北京、上海、广州、杭州，中部地区 3 个：哈尔滨、长沙、南昌，西部地区 3 个：成都、兰州、西安，区域选择符合我国东：中：西部的总体比例 4∶3∶3。样本量分布见 5 – 1 – 1。

表5 – 1 – 1　被调查女性的城市分布

单位：%

城市	北京	上海	广州	杭州	哈尔滨	长沙	南昌	成都	兰州	西安	合计
百分比	9.8	9.8	11.3	9.9	9.8	10.2	9.8	9.8	9.8	9.8	100

注：样本量为 1020 份。

在每个城市的区（县）选择和样本发放数量上，遵循调查设计规定的"所抽区（县）占全市区（县）总数的较大比例，且每个区（县）的样本量均等"原则。结果显示，本次调查共覆盖了 10 个城市的 61 个区（县）（见表 5 – 1 – 2）。

表5 – 1 – 2　被调查女性的区（县）分布

单位：个

城市	区(县)数量	区(县)名称
北　　京	4	朝阳、东城、顺义、通州
上　　海	5	黄浦、浦东新区、松江、徐汇、杨浦
广　　州	9	番禺、白方、芳村、海珠、花都、黄埔、南沙、天河、越秀
杭　　州	7	西湖、滨江、拱墅、江干、上城、下城、萧山
哈　尔　滨	8	道里、道外、开发区、南岗、平房、群力新区、松北、香坊
长　　沙	6	岳麓、芙蓉、开福、雨花、浏阳市、长沙县
南　　昌	5	青山湖、高新区、红谷滩、经开区、西湖
成　　都	7	武侯、成华、高新区、金牛、锦江、龙泉驿、青羊
兰　　州	5	榆中、安宁、城关、七里河、西固
西　　安	5	长安、高陵、莲湖、未央、新城
合　　计	61	

（二）样本的年龄结构

调查结果显示，被调查女性的平均年龄为 33.8 岁，其中最小年龄 20 岁，最大 55 岁。为便于对不同年龄段女性进行对比分析，将被调查女性的年龄划分为20~29岁、30~39岁、40~49岁和50~55岁。数据显示，30~39岁女性所占比例最大，为42.6%；20~29岁居其次，为35.2%；40~49岁居第三，为16.8%。20~49岁的中青年女性总体比例占到94.6%（见表5-1-3）。

表5-1-3 被调查女性的年龄分布

单位：%

年龄	百分比	年龄	百分比
20~29岁	35.2	50~55岁	5.4
30~39岁	42.6	合计	100.0
40~49岁	16.8		

注：样本量为1020份。

（三）样本的职业分布

调查结果显示，87.6%的被调查女性有就职单位，12.4%为个体/合伙经营者和自由职业者。在公司就职的女性所占比例最大，为44.2%；在事业单位上班的女性居其次，为32.0%；公务员居第三，为11.4%。同时，还有12.4%的女性不在单位就职，她们为个体/合伙经营者（5.3%）或自由职业者（7.1%）（见表5-1-4）。

表5-1-4 被调查女性的职业分布

单位：%

职业	百分比	职业	百分比
公务员	11.4	个体/合伙经营者	5.3
事业单位人员	32.0	自由职业者	7.1
公司人员	44.2	合计	100.0

注：样本量为1005份。

（四）样本的学历结构

调查结果显示，本科学历的被调查女性所占比例最大，为52.4%；专

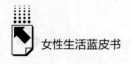

科学历居其次，为 23.9%；硕士及以上学历居第三，为 15.8%；高中及以下学历的被调查女性所占比例小，仅为 7.9%（见表 5 - 1 - 5）。

表 5 - 1 - 5　被调查女性的学历分布

单位：%

学历	百分比	学历	百分比
高中及以下	7.9	硕士及以上	15.8
专科	23.9	合计	100.0
本科	52.4		

注：样本量为 1013 份。

（五）样本的婚姻状况

调查结果显示，已婚（包括初婚和离婚后再婚）的被调查女性所占比例最大，为 72.4%；未婚女性居其次，为 23.7%；离异或丧偶后单身的被调查女性所占比例小，仅为 3.9%（见表 5 - 1 - 6）。

表 5 - 1 - 6　被调查女性的婚姻状况

单位：%

婚姻状况	百分比	婚姻状况	百分比
未婚	23.7	离异/丧偶后单身	3.9
已婚	72.4	合计	100.0

注：样本量为 1020 份。

二　被调查女性和家庭的收入和消费状况

（一）样本的收入状况

1. 被调查女性个人平均月收入为 7267.2 元

调查结果显示，2014 年 9 月，被调查女性的个人平均月收入为 7267.2 元。其中，最低为 200 元，最高为 10 万元，可以看出被调查女性的个人收入差异比较大。

为便于对不同收入水平的女性进行对比分析，将个人月收入分为3000元以下、3000~4999元、5000~9999元、10000~19999元和2万元及以上五个档次。结果显示，5000~9999元所占比例最大，为39.8%；3000~4999元居其次，为34.4%；3000元以下居第三，为10.8%（见表5-2-1）。

表5-2-1 2014年9月，被调查女性的个人收入

单位：%

个人月收入	百分比	个人月收入	百分比
3000元以下	10.8	10000~19999元	9.2
3000~4999元	34.4	20000元及以上	5.7
5000~9999元	39.8	合计	100.0

注：样本量为999份。

2. 交叉分析

根据不同职业进行交叉分析，结果显示，上海女性的个人月收入最高，为10294.0元；杭州居其次，为9641.9元；北京居第三，为9361.6元；广州居第四，为9077.4元。收入最低的是南昌，为4690.5元（见表5-2-2）。

表5-2-2 不同城市被调查女性的个人月收入

单位：元

城市	平均值	城市	平均值
北 京	9361.6	南 昌	4690.5
上 海	10294.0	成 都	5768.6
广 州	9077.4	兰 州	6727.1
杭 州	9641.9	西 安	5770.6
哈尔滨	5748.8	合 计	7267.2
长 沙	5599.3		

注：样本量为999份。

根据不同年龄进行交叉分析，结果显示，在被调查者中，40~49岁女性的个人月收入最高，为8741.1元；30~39岁居其次，为7548.4元。50~

55 岁和 20~29 岁的被调查女性的个人月收入相对较低，分别为 6588.9 元和 6292.1 元（见表 5-2-3）。

表 5-2-3　不同年龄被调查女性的个人月收入

单位：元

年　　龄	平均值	年龄	平均值
20~29 岁	6292.1	50~55 岁	6588.9
30~39 岁	7548.4	合计	7267.2
40~49 岁	8741.1		

注：样本量为 999 份。

根据不同职业进行交叉分析，结果显示，在不同职业的被调查女性中，个体/合伙经营个人月收入最高，为 11788.5 元；公务员居其次，为 8928.4 元；公司人员居第三，为 7259.9 元；自由职业者居第四，为 7747.9 元，事业单位人员最低，为 5929.8 元（见表 5-2-4）。

表 5-2-4　不同职业被调查女性的个人月收入

单位：元

职　　业	平均值	职业	平均值
公务员	8928.4	个体/合伙经营者	11788.5
事业单位人员	5929.8	自由职业者	7747.9
公司人员	7259.9	合计	7300.4

注：样本量为 984 份。

3. 2014 年 36.1% 的被调查女性收入增加

调查结果显示，和 2013 年相比，2014 年 43.9% 的被调查女性收入持平，36.1% 的被调查女性收入增加，其中收入"增加了许多"的占 2.7%，"有所增加"的占 33.4%；20.0% 的收入减少，其中"略微减少"的占 14.1%，"减少了许多"的占 5.9%（见表 5-2-5）。

表5 - 2 - 5　被调查女性的个人收入增幅

单位：%

个人收入变化	百分比	个人收入变化	百分比
增加了许多	2.7	略微减少	14.1
有所增加	33.4	减少了许多	5.9
与去年持平	43.9	合计	100.0

注：样本量为1009份。

（二）被调查女性的个人消费

1. 2014年9月，被调查女性的消费支出为3692.0元

调查结果显示，2014 年 9 月，被调查女性的个人消费支出平均为 3692.0 元，其中，最低为 200 元，最高为 8 万元，被调查女性的个人消费差异比较大。比 2013 年 9 月个人平均消费 3368.8 元高 323.2 元。

根据不同城市进行交叉分析，结果显示，在 10 个城市中，杭州被调查女性的个人月消费支出最高，为 6612.0 元；上海居其次，为 5541.7 元；北京居第三，为 4531.9 元；被调查女性消费最低的 3 个城市是长沙（2070.2 元）、南昌（2131.5 元）和西安（2399.0 元）（见表 5 - 2 - 6）。

表5 - 2 - 6　不同城市被调查女性的个人月支出

单位：元

城　　市	均值	城　　市	均值
北　京	4531.9	南　昌	2131.5
上　海	5541.7	成　都	3425.2
广　州	3604.6	兰　州	4252.6
杭　州	6612.0	西　安	2399.0
哈尔滨	2809.3	总　计	3692.0
长　沙	2070.2		

注：样本量为982份。

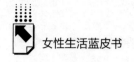

根据不同年龄进行交叉分析，结果显示，20～29岁的被调查女性的个人月消费支出最高，为4102.6元；40～49岁居其次，为3772.6元；50～55岁的被调查女性的个人消费支出最低，为2980.8元（见表5-2-7）。

表5-2-7　不同年龄被调查女性的个人月支出

单位：元

年龄分段	均值	年龄分段	均值
20～29岁	4102.6	50～55岁	2980.8
30～39岁	3422.4	总计	3692.0
40～49岁	3772.6		

注：样本量为982份。

20～29岁被调查女性与其他年龄段比较，平均月收入最低，期望收入最低，对收入的满意度分值也最低，但是她们的个人月消费在各年龄段中是最高的。分析可能的原因有三：其一，这个年龄段女性年轻，甚至还没有成家，基本没有赡养老人和抚养孩子的负担和压力，敢于消费；其二，可能刚刚参加工作，或者刚安家，刚性的消费需求使她们必须花钱；其三，消费观念新，敢挣敢花，挣钱就是为了花钱。在一定程度上，这个年龄段的女性引领了女性时尚消费潮流，她们的消费观念和消费行为值得引起重视和正确引导。

根据不同职业进行交叉分析，结果显示，在不同职业的被调查女性中，个体/合伙经营者的个人月消费支出最高，为5323.1元；自由职业者居其次，为4486.5元；公务员和事业单位人员的个人月消费支出相对较低，分别为3837.8元和2916.3元（见表5-2-8）。

表5-2-8　不同职业被调查女性的个人月支出

单位：元

职　　业	均值	职业	均值
公务员	3837.8	个体/合伙经营者	5323.1
事业单位人员	2916.3	自由职业者	4486.5
公司人员	3954.3	总计	3716.0

注：样本量为969份。

根据不同收入进行交叉分析，结果显示，随着被调查女性个人月收入的增加，个人月消费支出也逐步增加。其中，月收入 3000 元以下的被调查女性个人月消费支出最低，为 1710.4 元；月收入 2 万元及以上的被调查女性个人月消费支出最高，为 18777.8 元（见表 5 – 2 – 9）。

表 5 – 2 – 9   不同收入被调查女性的个人支出

单位：元

个人收入	均值	个人收入	均值
3000 元以下	1710.4	10000 ~ 19999 元	5833.5
3000 ~ 4999 元	2140.4	20000 元及以上	18777.8
5000 ~ 9999 元	2991.9	总计	3694.8

注：样本量为 981 份。

2. 被调查女性最大笔支出，按人数比例排在前五位的依次是服装服饰、旅游、化妆品、美容护肤和数码产品

调查结果显示，2014 年被调查女性个人的最大笔支出前五项分别是：服装服饰（50.8%）、旅游（15.2%）、化妆品（7.9%）、美容护肤（6.1%）和数码产品（4.8%）（见表 5 – 2 – 10）。

分析本年度女性最大的开支项目，从人数比例看，第一，服装服饰永远是女性消费的首选。从 2014 年城市女性最大笔开支来看，服装服饰已经是华坤女性消费调查开展以来连续 7 年稳居第一位。而且，所占百分比为 50.8%，高于 2013 年（22.1%）28.7 个百分点。第二，数码产品消费由上年的第二位降至今年的第五位。第三，旅游居于第二位，比例比上年略有增加。房产、教育被挤出前五项，化妆品和美容护肤跻身第三、四名。

3. 被调查女性最大笔支出平均为11233.6元，旅游、服装服饰、保健品、美容护肤和运动健身排在前五位

调查结果还显示，被调查女性个人最大笔支出的平均金额为 11233.6 元，其中，最低为 100 元，最高为 20 万元。由于消费类别不同，支出金额差异较大，旅游支出的平均金额最高，为 12572.4 元；服装服饰居其次，为 11730.2 元；保健品居第三，为 11019.0 元；美容护肤居第四，为 9435.5 元；

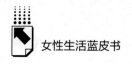

表 5 - 2 - 10　被调查女性的个人最大笔支出内容（人数比）

单位：%

支出	百分比	支出	百分比
服装服饰	50.8	培训	2.6
化妆品	7.9	数码产品	4.8
美容护肤	6.1	收藏品	0.2
运动健身	3.2	文化娱乐消费	2.8
保健品	2.2	其他	4.2
旅游	15.2	合计	100.0

注：样本量为987份。

运动健身居第五，为8379.3元，由此可以看出，女性消费的趋势更重视个人的美丽、健康和文化消费（见表5-2-11）。

表 5 - 2 - 11　被调查女性的个人最大笔支出（金额）

单位：元

支出	均值	支出	均值
服装服饰	11730.2	培训	5149.2
化妆品	8074.3	数码产品	7308.6
美容护肤	9435.5	收藏品	2800.0
运动健身	8379.3	文化娱乐消费	7085.2
保健品	11019.0	其他	22984.2
旅游	12572.4	总计	11233.6

注：样本量为874份。

（三）被调查女性的家庭消费

1. 2014年9月，被调查女性的家庭消费支出平均为9296.9元。女性个人消费占家庭消费的39.7%

调查数据显示，2014 年 9 月，被调查女性的家庭支出平均为 9296.9 元，其中，最低为 500 元，最高为 30 万元，被调查女性的家庭支出差异比较大。

将个人平均支出占家庭平均支出的比值形成一个新的指标，即女性个人消费在家庭消费中的占比，2014年为39.7%。

2. 被调查女性的家庭最大笔支出项目，买房/租房/装修、孩子教育、日常生活、旅游和家用电器排在前五位

调查结果显示，2014年被调查女性的家庭最大笔支出，按人数比例排序，前五项分别是：买房/租房/装修（21.5%）、孩子教育（17.0%）、日常生活（16.1%）、旅游（14.3%）和家用电器（9.5%）。与2013年家庭最大笔支出项目相比，买房/租房/装修因是家庭生活的刚性需求，2014年度依旧排在第一位，但所占比例与2013年的29.8%相比较，降低了8.3个百分点；而孩子教育、日常生活和旅游消费的比例加大；2013年除了买房子，更多的家庭是购买汽车和数码产品（见表5-2-12）。

表5-2-12 被调查女性的家庭最大笔支出（人数比）

单位：%

支出	百分比	支出	百分比
家用电器	9.5	请客送礼	2.9
汽车	8.9	医疗费用	3.3
买房/租房/装修	21.5	服装服饰	3.8
旅游	14.3	日常生活	16.1
孩子教育	17.0	合计	100.0
赡养老人	2.7		

注：样本量为1000份。

3. 被调查女性的家庭最大笔支出金额，买房/租房/装修、汽车、日常生活、家用电器和孩子教育排在前五位

调查结果显示，被调查女性的家庭最大笔支出平均为100798.7元，其中，最低为10元，最高为100万元。从不同内容的支出来看，买房/租房/装修的平均金额最高，为287244.6元；汽车居其次，为208086.7元；日常生活居第三，为49177.5元；第四是家用电器，为33380.0元；第五是孩子教育，为29930.5元。

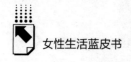

与 2013 年相比，家庭最大支出金额，虽然前两位依然是房子和汽车，但购房的消费金额减少了 30755.4 元，买车的消费金额增加了 74086.7 元。其次，从消费金额前五位的变化也可看出，家庭消费重点向日常生活、孩子教育和旅游转移（见表 5－2－13）。

表 5－2－13　被调查女性的家庭最大笔支出（金额）

单位：元

支出	均值	支出	均值
家用电器	33380.0	请客送礼	13670.4
汽车	208086.7	医疗费用	23446.8
买房/租房/装修	287244.6	服装服饰	9990.6
旅游	28949.1	日常生活	49177.5
孩子教育	29930.5	总计	101089.2
赡养老人	17590.9		

注：样本量为 886 份。

（四）旅游消费

1. 67.7%的被调查女性及其家庭外出旅游，"境内游"占55.3%，"境外游"占18.7%

调查结果显示，2014 年 67.7%的被调查女性及其家庭外出旅游了。从旅游范围来看，"境内游"所占比例较大，为 55.3%；"境外游"占 18.7%。比 2013 年旅游人数比例（52.5%）高出 15.2 个百分点（见表 5－2－14）。

表 5－2－14　被调查女性是否外出旅游

单位：%

旅游	应答次数百分比	应答人数百分比	旅游	应答次数百分比	应答人数百分比
境内游	52.0	55.3	没有旅游	30.4	32.3
境外游	17.6	18.7			

根据不同城市进行交叉分析，结果显示，成都的被调查女性及其家庭外出旅游比例最高，为78.6%；广州居其次，为78.3%；杭州居第三，为76.2%。出游比例较低的3个城市是西安（51.0%）、哈尔滨（52.5%）和兰州（55.0%）（见表5-2-15）。

表5-2-15　不同城市被调查女性的出游比例

单位：%

旅游	北京	上海	广州	杭州	哈尔滨	长沙	南昌	成都	兰州	西安	合计
没去旅游	25.3	35.1	21.7	23.8	47.5	31.7	24.0	21.4	45.0	49.0	32.3
去旅游了	74.7	64.9	78.3	76.2	52.5	68.3	76.0	78.6	55.0	51.0	67.7
合计	100.0	100.0	100.0	100.0	100.0	100.0	100.0	100.0	100.0	100.0	100.0

根据不同年龄进行交叉分析，结果显示，30~39岁和40~49岁的被调查女性及其家庭的出游比例相对较高，均为69.6%（见表5-2-16）。

表5-2-16　不同年龄被调查女性的出游比例

单位：%

旅游	20~29岁	30~39岁	40~49岁	50~55岁	合计
没去旅游	35.6	30.4	30.4	31.5	32.3
去旅游了	64.4	69.6	69.6	68.5	67.7
合计	100.0	100.0	100.0	100.0	100.0

根据不同学历进行交叉分析，结果显示，随着被调查女性的学历提高，个人及家庭外出旅游的比例增加。其中，高中及以下学历的被调查女性及其家庭的出游比例最低，为41.0%；硕士及以上学历者最高，为76.7%（见表5-2-17）。

表5-2-17　不同学历被调查女性的出游比例

单位：%

旅游	高中及以下	专科	本科	硕士及以上	合计
没去旅游	59.0	32.5	30.8	23.3	32.2
去旅游了	41.0	67.5	69.2	76.7	67.8
合计	100.0	100.0	100.0	100.0	100.0

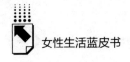

女性生活蓝皮书

　　根据不同职业进行交叉分析，结果显示，在被调查女性中，公司人员外出旅游比例最高，为71.8%；事业单位人员和公务员外出旅游比例相对较高，分别为69.3%和67.5%；个体/合伙经营者和自由职业者外出旅游比例相对较低，分别为50.9%和52.2%（见表5-2-18）。

表5-2-18　不同职业被调查女性的出游比例

单位：%

旅游	公务员	事业单位人员	公司人员	个体/合伙经营者	自由职业者	合计
没去旅游	32.5	30.7	28.2	49.1	47.8	32.0
去旅游了	67.5	69.3	71.8	50.9	52.2	68.0
合计	100.0	100.0	100.0	100.0	100.0	100.0

　　根据不同收入进行交叉分析，结果显示，无论是从被调查女性个人收入和出游比例来看，还是从家庭收入和出游比例来看，都是收入越高，外出旅游比例越高（见表5-2-19、表5-2-20）。

表5-2-19　不同个人收入的出游比例

单位：%

旅游	3000元以下	3000~4999元	5000~9999元	10000~19999元	2万元及以上	合计
没去旅游	43.9	39.1	28.4	13.2	25.0	32.2
去旅游了	56.1	60.9	71.6	86.8	75.0	67.8
合计	100.0	100.0	100.0	100.0	100.0	100.0

表5-2-20　不同家庭收入的出游比例

单位：%

旅游	5000元以下	5000~9999元	10000~14999元	15000~19999元	20000元以上	合计
没去旅游	53.3	42.5	29.5	24.1	18.8	31.9
去旅游了	46.7	57.5	70.5	75.9	81.2	68.1
合计	100.0	100.0	100.0	100.0	100.0	100.0

2. 旅游方式排序：自助游/自由行、自驾游、跟团游

　　调查结果显示，在外出旅游的被调查女性中，选择"自助游/自由行"

198

的比例最大，为55.4%；"自驾游"居其次，为34.9%；"跟团游"居第三，为34.6%（见表5-2-21）。

表5-2-21　被调查女性的旅游方式

单位：%

旅游方式	应答次数百分比	应答人数百分比	排序
跟团游	27.7	34.6	3
自助游/自由行	44.4	55.4	1
自驾游	27.9	34.9	2

3. 被调查女性及其家庭旅游年支出为15079.6元

调查结果显示，在2014年外出旅游的被调查女性及其家庭中，旅游支出平均为15079.6元，其中，最少的为300元，最多的为20万元。调查结果还显示，"境内游"平均支出12288.3元；"境外游"平均支出29061.8元。

根据不同城市进行交叉分析，结果显示，在10个城市中，杭州被调查女性个人及家庭的旅游支出金额最高，为25800.0元；上海居其次，为18915.3元；广州居第三，为17045.5元；旅游支出金额最低的城市是南昌，为10072.4元（见表5-2-22）。

表5-2-22　不同城市被调查女性的旅游支出

单位：元

城　市	均值	城　市	均值
北　京	11400.0	南　昌	10072.4
上　海	18915.3	成　都	14540.3
广　州	17045.5	兰　州	11566.7
杭　州	25800.0	西　安	13002.1
哈尔滨	13980.8	总　计	15079.6
长　沙	13828.4		

注：样本量为630份。

根据不同年龄进行交叉分析，结果显示，40~49岁的被调查女性个人及家庭的旅游支出最高，为17980.0元；50~55岁的被调查女性个人及家庭的旅游支出最低，为11624.2元（见表5-2-23）。

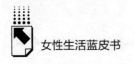
表 5 - 2 - 23   不同年龄被调查女性的旅游支出

单位：元

年龄	均值	年龄	均值
20~29 岁	14802.8	50~55 岁	11624.2
30~39 岁	14466.6	总计	15079.6
40~49 岁	17980.0		

注：样本量为 630 份。

根据不同职业进行交叉分析，结果显示，在不同职业的被调查女性中，个体/合伙经营者的旅游支出金额最高，为 24730.7 元；自由职业者的旅游支出金额最低，为 12274.2 元（见表 5 - 2 - 24）。

表 5 - 2 - 24   不同职业被调查女性的旅游支出

单位：元

职业	均值	职业	均值
公务员	13979.1	个体/合伙经营者	24730.7
事业单位人员	14898.3	自由职业者	12274.2
公司人员	14909.4	总计	15099.4

注：样本量为 625 份。

根据不同收入进行交叉分析，结果显示，无论是从被调查女性个人收入和旅游支出来看，还是从家庭收入和旅游支出来看，收入与旅游支出呈正相关，收入增加，旅游支出增加（见表 5 - 2 - 25、表 5 - 2 - 26）。

表 5 - 2 - 25   不同个人收入的旅游支出

单位：元

个人收入	均值	个人收入	均值
3000 元以下	10129.1	10000~19999 元	20219.7
3000~4999 元	10327.5	20000 元及以上	30471.8
5000~9999 元	16021.9	总计	15123.4

注：样本量为 625 份。

表5-2-26 不同家庭收入的旅游支出

单位：元

家庭收入	均值	家庭收入	均值
5000 元以下	6011.5	15000~19999 元	18002.3
5000~9999 元	10805.2	20000 元以上	21275.0
10000~14999 元	12213.5	合计	14969.7

注：样本量为585份。

（五）培训消费

1.52.3%的被调查女性参加了培训，培训内容前五项：提高职业技能、驾驶、子女教育、舞蹈健身和投资理财

调查结果显示，2014 年52.3%的被调查女性参加了培训，47.7%没有参加培训。培训内容前五位分别是：提高职业技能（21.0%）、驾驶（13.6%）、子女教育（11.0%）、舞蹈健身（9.5%）和投资理财（5.8%）。参加培训的比例比2013 年（42.6%）高近10 个百分点。培训内容中，"提高职业技能"仍排第一位，但比例从74.3%猛降至21.0%，与其他项目的比例接近（见表5-2-27）。

表5-2-27 被调查女性参加培训的内容

单位：%

培训	应答次数百分比	应答人数百分比	排序
提高职业技能	23.4	21.0	1
舞蹈健身	10.6	9.5	4
社交礼仪	5.2	4.6	7
琴棋书画	3.4	3.0	11
计算机	2.8	2.5	12
外语	5.7	5.1	6
驾驶	15.2	13.6	2
开网店	3.8	3.4	10
投资理财	6.5	5.8	5

续表

培训	应答次数百分比	应答人数百分比	排序
子女教育	12.3	11.0	3
美食烹饪	4.7	4.2	8
茶艺插花	1.5	1.3	13
中医保健	4.6	4.1	9
其他	0.3	0.3	
没有参加培训		47.7	

2. 培训支出为5138.8元，外语、投资理财和计算机居前三位

调查结果显示，在参加了培训的被调查女性中，培训支出平均为5138.8元。支出金额前三位分别是：外语（8299.6元）、投资理财（7915.6元）、计算机（7386.4元）。

培训支出比往年略有提高，支出项目多样化，除了前三项外语、投资理财和计算机以外，高于平均支出金额的还有社交礼仪、驾驶、开网店、琴棋书画、子女教育、美食烹饪、中医保健、茶艺插花等，显示对健康、教育和闲暇文化生活的追求（见表5-2-28）。

表5-2-28 被调查女性参加培训的支出

单位：元

培训	均值	培训	均值
提高职业技能	4623.1	开网店	6968.0
舞蹈健身	4765.1	投资理财	7915.6
社交礼仪	7039.5	子女教育	6817.0
琴棋书画	6852.0	美食烹饪	6705.6
计算机	7386.4	茶艺插花	6016.7
外语	8299.6	中医保健	6653.9
驾驶	7024.8	其他	800.0

3. 被调查女性自己支付培训费3995.2元

调查结果显示，在参加了培训的444名被调查女性中，431人表示自己支付了一定的培训费用，占97.1%。自己支付的培训费用平均为3995.2元。支出金额前三位分别是：投资理财（6480.0元）、外语（6212.9元）和驾驶（6069.8元）（见表5-2-29）。

表 5 - 2 - 29　被调查女性参加培训的个人支出

单位：元

培训	均值	培训	均值
提高职业技能	3270.1	开网店	4800.0
舞蹈健身	3930.4	投资理财	6480.0
社交礼仪	5328.6	子女教育	5478.4
琴棋书画	5843.5	美食烹饪	5548.6
计算机	3843.5	茶艺插花	5158.3
外语	6212.9	中医保健	5216.0
驾驶	6069.8	其他	800.0

（六）网络购物

1.91.8%的被调查女性网络购物了，"经常网购"的占44.8%

调查结果显示，91.8%的被调查女性网络购物了，8.2%没有网络购物。偶尔网购的比例最大，占47.1%；经常网购的比例居其次，占44.8%。与2013年女性网购人数相比，比例上升13.5个百分点（见表5-2-30）。

表 5 - 2 - 30　被调查女性是否网络购物

单位：%

网购	百分比	网购	百分比
经常网购	44.8	没有网购	8.2
偶尔网购	47.1	合计	100.0

注：样本量为1018份。

2. 网络购物内容前五位：服装服饰、鞋帽箱包、家居家装用品、图书音像制品和食品饮料

调查结果显示，被调查女性网络购物内容前五位分别是：服装服饰（78.2%）、鞋帽箱包（39.2%）、家居家装用品（36.3%）、图书音像制品（27.5%）和食品饮料（27.4%）。不管是实体店还是网店，女性购买服装服饰的热情总是最高，2014年的服装服饰网购比例比2013年高6个百分点（见表5-2-31）。

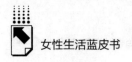

表 5 - 2 - 31　被调查女性的网络购物内容

单位：%

网购	应答次数百分比	应答人数百分比	排序
食品饮料	8.7	27.4	5
服装服饰	24.7	78.2	1
鞋帽箱包	12.4	39.2	2
美容护肤品	8.5	26.9	6
图书音像制品	8.7	27.5	4
家用电器	6.0	19.0	7
家居家装用品	11.5	36.3	3
数码产品	6.0	19.0	7
母婴用品	5.5	17.3	9
营养品保健品	1.8	5.7	10
艺术品收藏品	0.6	1.8	11
旅行票务	5.7	17.9	8

3. 被调查女性网络购物占家庭支出的比例为22.9%

调查结果显示，被调查女性网络购物占家庭支出的比例平均为 22.9%，其中，最小为 1.0%，最大为 100.0%。2014 年网购支出在家庭支出中所占比例也有较大的提升，比 2013 年高出 9 个百分点。

根据不同城市进行交叉分析，结果显示，被调查女性网络购物占家庭支出比例，杭州最高，占 28.8%；北京第二，占 27.5%；上海第三，占 26.1%；该比例最低的是广州，为 13.6%，倒数第二是南昌，为 13.8%（见表 5 - 2 - 32）。

表 5 - 2 - 32　不同城市被调查女性的网络购物支出比例

单位：%

城　市	均值	城　市	均值
北　京	27.5	南　昌	13.8
上　海	26.1	成　都	24.1
广　州	13.6	兰　州	23.0
杭　州	28.8	西　安	27.8
哈尔滨	24.5		
长　沙	22.4	总　计	22.9

注：样本量为 852 份。

根据不同年龄进行交叉分析，结果显示，随着被调查女性年龄增加，网络购物占家庭支出的比例减少。其中，20~29岁女性网络购物占家庭支出比例最大，为27.5%；50~55岁女性网络购物占家庭支出比例最小，为11.1%（见表5-2-33）。

表5-2-33　被调查女性的网络购物支出比例——年龄差异

单位：%

年龄	均值	年龄	均值
20~29岁	27.5	50~55岁	11.1
30~39岁	23.1	总计	22.9
40~49岁	15.3		

注：样本量为852份。

根据不同学历进行交叉分析，结果显示，本科学历的被调查女性网络购物支出占家庭支出的比例最大，为25.0%；硕士及以上学历的被调查女性居其次，为22.4%（见表5-2-34）。

表5-2-34　被调查女性的网络购物支出比例——学历差异

单位：%

学历	均值	学历	均值
高中及以下	13.7	硕士及以上	22.4
专科	20.7	总计	22.8
本科	25.0		

注：样本量为845份。

4. 67.8%的被调查女性在网络购物中退过货，质量问题是退货的第一大理由

调查结果显示，67.8%的被调查女性在网络购物过程中退过货，其中38.9%的女性是"无条件退过货"，29.3%的女性"退过货，但是有条件退货"；还有6.8%的女性"申请了，但没退成货"（见表5-2-35）。

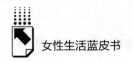

表 5 - 2 - 35   被调查女性在网购过程中是否退过货

单位：%

退货	应答次数百分比	应答人数百分比	排序
无条件退过货	36.3	38.9	1
退过货,但是有条件退货	27.3	29.3	2
申请了,没退成货	6.4	6.8	3
没有退过货	30.0	32.2	

　　调查结果还显示，在退过货的被调查女性中，因为"收到货后发现有质量问题"而退货的比例最大，为 44.3% ；因为"收到货后发现与自己期望不符"而退货的居其次，为 43.7% ；因为"试用试穿后觉得不合适"而退货的居第三，为 40.4% ，还有 23.4% 的女性坦承自己"购买时欠考虑，后来又不想买了"（见表 5 - 2 - 36）。

表 5 - 2 - 36   被调查女性在网购过程中的退货理由

单位：%

退货理由	应答次数百分比	应答人数百分比	排序
购买时欠考虑,后来又不想买了	12.4	23.4	5
收到货后发现有质量问题	23.5	44.3	1
收到货后发现与商家描述不符	19.2	36.1	4
收到货后发现与自己期望不符	23.2	43.7	2
试用试穿后觉得不合适	21.5	40.4	3
其他	0.2	0.3	

5. 82.5%的被调查女性个人信息被泄露

　　调查结果显示，82.5% 的被调查女性表示个人信息被泄露。个人信息被泄露后，62.6% 的被调查女性收到过商业性短信、广告，57.2% 接到过许多商家、中介公司电话，42.8% 接到过投资公司和商业保险公司电话，41.6% 接到过诈骗电话（见表 5 - 2 - 37）。

表5-2-37 被调查女性的个人信息是否被泄露

单位：%

个人信息	应答次数百分比	应答人数百分比	排序
被泄露过,收到过许多商家、中介公司电话	25.8	57.2	2
被泄露过,我收到过商业性短信、广告	28.2	62.6	1
被泄露过,接到过投资公司和商业保险公司电话	19.3	42.8	3
被泄露过,接到过诈骗电话	18.8	41.6	4
没有被泄露	7.9	17.5	

6. 为避免网络购物纠纷，被调查女性给电商提出五大建议

调查结果显示，为避免网络购物纠纷，被调查女性给电商提出了五大建议。一是不做虚假宣传，实物与宣传要相符（85.2%）；二是不出售假冒伪劣产品，不搞低价误导（80.8%）；三是及时解决问题，做好售后服务（76.6%）；四是不侵犯个人隐私，不泄露个人信息（72.6%）；五是不搞霸王条款，所定条款需合法（62.9%）（见表5-2-38）。

表5-2-38 为避免网络购物纠纷，建议电商的做法

单位：%

电商	应答次数百分比	应答人数百分比	排序
不出售假冒伪劣产品,不搞低价误导	21.4	80.8	2
不做虚假宣传,实物与宣传要相符	22.5	85.2	1
不搞霸王条款,所定条款需合法	16.6	62.9	5
及时解决问题,做好售后服务	20.2	76.6	3
不侵犯个人隐私,不泄露个人信息	19.2	72.6	4
其他	0.2	0.6	

7. 为避免网络购物纠纷，被调查女性给消费者提出七大建议

调查结果显示，为避免网络购物纠纷，被调查女性对消费者提出了7项建议。前三项分别是："理性消费，谨慎购买"（80.6%）、"选择信誉高的

207

网站、网店"（62.9%）、"不盲目、无节制下单，不轻易退货，减少不必要的资源浪费"（61.2%），其他建议还有"增强维权意识，了解消费者权益，留存证据""增强防范意识，注意保护个人信息""提倡节俭，杜绝过度消费""了解资讯和知识，做个明白的消费者"等（见表5-2-39）。

表5-2-39　为避免网络购物纠纷，建议消费者的做法

单位：%

消费者	应答次数百分比	应答人数百分比	排序
理性消费，谨慎购买	18.7	80.6	1
不盲目、无节制下单，不轻易退货，减少不必要的资源浪费	14.2	61.2	3
提倡节俭，杜绝过度消费	10.3	44.2	6
选择信誉高的网站、网店	14.6	62.9	2
关注口口相传的品牌网店	8.2	35.3	8
增强维权意识，了解消费者权益，留存证据	13.8	59.4	4
增强防范意识，注意保护个人信息	11.6	50.0	5
了解资讯和知识，做个明白的消费者	8.5	36.4	7

（七）消费安全

本调查通过食品安全、化妆品安全、保健品安全、房屋装修建材安全和婴幼儿服装安全这5个指标，对消费安全进行检测。

1. 对食品安全，16.4%的被调查女性放心，49.0%不放心

调查结果显示，16.4%的被调查女性对食品安全放心，其中，1.9%表示"非常放心"，14.5%表示"比较放心"；49.0%的被调查女性对食品安全不放心，其中，34.0%表示"不太放心"，15.0%表示"非常不放心"。与2013年相比，对食品安全放心的比例增长了4.3个百分点，不放心的比例下降了10.3个百分点（见表5-2-40）。

表 5 - 2 - 40　被调查女性对食品安全的放心程度

单位：%

食　品	百分比	食品	百分比
非常放心	1.9	不太放心	34.0
比较放心	14.5	非常不放心	15.0
一般	34.7	合计	100.0

注：样本量为 1007 份。

2. 对化妆品安全，15.3%的被调查女性放心，39.6%不放心

调查结果显示，15.3% 的被调查女性对化妆品的安全性放心，其中，1.3% 表示"非常放心"，14.0% 表示"比较放心"；39.6% 的被调查女性对化妆品的安全性不放心，其中，30.1% 表示"不太放心"，9.5% 表示"非常不放心"。与 2013 年相比，对化妆品表示放心的比例仅上升 1.9 个百分点，不放心的比例下降 1.2 个百分点（见表 5 - 2 - 41）。

表 5 - 2 - 41　被调查女性对化妆品安全的放心程度

单位：%

化妆品	百分比	化妆品	百分比
非常放心	1.3	不太放心	30.1
比较放心	14.0	非常不放心	9.5
一般	45.2	合计	100.0

注：样本量为 1003 份。

3. 对保健品安全，8.7%的被调查女性放心，58.7%不放心

调查结果显示，8.7% 的被调查女性对保健品安全放心，其中，0.7% 表示"非常放心"，8.0% 表示"比较放心"；58.7% 的被调查女性对保健品安全不放心，其中，36.9% 表示"不太放心"，21.8% 表示"非常不放心"。与 2013 年相比，对保健品的安全性，放心与不放心比例基本持平（见表 5 - 2 - 42）。

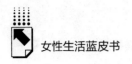

女性生活蓝皮书

表5 – 2 –42　被调查女性对保健品安全的放心程度

单位：%

保健品	百分比	保健品	百分比
非常放心	0.7	不太放心	36.9
比较放心	8.0	非常不放心	21.8
一般	32.6	合计	100.0

注：样本量为1005份。

4. 对房屋装修建材安全,12.2%的被调查女性放心，38.5%不放心

调查结果显示，12.2%的被调查女性对房屋装修建材安全性放心，其中，1.1%表示"非常放心"，11.1%表示"比较放心"；38.5%的被调查女性对房屋装修建材安全性不放心，其中，28.0%表示"不太放心"，10.5%表示"非常不放心"。与2013年相比，对房屋装修建材质量表示放心的比例，提高了4.6个百分点；表示不放心的比例，下降了17.6个百分点。看来，被调查女性对房屋装修建材质量的改进给予了一定程度的肯定（见表5 – 2 – 43）。

表5 – 2 – 43　被调查女性对房屋装修建材安全的放心程度

单位：%

房屋装修建材	百分比	房屋装修建材	百分比
非常放心	1.1	不太放心	28.0
比较放心	11.1	非常不放心	10.5
一般	49.3	合计	100.0

注：样本量为1000份。

5. 对婴幼儿服装安全，16.8%的被调查女性放心，33.4%不放心

调查结果显示，16.8%的被调查女性对婴幼儿服装安全放心，其中，1.0%表示"非常放心"，15.8%表示"比较放心"；33.4%的被调查女性对婴幼儿服装安全不放心，其中，24.9%表示"不太放心"，8.5%表示"非常不放心"。与2013年相比，在被调查女性心中，婴幼儿服装的安全程度明

显提高，不放心的比例下降13.7个百分点，放心的比例上升6.3个百分点（见表5-2-44）。

表5-2-44　被调查女性对婴幼儿服装安全的放心程度

单位：%

婴幼儿服装	百分比	婴幼儿服装	百分比
非常放心	1.0	不太放心	24.9
比较放心	15.8	非常不放心	8.5
一般	49.8	合计	100.0

注：样本量为994份。

6. 被调查女性的消费安全放心度分值为51.7分，婴幼儿服装安全分值最高，食品安全分值最低

分别对食品安全、化妆品安全、保健品安全、房屋装修建材安全和婴幼儿服装安全的评价赋值，100分代表"非常放心"，80分代表"比较放心"，60分代表"一般"，40分代表"不太放心"，20分代表"非常不放心"，然后计算5项平均分，结果显示，女性的消费安全放心度分值为51.7分。

从5项消费安全指标的具体情况看，被调查女性对婴幼儿服装安全的放心度最高，为55.2分；对化妆品安全的放心度居其次，为53.5分；对房屋装修建材的放心度居第三，为52.9分；对食品安全和保健品安全的放心度相对较低，分别为50.9分和45.8分（见表5-2-45）。

表5-2-45　被调查女性对消费安全的放心程度

单位：分

消费安全	均值	消费安全	均值
食品安全	50.9	房屋装修建材	52.9
化妆品安全	53.5	婴幼儿服装	55.2
保健品安全	45.8	总分	51.7

注：样本量为990份。

　　根据不同城市进行交叉分析，结果显示，在 10 个城市中，西安被调查女性对消费安全的放心度分值最高，为 63.2 分；广州居其次，为 60.4 分；杭州居第三，为 52.1 分；哈尔滨女性对消费安全的放心度分值最低，为 45.4 分（见表5－2－46）。

表 5－2－46　不同城市被调查女性对消费安全的放心程度

单位：分

城　市	均值	城　市	均值
北　京	47.9	南　昌	49.2
上　海	47.4	成　都	50.3
广　州	60.4	兰　州	48.8
杭　州	52.1	西　安	63.2
哈尔滨	45.4	合　计	51.7
长　沙	50.0		

注：样本量为 990 份。

　　根据不同年龄进行交叉分析，结果显示，30～39 岁的被调查女性对消费安全的放心度分值最高，为 52.5 分；50～55 岁的被调查女性对消费安全的放心度分值最低，为 44.3 分（见表 5－2－47）。

表 5－2－47　不同年龄被调查女性对消费安全的放心程度

单位：分

年龄	均值	年龄	均值
20～29 岁	52.2	50～55 岁	44.3
30～39 岁	52.5	合　计	51.7
40～49 岁	50.6		

注：样本量为 990 份。

　　根据不同职业进行交叉分析，结果显示，在不同职业的被调查者中，个体/合伙经营者对消费安全的放心度分值最高，为 56.6 分；公司人员对消费安全的放心度分值最低，为 51.0 分（见表 5－2－48）。

表5-2-48　不同职业被调查女性对消费安全的放心程度

单位：分

职业	均值	职业	均值
公务员	51.8	个体/合伙经营者	56.6
事业单位人员	51.7	自由职业者	51.4
公司人员	51.0	合计	51.7

注：样本量为975份。

根据不同收入进行交叉分析，结果显示，随着被调查女性收入的增加，消费安全放心度分值增加。其中，收入3000元以下的被调查女性的消费安全放心度分值最低，为49.1分；收入2万元及以上的被调查女性的消费安全放心度分值最高，为54.8分。这可能和收入高的女性及家庭往往购买品牌产品有关（见表5-2-49）。

表5-2-49　不同收入被调查女性对消费安全的放心程度

单位：分

个人收入	均值	个人收入	均值
3000元以下	49.1	10000~19999元	54.8
3000~4999元	49.1	20000元及以上	54.8
5000~9999元	53.2	合计	51.6

注：样本量为972份。

（八）消费、储蓄、投资比

1. 被调查女性家庭消费、储蓄、投资比为61:23:16

调查结果显示，2014年被调查女性所在家庭收入用于消费的比例为60.5%，家庭收入用于储蓄的比例为23.3%，家庭收入用于投资理财的比例为16.2%。因此，2014年被调查女性家庭收入用于消费、储蓄、投资之比为61:23:16。

与2013年比较，消费比例提高4个百分点，投资提高3个百分点，储蓄下降7个百分点。

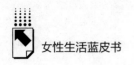

2.71.4%的被调查女性及家庭有投资理财，理财产品前五位分别是：
定期存款、银行理财、余额宝、股票和基金

调查结果显示，71.4%的被调查女性及家庭有投资理财。在有投资理财
的被调查女性中，理财产品前五位分别是：定期存款（48.7%）、银行理财
（33.6%）、余额宝（23.5%）、股票（19.1%）和基金（14.1%）。对外汇、
房产、黄金、期货、收藏品和保值奢侈品等投资态度谨慎（见表5－2－50）。

表5－2－50　被调查女性的投资理财产品

单位：%

理财产品	应答次数百分比	应答人数百分比	排序
定期存款	24.5	48.7	1
银行理财	16.9	33.6	2
外汇	1.3	2.7	10
余额宝	11.8	23.5	3
房产	3.3	6.6	8
股票	9.6	19.1	4
黄金	3.5	7.0	7
期货	1.9	3.7	9
债券	1.9	3.7	9
基金	7.1	14.1	5
收藏品	1.3	2.6	11
保值奢侈品	0.6	1.1	12
商业保险	6.7	13.3	6
没有投资理财	9.4	18.6	
其他	0.4	0.7	

三　2015年消费预期

1.2015年被调查女性的家庭消费预期，孩子教育支出居首位

2015年被调查女性所在家庭有哪些大笔支出呢？调查结果显示，大笔支
出计划的前五位分别是：孩子教育（40.9%）、买房/租房/装修（32.8%）、

旅游（32.0%）、请客送礼（21.1%）和买汽车（19.6%）。

从2015年的家庭预期消费来看，有几点新的情况：第一，"孩子教育"首次进入第一位，比例高达40.9%。与历年消费预期比较，从2008年至2013年连续6年，"孩子教育"始终未进入预期消费的前五位。2014年首次进入预期消费的前五位并且一跃而成首位，可见家庭对子女教育的重视。这是偶尔出现的现象，还是今后的常态，需引起关注。第二，连续6年稳居消费预期头一名，且比例最高的"服装服饰"，从2015年家庭消费预期前五名中出局，落到第七名，比例由2014年的43.8%直降至14.2%。第三，"请客送礼"消费进入第四名，名次比2014年的消费预期提前五位，在现今反腐倡廉的形势下，这个变化应引起关注、认真研究。另外，对"旅游"的预期由2014年的第一位降至第三位，降幅大。这些都构成2015年度消费预期的新看点，需要细致观察，认真研究（见表5-3-1）。

表5-3-1 2015年被调查女性的家庭的消费预期

单位：%

支出	应答次数百分比	应答人数百分比	排序
家用电器	5.6	11.3	9
汽车	9.6	19.6	5
买房/租房/装修	16.2	32.8	2
旅游	15.8	32.0	3
孩子教育	20.2	40.9	1
赡养老人	7.8	15.7	6
请客送礼	10.4	21.1	4
医疗费用	5.7	11.6	8
服装服饰	7.0	14.2	7
其他	1.8	3.6	

2. 2015年59.1%的被调查女性及家庭有旅游计划，计划支出15310.0元

调查结果显示，2015年59.1%的被调查女性及家庭有旅游计划。在有旅游计划的被调查女性中，在旅游方面支出的平均预期为15310.0元（见表5-3-2）。

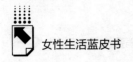

女性生活蓝皮书

表5－3－2　被调查女性的旅游计划

单位：%

旅游计划	百分比	旅游计划	百分比
有	59.1	合计	100.0
没有	40.9		

注：样本量为970份。

3. 2015年80.3%的被调查女性及家庭有投资理财计划，理财产品前五位分别是：定期存款、银行理财、余额宝、股票和基金

调查结果显示，2015 年 80.3% 的被调查女性及家庭有投资理财计划。在有投资理财计划的被调查女性中，理财产品前五位分别是：定期存款 （40.0%）、银行理财 （33.4%）、余额宝 （19.2%）、股票 （19.0%） 和基金 （13.9%），投资品种、比例大体上与 2014 年度一致 （见表 5 - 3 - 3）。

表5－3－3　被调查女性的投资理财产品计划

单位：%

理财计划	应答次数百分比	应答人数百分比	排序
定期存款	21.5	40.0	1
银行理财	17.9	33.4	2
外汇	1.6	3.0	11
余额宝	10.3	19.2	3
房产	3.8	7.0	7
股票	10.2	19.0	4
黄金	3.1	5.7	8
期货	2.1	3.9	10
债券	2.4	4.4	9
基金	7.5	13.9	5
收藏品	1.4	2.7	12
保值奢侈品	0.5	1.0	13
商业保险	6.7	12.6	6
没有投资计划	10.6	19.7	
其他	0.4	0.7	

四　调查结论

2014年度城市女性消费状况调查有以下几个特点。

（一）鲜活的数字记录了城市女性和家庭的收入和消费发展的常态

国家宏观经济管理部门、社科研究部门对城乡居民和各类人群的收入、消费状况都有专门的报告。但是"2014年中国城市女性消费状况调查"报告，提供了翔实的数据、鲜活的数字，仍给人以耳目一新的感觉。

本报告中有3组基本的数字，第一，10个城市女性月收入平均为7267.2元，36.1%的人自我评价收入比上年度增加了；家庭月收入平均为22526.7元；女性个人对家庭收入的贡献为32.3%，近1/3。第二，女性消费月均支出3692.0元，家庭消费月均支出9296.9元；女性消费占家庭消费的39.7%。第三，家庭消费、储蓄、投资比例为61:23:16。数据来自10个城市不同行业的女性，是这一群体收入和消费的最新动态反映。通过这些数据，我们可以了解、对照城市女性和家庭的生活需求，探讨其发展的趋势和规律。女性人口约占总人口的半数，她们的生活和消费需求、消费行为和预期，既代表了她们自身的经济利益，也在很大程度上反映了家庭（包括男性、孩子和老人）的消费状况和需求，能从一个很重要的方面作为地方政府和国家制定经济方针和经济社会发展计划、规划时的参考依据。所以说城市女性消费状况调查的作用和意义重大。

另外，城市女性消费状况调查数据也对女性在家庭经济生活、社会生活中的作用和贡献给予了展示，这为研究女性在当代政治、经济、社会、文化和家庭中的作用和地位也提供了有益的素材。

（二）城市女性消费手段更新，内容丰富，彰显时尚化、个性化、多元化的发展趋势

经济发展必将推动消费结构的加速升级。仅从网络购物就可以看到信息

网络服务已经成为发展最快的领域。信息化程度提高，产品丰富，再加上价格实惠、购买便捷、在线支付和送货上门等特点，使网络购物发展成为一种主流消费模式，在特定的时段甚至形成消费热潮。本次调查显示，2014年有91.8%的城市女性加入了网购大军，网购金额占据家庭消费总额的22.9%，接近1/4，比2013年增加9个百分点。显示城市女性在信息网络时代不甘落后的精神，以及她们的消费实力。据媒体报道，2014年"双十一"疯狂购物节，仅阿里巴巴一家一天内就成交571个亿，比2013年同期的交易额增加210亿元。阿里巴巴集团董事会主席马云公开表示感谢"中国妇女"，在接受央视采访时他说："我可以保证很多女人是为孩子、为老公买的，为爸爸妈妈买的，女人比男人考虑别人多多了……"他还说："……女人们等那么长时间，山呼海啸地过来……很震撼的。"马云从经营中体会出女性网购的力量，也道出了女性消费内容的利他性，其实更应该肯定的是女性紧跟科技信息新潮、提高消费结构和方式的进步行为。

女性消费的内容更加丰富。俗语称"人是衣裳马是鞍"，说的是人——特别是女人和服装服饰不可分割的相互陪衬的关系，甚至可以说，服装是女人的另一条生命，是女性一生的一个追求，"女人的橱柜永远缺一件衣服"。这点在近几年的城市女性消费调查中都得到验证。自2008年到2013年的6年中，女性个人最大一笔开支人数最多的项目，"服装服饰"一直独占头筹而无例外。2014年的调查结果显示，个人最大笔开支人数最多的项目中，服装服饰仍是第一。但是在比较最大笔支出的金额时，旅游的金额最高，服装服饰屈居第二。由此是否说明服装服饰已经成为女人所爱的明日黄花，恐怕还不能那样简单，但起码可以说明女性消费内容的扩大已成气候，服装服饰不再是她唯一的至爱。2014年67.3%的女性和家庭外出旅游，平均花费1.5万元，显示出女性对旅游文化的热爱和慷慨投资。

女性参加的各类培训，不仅包括排在前五位的职业技能、驾驶、子女教育、舞蹈健身和投资理财，还包括外语、社交礼仪、美食烹饪、中医保健、琴棋书画、茶艺插花、艺术品收藏等丰富的内容。从这些可以看出城市女性和家庭对教育、文化、健康等消费的重视，消费结构的提升以及时尚化、个性化、多元化的消费趋势。最近中央召开的经济工作会议，提到模仿式排浪式的消费阶段基本结束，个性化、多元化的消费模式将成主流。这极其正确地、客观地反映了广大女性和家庭的消费需求，成为激发女性和家庭扩大新型消费的动力。

（三）产品和服务安全问题，仍是城市女性和家庭消费的最大关注

产品和服务质量显示生产方的水平和诚信，对消费者来说影响使用的效果和安全，更严重的质量问题甚至涉及生命安全。2014年度，继续对影响女性和家庭消费安全的食品、化妆品、保健品、房屋建材和婴幼儿服装5类商品放心程度进行了调查；对网络购物安全也做了评价。从数据来看，城市女性和家庭对这5类产品的安全放心值平均为51.7分，总体评价不算高。在这5类产品中，对儿童服装类产品安全放心值最高，达到55.2分；对保健品放心值最低，只有45.8分；食品安全放心值排第四（50.9分），仅高于保健品。这显示女性和家庭对吃进口里的东西尤为小心，对其质量也更为在意。珍惜生命，保证健康，是文明社会人们自我观念更新、安全消费意识增强的表现。今后人们对食品、保健品质量和安全的要求会更高，甚至会达到"苛求"的状态，这是必然的。

网络购物中，一按手机货就送上门，那一瞬间，女人是狂热狂喜的。但是，一旦试用试穿，就会发现网购中消费者与商家在不见面的情况下成交的买卖，会遇到更多的商品质量问题。本次调查数据透露67.8%的被调查女性在网购过程中退过货，占女性网购人数的2/3多。分析退货原因，只有23.4%的人承认属于自己"购买时欠考虑，后来又不想买了"，其余的最多的原因是"收到货后发现有质量问题"和"产品与商家描述不符"等。更令人忧心的是，因为参加了网购，自己的个人信息泄露，带来了一系列的麻烦。有82.5%的网购女性信息被泄露，以致后来接连收到商业性推销的短信、广告、电话，甚至有41.6%的人收到过诈骗电话。所以，在网购中商品质量和信息安全是最大的问题。

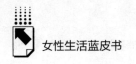

五 思考和建议

2014 年 12 月中央在北京召开经济工作会议，分析当前国内外经济形势，总结 2014 年经济工作，提出 2015 年经济工作的总体要求和主要任务。会议号召，全党要统一思想、奋发有为，认真贯彻落实这次会议各项部署，努力推动经济社会持续健康发展。会议还提出协调拓展内外需，切实增强内需对经济增长的拉动力，这就充分肯定了拉动经济的"三驾马车"之一的消费在我国经济发展新常态下的重要作用。根据中央经济工作会议精神，结合本调查反映的女性及家庭消费实际状况和发展趋势，为调动广大女性及家庭的消费积极性，提高其消费能力，为推动我国经济社会协调发展做出贡献，特提出以下建议。

（一）认识和适应我国经济发展新常态，与时俱进，发挥女性与家庭的消费能量和潜力

消费是经济增长重要"引擎"，是中国发展的巨大潜力所在。在稳增长的动力中，消费需求规模最大，和民生关系最直接。满足国内消费需求，是利国利民利于千家万户的事情，会受到包括女性和家庭在内的全体国民的支持和欢迎。2014 年 10 月 29 日国务院总理李克强主持召开的国务院常务会议，专门部署推进消费的扩大和升级，促进经济提质增效。与前几年采取的家电下乡、以旧换新等直接刺激消费的手段相比，国务院此次着眼于增加收入，使群众有钱能消费；健全社会保障，让群众消除医疗、养老等后顾之忧敢消费；改善消费环境，培育新兴消费，让群众愿消费，挖掘潜力，增强消费的内在动力与可持续性。

为挖掘女性和家庭的消费潜力，增强消费动力，具体建议如下。

1. 必须重视女性和家庭消费的重要作用

女性占人口半数左右，在已经实现男女平等的中国，女性完全可以自己做主，决定个人的消费；女性在家庭养老扶幼，管理家庭日常生活，发挥着

特殊重要的作用，家庭大部分生活用品也是由女性决定买或不买；即使购房买车这样的高额消费，女性也有很大的决定权。在拉动内需方面，女性绝对是一支不可忽视的力量。国家和地方政府部门在制定宏观经济政策和消费计划时，应该注意调查研究和听取妇女群众的反映。社会组织、妇女组织应该了解妇女和家庭消费的特殊需求，支持维护女性消费者的合法权益，及时与制定政策的单位进行沟通；也要鼓励广大妇女通过多条渠道，勇于反映自己的意见。

2. 源头管理，将男女性别平等纳入经济政策和消费政策制定的全过程

国家在推进和扩大消费升级的时候，在增加收入、健全社会保障等方面，都要坚持男女平等。注意保护女性与男性平等的受教育、就业与晋升、工资福利等权利，消除性别歧视的各种潜规则。只有女性在政治、经济、文化、社会和家庭诸方面与男性达到实际上的平等，只有女性不再因为生育和照料家庭而受到排斥，只有让女性与男性相比不再输在起跑线上的时候，女性的经济实力才会更雄厚，积极参与消费的能量和潜力才会更充分地发挥出来。

3. 激发消费动力，要更加关注低收入女性和家庭

中央经济工作会议精神还提出扩大传统消费，培育新的消费热点；要求提高产品质量，创新供给，激活需求；改善民生，保障基本民生，更加关注低收入群众的生活。在这些方面，除了关注广大群众的消费需求之外，更要关注城乡特别是贫困地区的妇女、留守和流动妇女、老年空巢家庭妇女、残疾妇女等弱势女性，完善相关政策和社会保障制度，为她们及家庭提供质优、价廉、实惠的生活必需产品和服务，切实保障她们的基本生活，扩大消费，保持社会的和谐与稳定。

（二）改善消费环境，提高女性及家庭消费的安全性和积极性

政府在强调稳定住房消费，巩固现有消费热点的同时，着眼于培育新兴消费、激发潜在消费。其中，尤为重视服务型消费；扩大移动互联网、物联网信息消费；升级旅游休闲消费；鼓励养老健康家政消费。在旅游休闲消费

方面，国务院在 2014 年 8 月公布的《关于促进旅游业改革发展的若干意见》中给旅游业改革提出了 20 项意见和 23 项重点任务，明确了到 2020 年的发展目标和完成重点任务的分工与时间表，要求到 2020 年，境内旅游总消费额达到 5.5 万亿元人民币，城乡居民年人均出游 4.5 次，旅游业增加值占国内生产总值的比重超过 5.0%。在网络消费领域，国家同意外资进入中国快递市场参与竞争，提升快递管理现代化和技术水平，提高服务质量。在扩大健康消费和养老消费方面，推进健康服务体系特别是公众健身活动中心的建设；关注老年人更为健康、更有文化的养老需求，加快建设养老设施。这些为我国城乡居民绘制了消费升级的美好前景，广大女性和家庭一定会从中受益。

但是，本次调查发现的产品质量和安全问题，确实比较严重。如前面的数字所表达的：女性和家庭对食品、化妆品、保健品、房屋装修材料和儿童服装 5 类产品质量的安全放心值只有 51.7 分（满分为 100），其中保健品、食品的安全信任度最低。91.8% 的女性参加了网络购物，但是又有相当比例的人因质量问题而退货，而最大问题是个人信息泄露。消费环境应包括产品与服务质量的硬环境和消费安全的软环境两个方面，这是影响女性和家庭消费积极性的重要方面。在经济发展追求质量和效益的时候，只有抓好消费安全，人们才敢于消费、乐于消费、积极消费。所以生产者、管理者和消费者，都要树立质量第一、安全第一的思想，保证人民群众生命安全和健康，提高人们的幸福感。建议对厂家、商家管理人员和职工，加强法制教育，加强思想道德教育，加强诚信教育，加强技艺培训，保证让广大群众吃上、用上安全可靠的产品和服务。建议行政执法和监督部门加强管理，依法打击不法商人，严格处理违法犯罪事件，保障公众的合法消费权益。

（三）教育指导，培养女性和家庭科学、文明、理性的消费素养

良好的消费环境的培育和管理不仅是政府、社会相关部门的责任，消费者是消费的主体，消费者具有的科学、文明、健康的消费理念和行

为，对于建立良好的消费秩序，弘扬社会主义核心价值观和社会公德，建设和谐社会都有积极的作用。女性是推动消费、拉动经济的重要力量，培养女性和家庭科学、文明、理性的消费素养，应是加强社会教育的内容之一。

要加大宣传力度，弘扬中华民族勤俭节约的优良传统。中央开展群众路线教育活动，落实作风建设的"八项规定"，坚决纠正形式主义、官僚主义、享乐主义和奢靡之风，得到全党全社会的拥护。杜绝公费吃喝，开展"光盘行动"，已经成为干部和群众的自觉行动。在此基础上，应通过社会课堂和媒体继续加强宣传和教育活动，让广大消费者明确消费与生产、消费与节约、消费与文明的辩证关系，树立节约光荣、浪费可耻的思想观念，逐步使厉行节约、反对浪费在全社会蔚然成风。

教育消费者自觉遵守法律法规，养成文明购物的习惯。近期媒体多有报道名人明星吸毒淫乱的违法行为，受到法律制裁，为世人敲响警钟。还有的媒体报道乘客在飞机上谩骂、殴打乘务员，甚至撒泼威胁和迫使飞机返航；在国内外旅游中出现过许多不文明行为，引起人们的不满。要对广大消费者进行法制教育、文明消费教育，让大家懂得什么样的商品和服务可以买，什么不可以买；什么事可以做，什么事不可以做；什么是文明行为，什么是粗俗做派。要把消费道德纳入社会公德的教育内容之中，并在全社会普及。人常说，教育好一个男人只是教育好一个人，教育好一个女人就是教育好一个家庭。因此，在加强对消费者的道德和行为教育中，更要重视对女性的教育，以女性消费者的进步，启蒙孩子，带动家庭，以致影响全体消费者的文明进步。

适应科技和信息发展时代的需求，大力普及新技术手段。在继续扩大传统消费，发展新的消费热点时，智能手机功能的开发，电子穿戴用品的使用，网上金融平台的建立，远程就医，云教育等新技术令人应接不暇，远远不是你插卡取款、买电、买水这样简单的事情了。要让大家了解和使用这些新技术，相关部门必须做好科技普及工作，做好耐心的解释和服务工作，使更多的消费者逐渐学会运用这些新技术，跟上时代步伐，共享科技发展新成

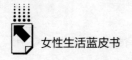

果给个人和家庭生活带来的幸福与快乐。这方面，要特别关注文化水平较低的女性以及老年消费者。

执笔：王孟兰，毕业于北京大学哲学系心理学专业，华坤女性消费指导中心理事长、中国家庭文化研究会常务副会长，副编审，主要从事家庭文化及女性消费研究。

数据分析处理：张明明，华坤女性生活调查中心数据分析员，社会学硕士，统计师。

B.6
城市女性和家庭旅游变化
趋势初探（2006~2014）

《悦游》杂志　华坤女性生活调查中心

摘　要：　如今旅游已成为城市女性休闲度假的主要方式。2006~2014年，平均每年有62.7%的女性和家庭外出旅游；家庭旅游支出2010年为5666.1元，2014年增至15079.6元，年均增幅27.7%。旅游方式多样，"跟团游"呈下降趋势，更多女性选择"自由行"。出境游人数增加，支出加大。建议：落实带薪年休假制度，增强城市女性旅游消费能力，创新旅游产品，优化旅游环境。

关键词：　城市女性　旅游人数　旅游消费　旅游方式

　　近10年来，我国制定了一系列促进旅游业又好又快发展的政策措施。2007年，国务院第198次常务会议通过《职工带薪年休假条例》；2008年，取消"五一"黄金周，增加清明、端午、中秋"小长假"；2009年，颁布《关于加快发展旅游业的意见》，提出"把旅游业培育成为国民经济的战略性支柱产业和人民群众更加满意的现代服务业"；借力2008年北京奥运会、2010年世博会和亚运会，带动国内旅游发展；2011年，颁布《中国旅游业"十二五"发展规划纲要》，将旅游业确立为服务业发展的重点产业，将每年的5月19日设立为"中国旅游日"；2013年，出台了我国首部《旅游法》，进一步规范旅游市场秩序，保障游客的合法权益；2014年，颁布了《关于促进

旅游业改革发展的若干意见》，将带薪年休假制度落实情况纳入各地政府议事日程，并将在 2015 年 6 月底前出台具体措施。

近 10 年来，我国旅游业发展令人瞩目。2013 年，国内旅游人数达到 32.62 亿人次，比 2005 年增加 20.5 亿人次，是 2005 年的 3 倍；国内旅游总收入 2.63 万亿元人民币，比 2005 年增加 2.1 万亿元人民币，是 2005 年的 5 倍；出境旅游人数达到 9818.52 万人次，比 2005 年增加 6700 万人次，是 2005 年的 3 倍。特别是随着带薪年休假制度的实施，越来越多的城市居民享受到休假休息的权利，为他们外出旅游创造了有利条件。据携程网的调查，非假日旅游超过节假日旅游是必然的，近年来带薪年休假人数绝对数量持续攀升，80.0% 左右的人希望通过带薪年休假的方式旅游，而不是在黄金周。

在我国旅游业快速发展和转型的 10 年间，城市女性和家庭的旅游消费出现了哪些新变化、新需求和新趋势？围绕这一问题，本文对 2006～2014 年华坤女性生活调查中心实施的"中国城市女性生活质量调查"中有关女性和家庭旅游的数据进行了纵向分析比较。

一　旅游已成为女性和家庭休闲度假的主要方式

近 10 年"中国城市女性生活质量调查"结果显示，虽然女性和家庭每年外出旅游的比例有波动（这与历年样本选择差异可能有一定关系），但是除 2012 年为 48.6% 以外，其他年份均超过 50.0%，年平均值达到 62.7%。最高年份为 2006 年，达到 71.8%；2014 年也处于历年较高水平，达到 67.7%（见表 6-1-1）。

中国旅游研究院的预测结果表明，2013 年中国人平均出游达到 2.5 次，2015 年国民出游率将超过 3 次。国务院在《关于促进旅游业改革发展的若干意见》中也提出，到 2020 年，境内旅游总消费额将达到 5.5 万亿元，城乡居民年人均出游 4.5 次。

这些数据说明，随着社会的进步和百姓生活水平的提高，旅游不再是城市女性和家庭衣食住行之外的"高消费"、"特殊需求"和"奢侈品"，大众化旅游时代已经到来，旅游已经成为城市居民休闲的主要方式。对现代城市女性和家庭来说，旅游意味着在满足物质需求的基础上，是对精神和文化享受的追求，是体现生活质量的重要标志。在旅游过程中，她们能够结识新朋友，提高社交能力；能够缓解快节奏城市生活带来的压力，恢复逝去的生活激情和活力；能够欣赏沿途美丽的风景，激发强身健体、再次旅游的欲望；能够增长知识、开阔视野、陶冶情操，坦然面对生活挫折；能够暂时忘却家庭琐事，享受轻松时刻，增进家人之间的感情。这些，都让越来越多的女性和家庭走出家门去旅游，她们的生活也因此越来越幸福、健康、有品质。在2009年和2014年"中国城市女性生活质量调查"中，分别有18.9%和25.1%的被调查女性在回答"什么让您感到最幸福？"时，选择了旅游。

表6-1-1　2006～2014年女性和家庭的出游比例

单位：%，人

年份	2014	2013	2012	2011	2010	2009	2008	2007	2006
去旅游了	67.7	52.5	48.6	67.9	68.7	59.3	58.0	69.5	71.8
没去旅游	32.3	47.5	51.4	32.1	27.8	40.6	41.4	30.4	29.7
人数	1013	1084	1035	951	976	1069	1007	2283	1928

1. 职业女性喜欢旅游

将2006～2014年被调查女性按年龄分为18～29岁、30～39岁、40～49岁和50～60岁4个年龄段，调查数据显示，各年龄段女性和家庭外出旅游的比例均在60.0%左右，去旅游是绝大多数人的希望（见表6-1-2）。

表6-1-2　2006～2014年不同年龄女性的出游比例

单位：%

年份	18～29岁	30～39岁	40～49岁	50～60岁
2014	64.4	69.6	69.6	68.5
2013	47.5	54.0	53.6	55.6
2012	45.6	46.9	49.0	64.2
2011	70.1	73.9	62.5	59.8
2010	64.8	78.7	73.8	72.3

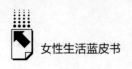
续表

年份	18～29 岁	30～39 岁	40～49 岁	50～60 岁
2009	64.3	64.6	47.6	52.9
2008	65.3	61.9	48.7	56.2
2007	73.2	71.7	65.0	59.8
2006	73.2	75.2	63.5	63.9
平均值	63.2	66.3	59.3	61.5

2006～2014 年的调查结果显示，在不同职业被调查女性中，公务员/事业单位人员外出旅游的比例最高，年平均值为 71.0%；个体经营/自由职业者最低，年平均值为 54.6%。个体经营/自由职业者没有固定的工作单位及相应的福利待遇，因而她们之中的一部分人不敢轻易给自己放假，放弃了外出旅游度假的机会（见表 6-1-3）。

表 6-1-3 2006～2014 年不同职业女性的出游比例

单位：%

年份	公务员/事业单位人员	公司/企业员工	个体经营/自由职业者
2014	68.8	71.8	51.6
2013	60.6	51.8	43.1
2012	55.6	47.6	32.4
2011	75.3	66.8	57.5
2010	78.4	70.9	64.6
2009	74.0	56.4	53.4
2008	71.1	56.8	66.0
2007	75.3	68.6	62.6
2006	79.7	69.1	60.4
平均值	71.0	62.2	54.6

随着被调查女性受教育水平升高，外出旅游的比例随之增加。2006～2014 年的调查结果显示，高中及以下学历的被调查女性和家庭外出旅游的年平均值为 46.8%，本科及以上学历的被调查女性和家庭外出旅游的年平均值为 71.3%（见表 6-1-4）。

表6－1－4　2006～2014年不同学历女性的出游比例

单位：%

年份	高中及以下	专科	本科及以上
2014	41.0	67.5	70.9
2013	40.7	50.5	57.4
2012	33.0	44.1	56.5
2011	54.0	68.7	74.7
2010	62.2	68.4	78.2
2009	42.2	66.4	75.1
2008	46.3	60.9	70.5
2007	49.8	70.5	78.4
2006	52.2	70.3	79.9
平均值	46.8	63.0	71.3

随着女性月收入增加，外出旅游的比例随之增加。2007～2014年的调查结果显示，月收入3000元以下的女性外出旅游的年平均值为52.9%，月收入5000元以上的女性年平均值为72.6%（见表6－1－5）。

表6－1－5　2007～2014年不同收入女性的出游比例

单位：%

年份	3000元以下	3000～5000元	5000元以上
2014	56.1	63.0	76.2
2013	39.4	50.4	64.9
2012	36.7	50.4	62.5
2011	56.1	74.3	78.1
2010	63.7	79.3	79.9
2009	53.0	75.5	77.3
2008	54.4	72.1	65.0
2007	63.7	82.3	76.8
平均值	52.9	68.4	72.6

随着家庭月收入增加，外出旅游的比例随之增加。2010～2014年的调查结果还显示，月收入5000元以下的家庭外出旅游的年平均值为45.0%，月收入1万元以上的家庭年平均值为68.5%（见表6－1－6）。

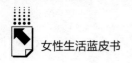

表 6 – 1 – 6　2010～2014 年不同收入家庭的出游比例

单位：%

年份	5000 元以下	5000～10000 元	10000 元以上
2014	46.7	61.4	76.9
2013	47.1	43.6	63.2
2012	23.3	47.7	60.6
2011	47.1	43.6	63.2
2010	60.7	76.6	78.5
平均值	45.0	54.6	68.5

2. 亲子游逐年升温

随着亲子真人秀电视节目《爸爸去哪儿》在荧屏走红，越来越多的父母意识到陪伴对孩子成长的重要性，而旅游正是陪伴孩子的最好方式，特别是每年的"六一"儿童节、暑假和寒假，更是和孩子一起旅游的最佳时机。2006～2014 年的"中国城市女性生活质量调查"结果显示，2012 年，有孩子的女性和家庭外出旅游的比例（50.4%）首次超过没有孩子的女性和家庭（45.3%）；2013、2014 年这一比例继续增加，2014 年达到 71.3%，为历年最高（见表 6 – 1 – 7）。

表 6 – 1 – 7　2008～2014 年是否有孩子女性的出游比例

单位：%

年份	有孩子	目前还没有孩子
2014	71.3	61.6
2013	53.2	51.1
2012	50.4	45.3
2011	67.7	68.4
2010	67.0	75.7
2009	53.4	75.9
2008	54.7	63.7
平均值	59.7	63.1

二　女性和家庭的旅游支出逐年攀升

近 10 年"中国城市女性生活质量调查"结果显示，女性和家庭的旅游支出逐年攀升。2010 年旅游年支出为 5666.1 元，2011、2012、2013 年分别增加到 8871.7 元、11156.7 元、13120.2 元，2014 年达到 15079.6 元，5 年间年均增幅达到 27.7%。进一步的旅游支出分段显示，2500 元以下的低消费呈下降趋势，8 年间，从 58.8% 下降到 10.5%，下降了 48.3 个百分点；2501～10000元的中等消费呈上升趋势，从 2006 年的 35.3% 上升到 2014 年的 50.2%，上升了 14.9 个百分点；1 万元以上的高消费也呈上升趋势，8 年间，从 4.4% 上升到 39.4%，上升了 35.0 个百分点（见表 6-2-1）。"去哪儿网"的报告也显示，2010 年女性在旅游上的平均花费为 4300 元，消费能力比 2009 年提升20.0%，同比增幅远大于男性的 9.0%。国家旅游局的数据还显示，2013 年城镇居民国内旅游人均花费 946.6 元，比 2005 年增长 28.4%。

越来越高的旅游支出，固然和近年来景区门票、交通花费、购物、餐饮、住宿等各项旅游花费不断上涨有密切的关系，但最直接的原因在于我国经济快速增长带来的收入增加，激发了城市女性和家庭旅游的热情。根据国际上的一般规律，当人均 GDP 达到 1000 美元时，旅游需求开始产生；突破2000 美元时，大众旅游消费开始形成；达到 3000 美元以上时，旅游需求出现爆发式增长。2013 年，我国人均 GDP 就已经达到 6995 美元。因此，城市女性和家庭旅游需求伴随着其可支配收入的持续增长得到极大释放，旅游消费能力不断增强。

表 6-2-1　2006～2014 年家庭旅游支出分段

单位：%

年份	2500 元以下	2501～10000 元	10000 元以上
2014	10.5	50.2	39.4
2013	17.0	48.8	34.2
2012	13.0	54.8	32.2

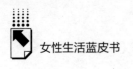

续表

年份	2500 元以下	2501~10000 元	10000 元以上
2011	25.2	56.3	18.4
2010	32.1	56.6	11.4
2009	67.1	26.3	3.9
2008	49.8	35.9	8.3
2007	55.8	37.7	4.5
2006	58.8	35.3	4.4
平均值	36.6	44.6	18.8

　　不同年龄段的女性和家庭旅游支出逐年增加。2010~2014 年的调查结果显示，40~49 岁的女性和家庭的旅游支出最高，年平均值为 12261.0 元。2010~2014 年，18~29 岁被调查女性的旅游支出增加了 3.4 倍，30~39 岁女性的旅游支出增加了 1.1 倍，40~49 岁被调查女性的旅游支出增加了 1.3 倍，50~60 岁被调查女性的旅游支出增加了 1.4 倍（见表 6-2-2）。

表 6-2-2　2010~2014 年不同年龄女性的旅游支出

单位：元

年份	18~29 岁	30~39 岁	40~49 岁	50~60 岁
2014	14802.8	14466.6	17980.0	11624.2
2013	9380.3	14529.5	13572.1	12244.8
2012	11753.2	11885.7	12533.6	10967.8
2011	8436.9	9196.6	9304.1	7323.0
2010	3371.1	6854.5	7915.3	4800.0
平均值	9548.9	11386.6	12261.0	9392.0

　　随着《关于改进工作作风、密切联系群众的八项规定》和《党政机关厉行节约反对浪费条例》的严格实施，各级党政机关和事业单位以各种名义变相公款旅游的现象有所减少，2014 年公务员/事业单位人员旅游消费支出比 2013 年略有减少（见表 6-2-3）。

表6-2-3 2010～2014年不同职业女性的旅游支出

单位：元

年份	公务员/事业单位人员	公司/企业员工	个体经营/自由职业者
2014	14678.3	14909.4	18072.9
2013	15721.0	11531.2	13609.3
2012	12714.9	10839.7	14120.5
2011	10242.1	8792.0	5860.0
2010	5332.6	5129.8	7967.2
平均值	11737.8	10240.4	11926.0

2010～2014年的调查结果显示，高学历女性更注重家庭生活品质，更加喜欢通过旅游实现自我放松，体验异地异国风情，在旅游上更舍得花钱。随着女性学历的升高，旅游年支出随之增加（见表6-2-4）。

表6-2-4 2010～2014年不同学历女性的旅游支出

单位：元

年份	高中及以下	专科	本科及以上
2014	15361.4	12633.4	15952.9
2013	10023.0	12347.7	14280.7
2012	10360.0	10420.0	12763.7
2011	5197.6	8375.3	10451.7
2010	3521.6	5871.7	6481.9
平均值	8892.7	9929.6	11986.2

随着女性个人月收入增加，旅游支出随之增加。2010～2014年的调查结果显示，月收入为3000元以下的女性，旅游支出年平均值为7154.2元；月收入为5000元以上的女性，年平均值为15547.6元（见表6-2-5）。

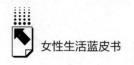

女性生活蓝皮书

表 6 - 2 - 5　2010~2014 年不同收入女性的旅游支出

单位：元

年份	3000 元以下	3000~5000 元	5000 元以上
2014	10129.1	11667.3	19199.8
2013	9686.5	11066.7	16926.5
2012	7732.2	10455.4	17555.6
2011	5659.5	9344.7	12632.2
2010	2563.4	7098.3	11424.0
平均值	7154.2	9926.5	15547.6

随着家庭月收入增加，外出旅游的比例随之增加。2010~2014 年的调查结果显示，5000 元以下的低收入家庭的旅游支出年平均值为 6602.2 元；1 万元以上的高收入家庭年平均值为 15038.1 元（见表 6 - 2 - 6）。

表 6 - 2 - 6　2010~2014 年不同收入家庭的旅游支出

单位：元

年份	5000 元以下	5000~10000 元	10000 元以上
2014	6011.5	11344.8	18211.7
2013	13200.0	9040.6	17097.6
2012	6100.0	9418.8	15444.7
2011	5723.6	7393.3	12514.0
2010	1975.7	5050.6	11922.4
平均值	6602.2	8449.6	15038.1

三　女性和家庭的旅游方式更加自由

随着旅游业的发展，旅游方式变得多种多样，除了"跟团游""自助游""自驾游" 3 种主要方式之外，还有"骑自行车游""徒步背包游""互助游""野营""探险考察"等方式。"中国城市女性生活质量调查"结果显示，8 年间，城市女性和家庭选择"跟团游"的比例呈下降趋势，从58.3% 下降到 34.6%，下降了 23.7 个百分点；选择"自助游"的比例不断上升，2011年首次超过"跟团游"，成为女性和家庭外出旅游的首选方式；选择"自驾游"的比例也呈上升趋势，从15.6%上升到34.9%，上升了19.3个百分点（见表6-3-1）。

中国旅游研究院、携程旅游、中青旅发布的报告均显示，我国旅游市场的散客化、自由行趋势日趋明显，散客旅游成为各种旅游活动的主要形式。2012年国内旅游市场接近30亿人次，选择"跟团游"的比例不足5.0%。"自助游"领军品牌"驴妈妈"的报告也显示，在2014年"国庆黄金周"期间，"自驾游"订单量增幅显著，比2013年同期增长500.0%。

这些数据说明，随着越来越多的年轻人和城市白领外出旅游，随着互联网时代旅游信息畅通带来的旅游成本下降，以及我国首部《旅游法》对旅行社和"跟团游"进行规范管理带来的"跟团游"价格上涨，城市女性和家庭的旅游观念发生了极大变化。她们更加崇尚灵活的旅游产品和自由的行程安排；不再扎堆式地群聚出游，而是喜欢和家人、朋友一起小集体式的漫游；她们不再是"上车睡觉，下车拍照""走马观花"被动式地赶路，而是倾向于欣赏过程与体验感受，更加注重旅游品质。因此，"驴友""穷游""自助游""互助游""徒步+帐篷""自由行""想走就走""自驾游""私人订制""高铁动卧""包机直航""邮轮游""房车游"等旅游新业态层出不穷。

表6-3-1　2006~2014年女性和家庭的旅游方式

单位：%

年份	跟团游	自助游	自驾游
2014	34.6	55.4	34.9
2013	31.9	49.9	32.5
2011	39.8	48.0	38.6
2006	58.3	48.0	15.6

"中国城市女性生活质量调查"2006~2014年的调查结果显示，随着女性年龄增加，选择"跟团游"的比例呈上升趋势；选择"自助游"的比例不断下降（见表6-3-2）。

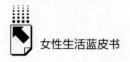

这说明，年轻女性更热衷于"自助游"。而在选择"自驾游"的女性中，40~49 岁女性的比例最高。中国旅游研究院与中青旅的报告显示，16~35 岁的青年人群占全部"自由行"出行人数的 52.8%，"自由行"是年轻人最爱选择的旅游方式。但是"中国城市女性生活质量调查"结果显示，"自由行"不仅仅是年轻女性的专利，其他年龄段女性选择"自助游"和"自驾游"的比例均呈上升趋势。

表 6 - 3 - 2　2006~2014 年不同年龄女性的旅游方式

单位：%

年份	旅游方式	18~29 岁	30~39 岁	40~49 岁	50~60 岁
2014	跟团游	29.4	31.8	47.9	45.9
	自助游	64.0	54.7	43.7	45.9
	自驾游	31.1	36.5	38.7	32.4
2013	跟团游	30.0	32.5	25.3	53.8
	自助游	53.3	51.5	41.3	38.5
	自驾游	25.0	32.8	44.0	30.8
2006	跟团游	47.7	63.3	53.7	62.2
	自助游	50.5	41.6	36.0	32.6
	自驾游	14.7	15.6	13.0	7.5

2006~2014 年"中国城市女性生活质量调查"结果显示，不同职业的女性选择"跟团游"的比例均呈下降趋势，选择"自助游"和"自驾游"的比例均呈上升趋势（见表 6 - 3 - 3）。

表 6 - 3 - 3　2006~2014 年不同职业女性的旅游方式

单位：%

年份	旅游方式	公务员/事业单位人员	公司/企业员工	个体经营/自由职业者
2014	跟团游	36.6	29.8	46.0
	自助游	49.2	60.6	57.1
	自驾游	39.3	31.7	31.7

续表

年份	旅游方式	公务员/事业单位人员	公司/企业员工	个体经营/自由职业者
2013	跟团游	32.1	31.8	25.0
	自助游	46.4	51.5	52.9
	自驾游	43.6	28.1	29.4
2006	跟团游	65.5	55.1	44.4
	自助游	38.0	44.5	45.1
	自驾游	18.5	11.3	18.3

2006～2014 年"中国城市女性生活质量调查"结果显示，未婚和离异/丧偶后单身女性选择"自助游"的比例较高（见表6－3－4）。

表6－3－4　2006～2014年不同婚姻状况女性的旅游方式

单位：%

年份	旅游方式	未婚	已婚	离异/丧偶后单身
2014	跟团游	34.6	34.7	35.0
	自助游	64.7	52.8	65.0
	自驾游	21.8	38.5	25.0
2013	跟团游	24.1	33.3	37.5
	自助游	68.7	45.7	50.0
	自驾游	15.7	36.4	25.0
2006	跟团游	48.9	57.6	56.6
	自助游	47.9	39.9	42.5
	自驾游	14.4	13.8	8.8

调查还显示，没有孩子的女性和家庭选择"自助游"的比例也较高（见表6－3－5）。

表6－3－5　2013～2014年有无孩子女性的旅游方式

单位：%

年份	旅游方式	有孩子	没有孩子
2014	跟团游	36.4	30.7
	自助游	49.6	69.3
	自驾游	40.3	22.3

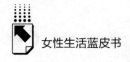

续表

年份	旅游方式	有孩子	没有孩子
	跟团游	30.8	34.2
2013	自助游	45.5	59.7
	自驾游	36.6	22.8

2006~2014年的"中国城市女性生活质量调查"结果显示，不同学历女性选择"自助游"和"自驾游"的比例都在上升（见表6-3-6）。

表6-3-6　2006~2014年不同学历女性的旅游方式

单位：%

年份	旅游方式	高中及以下	专科	本科及以上
	跟团游	37.5	33.7	34.9
2014	自助游	53.1	55.8	55.5
	自驾游	25.0	35.6	35.1
	跟团游	33.3	35.3	29.9
2013	自助游	46.4	43.6	53.3
	自驾游	24.6	34.6	33.7
	跟团游	43.6	58.3	61.3
2006	自助游	39.1	41.1	43.3
	自驾游	10.1	13.3	15.6

随着女性月收入增加，选择"自驾游"的比例随之增加。2013~2014年的"中国城市女性生活质量调查"结果显示，收入3000元以下、3000~5000元和5000元以上女性的两年平均值分别为28.4%、34.7%和34.9%（见表6-3-7）。

表6-3-7　2013~2014年不同收入女性的旅游方式

单位：%

年份	旅游方式	3000元以下	3000~5000元	5000元以上
	跟团游	30.0	30.2	40.1
2014	自助游	61.7	56.0	52.7
	自驾游	33.3	38.1	32.5
	跟团游	35.3	30.8	31.9
2013	自助游	49.0	46.9	51.4
	自驾游	23.5	31.3	37.3

年份	旅游方式	3000 元以下	3000 ~ 5000 元	5000 元以上
年平均值	跟团游	32.6	30.5	36.0
	自助游	55.4	51.5	52.1
	自驾游	28.4	34.7	34.9

调查还显示，随着家庭月收入增加，选择"自驾游"的比例随之增加。2013~2014 年月收入 5000 元以下的家庭，年平均值为 14.3%；月收入 1 万元以上的家庭，年平均值为 36.8%（见表 6-3-8）。这说明，随着道路交通基础设施的不断改善，以及法定节假日公路小型客车免费通行、配套服务等利好政策的实施，"自驾车旅游"这一流行于美国等发达国家的旅游方式，渐渐受到我国买得起汽车的高收入女性和家庭的青睐。

表 6-3-8　2013~2014 年不同收入家庭的旅游方式

单位：%

年份	旅游方式	5000 元以下	5000 ~ 10000 元	10000 元以上
2014	跟团游	32.1	33.1	38.3
	自助游	42.9	56.7	52.5
	自驾游	28.6	37.1	34.5
2013	跟团游	28.6	32.3	31.8
	自助游	71.4	41.3	49.8
	自驾游	0.0	31.6	39.0
年平均值	跟团游	30.4	32.7	35.1
	自助游	57.2	49.0	51.2
	自驾游	14.3	34.4	36.8

四　女性和家庭的旅游范围不断扩大

"中国城市女性生活质量调查"结果显示，2013 年城市女性和家庭去境外旅游的比例和支出实现"双增长"，分别达到 20.6% 和 27826.1 元；2014 年出境游继续保持了较高水平（见表 6-4-1）。

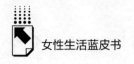

表 6 - 4 - 1　2009～2014 年女性和家庭出境游比例

单位：%

年份	2014	2013	2012	2011	2009
出境游	18.7	20.6	9.5	60.3	27.5

注：除 2011 年为被调查女性和家庭喜欢的旅游范围外，其他年份均为女性和家庭实际的旅游范围。

　　世界旅游组织（UNWTO）的数据也显示，2012 年中国人海外旅游支出金额合计达到 1020 亿美元，较上年激增 40.0%，超过德国和美国，跃居全球首位。2012 年赴海外旅游的中国人总数约为 8300 万人，几乎是 2000 年的 8 倍；海外旅游支出额与 2005 年相比，增长约 4 倍。国家旅游局的报告也显示，2013 年我国出境旅游人数达到 9818.52 万人次，比 2012 年增长 18.0%；出境旅游消费 1287 亿美元，比 2012 年增长 26.8%。中国作为世界第一大出境旅游客源市场和第一大出境旅游消费国的地位进一步巩固。该报告预测，2014 年，出境游市场仍将实现快速的持续发展，出境旅游规模将达 1.14 亿人次，出境旅游花费将达 1400 亿美元。除了快速增长的"出境游"，周六日的"周边游"、小长假的"周边游"和黄金周的"境内游"也呈现出良好发展态势。

　　从整天围着锅台转的家庭主妇，到走出家门工作的职业女性，今天已成为去城市周边、祖国各地和世界各国旅游的"休闲族"，中国城市女性的"世界悦游越小，心界悦游越大"。她们的活动半径不断扩大，旅游观念不断转变，女性的闲暇生活变得越来越丰富、健康、高质量。

1. 退休后世界游

　　2012～2014 年的调查结果显示，50～60 岁女性去境外旅游的比例最高，3 年的年平均值为 18.6%（见表 6 - 4 - 2）。退休后的女性，有充足的闲暇时间和足够的积蓄去世界各地旅游，让退休后的生活充实而有意义。

表6－4－2　2012～2014年不同年龄女性的出境游比例

单位：%

年份	20～29 岁	30～39 岁	40～49 岁	50～55 岁
2014	17.2	18.7	21.1	20.4
2013	11.4	25.6	15.7	20.7
2012	9.1	8.0	10.3	14.7
年平均值	12.6	17.4	15.7	18.6

2. 带着孩子去看世界

在亲子游逐年升温的同时，越来越多的女性和家庭不满足于带着孩子在国内旅游，"出境亲子游"正在成为一种时尚和潮流。"中国城市女性生活质量调查"结果显示，2014年19.3%的有孩子家庭去境外旅游，首次超过没有孩子的家庭（见表6－4－3）。

"去哪儿网"的调查也显示，99.0%的家长非常愿意带孩子去境外旅游；近一半的家长计划每年在"出境亲子游"方面花费1～3万元；海岛游、乐园游、自然游、观光游、文化游、邮轮游、美食游是最常选择的旅游产品。

表6－4－3　2012～2014年有无孩子的女性的出境游比例

单位：%

年份	有孩子	目前还没有孩子
2014	19.3	17.7
2013	19.8	22.7
2012	9.5	9.9

2012～2014年"中国城市女性生活质量调查"结果显示，不同职业的女性去境外旅游的比例差异不明显，均呈现出增长趋势（见表6－4－4）。

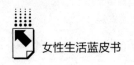

表6-4-4 2012~2014年不同职业女性的出境游比例

单位：%

年份	公务员/事业单位人员	公司/企业员工	个体经营/自由职业者
2014	17.2	20.5	18.0
2013	22.1	19.2	22.5
2012	12.3	7.9	7.0

随着女性学历的升高，去境外旅游的比例随之增加。2012~2014年"中国城市女性生活质量调查"结果显示，高中及以下学历女性和家庭去境外旅游的年平均值为8.5%，本科及以上学历女性和家庭去境外旅游的年平均值为18.4%（见表6-4-5）。

表6-4-5 2012~2014年不同学历女性的出境游比例

单位：%

年份	高中及以下	专科	本科及以上
2014	11.5	17.9	19.8
2013	10.5	19.2	23.2
2012	3.5	8.2	12.2
年平均值	8.5	15.1	18.4

随着女性月收入增加，去境外旅游的比例随之增加。2012~2014年"中国城市女性生活质量调查"结果显示，月收入3000元以下的女性去境外旅游的年平均值为7.6%，月收入5000元以上的女性年平均值为24.2%（见表6-4-6）。

表6-4-6 2012~2014年不同收入女性出境游比例

单位：%

年份	3000元以下	3000~5000元	5000元以上
2014	10.3	13.1	27.1
2013	7.4	16.7	28.8
2012	5.1	9.1	16.8
年平均值	7.6	13.0	24.2

随着家庭月收入增加，去境外旅游的比例随之增加。2012~2014年"中国城市女性生活质量调查"结果还显示，月收入5000元以下的家庭去境外旅游的年平均值为2.2%，月收入1万元以上的家庭年平均值为22.9%（见表6-4-7）。

表6-4-7　2012~2014年不同收入家庭出境游比例

单位：%

年份	5000元以下	5000~10000元	10000元以上
2014	5.0	12.3	26.2
2013	0	12.9	27.7
2012	1.7	8.0	14.9
年平均值	2.2	11.1	22.9

五　主要建议

为适应我国城市女性和家庭旅游消费的新需求、新变化和新趋势，建议如下。

1. 严格落实带薪年休假制度

全社会应加强对带薪年休假制度的宣传，提高公众特别是女性的维权意识；加强对中小企业、民营企业等重点领域的执法监督，追究不执行带薪年休假制度的违规责任；发挥消费者协会和工会组织的积极作用，切实维护女职工带薪年休假的权利；努力实现"到2020年，职工带薪年休假制度基本得到落实"的目标。

2. 不断增强旅游消费能力

积极适应经济放缓、职工薪酬增幅可能会下降的职场新常态，转变就业观念，拓宽就业渠道，鼓励灵活就业，增加女性和家庭的收入；采取积极的财政政策和货币政策控制物价过快上涨，降低交通、餐饮、住宿等出行成本；加强对景区门票收入的监管，完善门票价格机制，遏制乱涨价行为；减

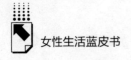

免老人、儿童等特殊人群的门票费用。

3. 不断创新旅游产品

积极开发健康养生、生态环保、经济实惠的老年人休闲度假产品；推出更具吸引力、安全性高、互动性强、趣味十足的亲子游线路；积极发展森林旅游、海洋旅游、邮轮游、索道缆车、低空飞行，满足多样化、多层次的旅游消费需求。

4. 不断优化旅游消费环境

加强对旅游市场"黑社""黑导""黑车"、欺客宰客、强迫消费等突出问题的综合整治，提升服务质量；通过在线服务、网络营销、网络预订等新方式，提高旅游服务效率；加快旅游道路、景区停车场、周边餐馆、宾馆等基础设施建设；积极倡导文明出行、文明消费，让女性和家庭在旅游过程中游得放心、游得舒心、游得开心。

执笔者：张明明，华坤女性生活调查中心数据分析员，社会学硕士，统计师。

专　论

Special

B.7

切实维护消费者权益，不断满足女性与
家庭消费新需求

顾秀莲

摘　要：　女性在拉动国内消费中具有不可忽视的作用。社会发展、科技创新、新政策实施以及妇女的解放与发展都会产生消费新需求。必须不断优化产业结构，丰富和完善产品和消费服务，营造新的消费增长点，以满足消费新需求。修改后的《消费者权益保护法》完善了消费者权益保护制度，政府、企业、媒体及消费者应承担起各自的责任。

关键词：　消费新需求　修改后的《消费者权益保障法》　新权益

2005 年举办的"首届中国女性消费高层论坛"主题是妇女儿童消费安

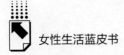

全。九年后的"第九届中国女性消费高层论坛"主题是：2014女性与家庭消费——新需求、新权益、新责任。

2013年，面对世界经济复苏艰难、国内经济下行压力加大、自然灾害频发、多重矛盾交织的复杂形势，全国人民在以习近平同志为总书记的党中央领导下，从容应对挑战，奋力攻坚克难，改革开放和社会主义现代化建设取得令人瞩目的重大成就。因此，2013年，困难比预料的多，结果比预想的好。

2014年，政府工作的总基调是"稳中有进"。要做好经济工作，就要努力释放有效需求，充分发挥消费的基础作用，增强内需拉动经济的主引擎作用，把消费作为扩大内需的主要着力点，通过增加居民收入提高消费能力，扩大服务消费，促进信息消费，通过深化流通体制改革等，充分释放蕴藏在十几亿人中的巨大的消费潜力。可以预计，2014年，女性和家庭消费将迎来巨大的市场机遇。

一　不断研究和满足消费新需求

（一）研究消费新需求

要发挥消费在增强内需、拉动经济的主引擎作用，首先要研究了解消费新需求，知己知彼，才能有的放矢。

第一，消费在社会经济发展中具有重要作用。2013年底召开的中央经济工作会议明确强调，要努力释放有效需求，充分发挥消费的基础作用、投资的关键作用、出口的支撑作用，把拉动增长的消费、投资、外需这"三驾马车"掌控好。可见，消费在拉动经济增长的"三驾马车"中起着重要的基础性作用。

女性是决定家庭消费的核心人群，主导着家庭的日常消费。对于数额较大的开支和消费，她们的意见也起着重要的作用，甚至是最终的决策意见。因此，女性在拉动国内消费中，具有不可忽视的作用。

第二，创新与发展会产生消费的新需求。随着生产技术的提高与发展，百姓收入的提高，人们的消费结构不断从低层次向高层次转化，生存消费的比重逐步缩小，享受型消费和发展型消费的比重增大；物质消费的比重逐步缩小，精神消费的比重相应增大；非耐用消费品消费的比重逐步缩小，耐用消费品和服务消费的比重增大；食物消费在全部消费支出中的比重逐步缩小，等等。由此可见，消费新需求，是随着社会经济的发展、科学技术的创新、百姓生活水平和生活品质的提高而不断产生的。同时，新的消费需求推动社会、经济、文化的发展，成为推动社会进步的巨大动力。

当前，在我国百姓中蕴藏着巨大的消费潜力。如何挖掘潜在的消费需求，最大程度地满足不断形成的消费新需求，是一个值得认真研究的问题。"2013年中国城市女性消费状况调查"数据显示，城市女性对文化休闲、服务、养老、信息、电子商务等新兴产业，具有旺盛而且迫切的需求。因此，只要国家政策到位，能够不断满足女性与家庭的消费新需求，就能够释放出十几亿人口强大的消费能力，从而拉动经济发展，保证国民经济7.5%的增长目标。

第三，新政策的实施会产生消费的新需求。国家一些新政策的施行，也会带来一些新的消费需求。李克强总理在《政府工作报告》中已明确提出："坚持计划生育基本国策不动摇，落实一方是独生子女的夫妇可生育两个孩子政策。"目前，这一政策已在法律框架下在多个省市推行，母婴产品及相关服务方面的消费需求，必然会扩大。政府的相关部门和母婴产品生产企业，要研究新政策，制定并采取有效措施，生产合格的产品，满足这方面新的消费需求。

第四，中国女性消费高层论坛在促进女性消费中发挥了积极作用。中国消费者协会、全国妇联宣传部、中国家庭文化研究会、中国妇女杂志社、华坤女性消费指导中心和华坤女性生活调查中心已连续举办了9次"中国女性消费高层论坛"，连续开展了9次"中国城市女性消费状况调查"，通过翔实的数据，关注并研究城市女性与家庭的消费状况和新的需求，在引导和促进女性与家庭健康消费，提升女性与家庭健康消费的能力，发挥女性与家庭消费对国民经济的拉动作用等方面，起到了积极作用。

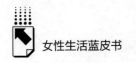

（二）满足消费新需求

要实现消费在拉动经济中的主引擎作用，必须增加居民收入，提高消费能力，培育消费热点，不断满足消费者的新需求。

第一，为了满足消费者不断增长的新需求，需要我们突破旧的思维定式和现有模式，不断创新，不断优化产业结构，丰富和完善产品和服务。比如，我国社会目前已提前进入老龄社会，未富先老，政府、社会和个人均未对此做好准备。同时，由于已施行30多年的计划生育政策，在不远的将来，个人养老负担将更加沉重，在养老产品及服务方面必然会不断出现新的消费需求。可以预见，这将是女性与家庭消费的重要内容之一。如何满足社会日益膨胀的养老消费需求？除了政府加大资金投入外，还要有政策的扶持与鼓励，创新、探索更适合国情的养老方式，建立不同性质的养老机构，为社区养老、家庭养老提供不同层次、不同类型的服务，只有这样，才能真正实现老有所养。

第二，既要创新传统消费，使之持续增长，又要营造新型消费的增长点。近年来，旅游消费旺盛。我国已成为全球最大的旅游消费国。2013年"中国城市女性消费状况调查"数据显示，城市女性与家庭旅游消费的比例高达52.5%，旅游消费创历年新高，旅游方式呈现多元化趋势。因此，只有不断形成旅游消费新热点，合理有序地规划旅游市场，满足不同年龄、不同收入、不同职业消费者及其家庭对旅游的要求，才能满足不断变化的消费新需求。此外，随着生活水平的提高，文化休闲类的消费也是女性与家庭近年来不断增长的一项消费需求，这是人们在满足了温饱后产生的更高层次的需求，是发展自我、愉悦自己的文化新消费，需要社会各方的共同培育和鼓励。

第三，要满足妇女在解放与发展过程中产生的消费新需求。中国妇女从家庭走向社会，经历了一个多世纪的抗争与努力。在深化改革的今天，应大力发展各种类型、不同层次的服务业，为职业女性和家庭提供全方位的服务，以减轻职业女性抚育孩子、赡养老人及从事家务劳动的负担，缓解职业女性在事业与家庭之间的矛盾。只有不断满足女性在家庭生活、职业生涯中不断出现的消费新需求，才能保证她们在妇女解放和发展的道路上走得更远。

二 施行新消法，切实保障消费新权益

1993 年，我国颁发了第一部《消费者权益保护法》。20 年来，随着经济社会不断发展，尤其是网络信息技术的广泛应用，通过网络、电视、电话等销售商品或提供服务的方式逐渐兴起，人们的消费理念、消费方式和消费结构都发生了很大变化，在消费者权益保护领域出现了不少新情况、新问题。修改后的《消费者权益保护法》在 2014 年 3 月 15 日 "消费者权益保护日" 正式施行。新消法进一步完善了消费者权益保护制度，对消费实践中出现的网购陷阱、维权举证难、个人信息被泄露等诸多问题，均从法律层面得到了解决。让消费者在维护自身权益时，有法可依。

新消法拓宽了维护消费者权益的范围，具有以下亮点：

一是消费者在遭遇消费欺诈时，可获三倍赔偿，对于商家知假售假侵害消费者权益的行为加大了处罚力度。二是网络购物可 7 天无理由退货，赋予消费者一定的 "后悔权"，避免了信息不对称对消费者权益的侵害。三是个人信息列入保护范围。泄露信息的商家将承担民事和行政责任等，这将有助于减少个人信息频遭泄露的情形。四是网交平台承担先行赔付责任。这将有助于督促网络交易平台履行应尽的审核义务，缓解消费者网购维权难的状况。五是举证责任倒置。这在一定程度上避免了一旦出现商品或服务瑕疵，消费者举证责任过大，难以维权的困境，对消费者权益的保护意义重大。六是虚假广告代言人及发布者也要承担责任，强化了虚假广告代言人及发布者的连带责任。七是明确了霸王条款内容无效。八是消费者协会可以提出公益诉讼，支持受到损害的消费者，借助消协的力量进行维权，这赋予了中国消费者协会在维护消费者权益中不可替代的重要权力。

新消法的实施必将使消费环境逐步得到改善，进而增强广大群众的消费

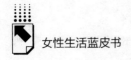

信心，扩大消费。新消法也为女性与家庭消费提供了更加全面的法律保护，对促进女性及家庭消费具有重要意义。

新消法中还有许多详尽的规定，大家要认真学习，把法律赋予消费者的权益铭刻在心中，变成维权的武器。中国消费者协会对新的《消费者权益保护法》的出台，起到了积极的、不可替代的作用。希望中消协和各级地方消协组织，在宣传新消法、维护新消法、实施新消法中发挥更大的作用。各级妇联组织也要加大宣传新消法的力度，提高广大妇女的法律意识和运用法律维护自身权益的能力，对违法的企业、商家、产品毫不姑息，才能共同建设和维护一个良好的消费环境，从而更好地促进女性与家庭的消费。

三 认真落实新责任

为了不断满足人民群众的消费新需求，实现消费在增强内需中的作用，政府、企业、媒体和社会组织，以及消费者个人，都必须认真地承担起各自的责任。

政府在消费领域应尽快建立健全行之有效的监督机制，全方位改善消费环境，实现安全消费，尤其是与消费者健康紧密联系的衣食住行方面的消费安全。对重大安全事故及有关责任人严格查处，绝不姑息。如李克强总理做的《政府工作报告》中所言，要用"最严厉的处罚，最严肃的问责，坚决治理餐桌上的污染，切实保障'舌尖上的安全'"。同时政府及相关部门应及时调整消费政策，以满足人民群众的消费新需求。

企业要严格按照我国《公司法》的规定，遵守法律、法规，遵守社会公德、商业道德，诚实守信，切实担负起社会责任。

中国消费者协会和相关的社会组织，要加大宣传力度，教育和指导消费者科学、文明、理性地消费，杜绝过度消费、奢侈消费、攀比消费等浪费现象，把满足消费需求和传承勤俭节约的美德结合起来；同时要加大科普培训方面的投入，提高普通百姓，尤其是老年女性使用新产品的能力，挖掘、释放这个年龄段消费者潜在的消费能力。

媒体要加强对新的《消费者权益保护法》的宣传，让新消法深入人心，真正成为消费者保护自身权益的有力武器。同时要承担起对生产者、经营者、执法者的舆论监督作用。

作为消费者，我们每一个人都要活到老学到老，要紧跟时代，不断更新知识，了解新的产品和服务、新的消费方式、新的消费者权益，在消费实践中，做一个负责任、受约束、环保、理性的消费者。

我们赶上了一个科学技术飞速发展的时代，不仅中国航天员上了太空，老百姓的生活也出现了翻天覆地的变化。从某种意义上说，不断产生消费新需求，不断满足消费新需求的过程，就是社会不断发展的过程，也就是我们实现小康社会，实现中国梦的过程。在现阶段，新的《消费者权益保护法》将在消费领域为保护消费者权益提供更大的空间，为消费者增加消费信心、提升消费能力、实现公平消费起到保驾护航的作用。相信在新消法的实施过程中，女性和家庭的消费权益将得到更有力的保护。

顾秀莲，十届全国人大常委会副委员长、中国关心下一代工作委员会主任、原全国妇联主席、华坤女性消费指导中心总顾问。

B.8

贯彻落实新《消法》新责任
充分保护女性消费者新权益

常 宇

摘　要：　面对消费新需求带来的新问题，修改后的《消费者权益保障法》为保护消费者合法权益提供了强有力的保障，同时倡导全社会依法履行文明消费新责任。女性消费者是社会和家庭消费的主体，在倡导科学、健康、文明的生活方式中，起着不可替代的作用。中国消费者协会将一如既往地重视和保护女性消费者的合法权益。

关键词：　修改后的《消费者权益保障法》　女性消费者　消费新需求　消费者权益

女性消费者，是社会和家庭消费的主体，在带动全家、教育子女树立环保意识，养成良好环保习惯，倡导科学、健康、文明的生活方式中，起着不可替代的作用。

修改后的《消费者权益保障法》（后简称新《消法》）已经正式实施。2014 年，中国消费者协会（后简称中消协）的年主题为"新消法　新权益　新责任"，结合第九届中国女性消费高层论坛主题"新需求、新权益、新责任"，呼吁全社会紧紧围绕女性消费者的新需求，依照新《消法》赋予的新职责，共同维护好女性消费者的新权益。

一　女性消费需求新变化带来新问题

近年来，随着经济社会的不断发展，人们的消费方式、消费结构和消费理念正发生改变，消费领域出现了许多新情况、新问题、新变化。在日常消费和家庭消费中，女性消费者担负着重要使命。她们的消费需求呈现出由传统衣、食、住、行、用等基本消费类别，逐渐向金融理财、旅游休闲、教育培训、美容健身等精神享受型消费类别转型。女性消费者的购物方式也越来越依赖于网络购物，根据华坤女性消费指导中心委托华坤女性生活调查中心开展的"2013年中国城市女性消费状况调查"的相关结果，女性消费者的网购消费额占家庭支出的1/7，八成城市女性消费者通过网络购物。女性消费者对金融消费如银行理财产品、股票、基金、商业保险等表现出浓厚兴趣，41.3%的城市女性消费者还进行了投资理财。城市女性消费者2013年支出数额最大的消费项目是服装服饰、数码产品、旅游、房产和教育/培训等消费项目。

女性在生活消费和家庭消费中一直保持着很高的活跃程度。根据全国消协组织受理消费者投诉情况可以发现，女性消费者在消费过程中冲动购物、冲动理财等不理性消费行为大量存在，保留有效证据的维权意识有所欠缺，合法权益受到损害后，维权的主动性有待进一步提高。面对女性消费者消费需求出现的新变化，如何保护女性消费者的合法权益，应该引起全社会的高度重视。

二　新《消法》为维护女性消费者新权益
提供了强有力的保障

新《消法》在2014年3月15日已正式实施，为保护广大消费者的合法权益提供了利器。新《消法》本着以人为本原则，对网络购物、金融消费、健康文明消费等女性消费者较为关注领域的消费者权益问题予以了明确规定，包括：所有商品都实行"三包"、网购七天内无理由退货、安全保障不当经营者要担责、缺陷产品应当召回、耐用消费品举证责任倒置、广告代言不当要承担责任、加重惩罚赔偿责任、个人信息列入保护范围，等等。新《消法》赋予了消费者"网购后悔权"，这一条款给爱上网购的女性消费者带来了福音。根据新《消法》相关规定，经营者采用网络等方式销售商品，消费者有权自收到商品之日起七日内退货，且无须说明理由。不过需要提醒女性消费者的是，这种无理由退货不是无条件退货，当发生不能归责于经营者的退货情况时，消费者需要承担因退货而产生的快递等费用。法律还规定一些不适用于无理由退货的情形。在规范网络购物方面，新《消法》还明确了网络购物平台的法律责任。今后，如果女性消费者与网购平台上的商家发生消费争议，明确要求维权时，网购平台必须提供销售者或者服务者的真实名称、地址和有效联系方式等有效信息，不能提供这些信息的，视具体情况承担先行赔偿责任、有限赔偿责任或连带赔偿责任。

当前，女性不仅是消费的主力，也是理财的主力。互联网金融服务正在以全新的方式和渠道刷新我们的理财思维，引发了消费者特别是女性的理财热情。根据上海市消保委等组织近期发布的《上海金融消费者权益保护研究报告》结果，88.1%的消费者认为需重点保护金融消费者的知情权。新《消法》在金融消费领域，对保护消费者的知情权、保障个人信息安全、经营者提供安全保障义务、确保格式条款公平正义性等方面做出了明确规定。根据新《消法》，提供金融服务的经营者，应当向消费者提供安全注意事项和风险警示、售后服务、民事责任等相关信息。这就意味着，今后碰到"金融忽悠"，消费者将有法可依。

三 倡导全社会依法履行文明消费新责任

频频出现的雾霾天气，不仅严重影响了人们正常的工作和生活，也损害了人们的生命健康权益。当前，倡导节能环保、文明消费的重要性和紧迫性不言而喻。李克强总理在十二届全国人大二次会议上答记者问时表示，

PM2.5 已经成为重大的民生问题。向雾霾等污染宣战，就是向粗放的生产和生活方式宣战。新《消法》对文明、健康、节约资源和保护环境的消费方式提出了倡导，并明确消费者协会履行向消费者提供消费信息和咨询服务，提高消费者维护自身合法权益的能力，引导文明、健康、节约资源和保护环境的消费方式等8项公益性职责。引导文明消费是全社会的共同责任。文明消费蕴含健康消费、节约消费和环保消费的现代消费理念，文明消费是建设资源节约型、环境友好型、健康发展型社会的需要；是建设美丽中国、实现中国梦的客观要求。宣传引导全社会形成文明消费的理念，消费者协会责无旁贷，这也是新《消法》赋予消费者协会的新责任。文明消费人人有责。女性消费者，是社会和家庭消费的主体，在带动全家、教育子女树立环保意识，养成良好环保习惯，倡导科学、健康、文明的生活方式中，起着不可替代的作用。因此，女性要以自己的智慧和爱心，为家庭营造一种绿色氛围、绿色空间，影响和带动全家树立环保意识，养成良好环保习惯，建立绿色、科学、健康、文明的生活模式。女性作为后代抚育者和教育者，影响着文明消费行为的拓展。因此，女性更需要具备消费者自律和榜样意识，要从我做起，科学合理消费，反对舌尖上的浪费，保护生态环境，主动通过生活的点点滴滴来教育引导孩子养成良好的习惯，潜移默化地传播文明消费理念，为建设美丽中国多做贡献。

女性消费者合法权益需要全社会的精心呵护。中国消费者协会将一如既往地重视和保护女性消费者的合法权益，以落实新《消法》为契机，加大对女性日常消费用品的社会监督工作，组织各地消协组织开展商品比较试验、服务体察调查、发布消费提示警示、开展消费教育活动等方式，用足用好有关规定，维护好女性消费者的合法权益，营造公平竞争的市场环境和和谐有序的消费环境。

常宇，中国消费者协会秘书长。

B.9

推动可持续消费欧莱雅责无旁贷

兰珍珍

摘　要：　中国正处于一个重要的临界点。一方面是持续的经济发展需
　　　　　求和消费增长的动力，中国有望在未来 2~3 年内成为世界
　　　　　第二消费大国。另一方面是有限的自然资源和生态环境的严
　　　　　峻约束，如果中国人均资源消耗达到 2008 年美国水平，将
　　　　　消耗地球生态承载能力的 80.0%。变革迫在眉睫，关键在于
　　　　　找到可持续发展道路，政府、企业、消费者应共同努力。

关键词：　可持续发展　可持续消费　企业责任

中国女性消费高层论坛持续举办了 9 年，非常了不起，尤其在现今中国发展逐渐由投资拉动发展转为消费拉动发展的大环境之下，对女性消费的认知及变化上起到了重要作用。欧莱雅作为一个化妆品集团，研制的是女性最基础的消费品，年年有幸参与此论坛，见证了这些年女性消费的变迁，以及在推动市场发展中起到的重要作用。

在刚刚举办的"中国发展高层论坛"上，欧莱雅受国务院发展研究中心的邀请，提交了题为"推动可持续消费，共创美丽中国"的建议报告。欧莱雅集团全球总裁、首席执行官安巩先生有幸在与李克强总理的会见中，将报告递交给了总理，并得到高度评价与赞赏。我想借此机会与大家分享《推动可持续消费，共创美丽中国》的主要内容。因为这与本次论坛的主题"女性与家庭消费——新需求、新权益、新责任"非常贴切。

目前，中国正处于一个重要的临界点。一方面是持续的经济发展需求和

消费增长的动力：未来 10 年，随着人均收入水平的提升和中国经济从投资拉动向需求拉动的转型，中国的消费将迎来数量和质量的双重巨幅增长。消费整体规模快速扩大，消费结构持续升级。中国将有望在未来 2～3 年内超越日本，成为世界第二消费大国。到 2020 年，中产和富裕阶层人数将达到 4.9 亿，超过美国和日本消费者数量之和。

另一方面是有限的自然资源和生态环境的严峻约束：中国当前产生的生态足迹已经超过生态环境正常承载能力的 1.4 倍。如果中国人口的消费方式逐步向发达国家靠拢，并且达到类似的资源消耗水平，中国的生态足迹将比目前水平再提高 2～4 倍，这将为中国甚至全球的生态环境带来难以预计的压力。举例而言，如果中国的人均资源消耗达到美国 2008 年的水平，中国将消耗整个地球生态承载能力的 80.0%。更何况环境问题已经敲响了一系列警钟：温室气体排放、空气污染、水污染等。

变革迫在眉睫，其关键在于将经济和消费高速增长与高资源耗用与对环境的负面影响分离开来，找到良性可持续发展的道路。

可持续消费正是为了实现这样的愿景，其关键特征是：睿智增长、合理使用、创造积极的社会影响、优化选择范围。

我们已经观察到了一系列向可持续消费迈进的趋势，包括中国政府对于环保日趋增强的重视和投入，以及消费者对可持续发展和责任消费意识的萌生。正如 2013 年欧莱雅携手中国社会科学院和中国消费者协会共同发布了《2012 中国可持续消费研究报告》，并对此进行了详细阐述。然而，推动可持续消费，从理念和意识到真正转变发展模式以及落实到经济和社会主体的实践，还需要更加全面、深层次的创新！在这一过程中，企业可以并且应该发挥至关重要的作用，政府公共政策也能够为加快和扩大这种变革提供推动力。

欧莱雅作为一个企业，一个社会创新的引擎和市场经济活动的主体，是推动可持续消费的关键建设者。我们以身作则，将可持续消费战略覆盖产品的整个生命周期，包括了从可持续创新，到可持续生产，从鼓励可持续生活方式到与员工、供应商和社区共享的可持续发展。

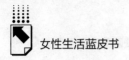

实现可持续消费需要一系列的创新、发展和变革，需要企业与消费者和社会大众一起，不断树立可持续消费观念，发现和满足可持续消费需求，同时，我们呼吁政府根据中国消费市场的发展变化，制定和调整相应的消费政策，以不断提高中国居民的消费能力。

作为全球最大的化妆品公司、一个消费品公司，推动可持续消费我们责无旁贷！

兰珍珍，欧莱雅（中国）副总裁。

中国城市女性生活质量指标体系建设学术专论

Academic forum on Chinese City Women Life
Quality Index System Construction

B.10

女性生活质量：研究女性生存和发展的一个特定视角

风笑天

摘　要：　10年女性生活质量研究，形成了研究女性生存和发展的独特视角，积累了反映城市女性生活质量的基础数据和系列成果，调查样本广泛，从一开始就注意到测量指标的一致性。建议：纵向调查难在坚持也贵在坚持，科学选择调查城市，适当扩大调查城市的样本规模；进一步完善女性生活质量的测量指标，加强对调查资料的深入分析和利用。

关键词：　城市女性　女性生活质量　样本　测量指标

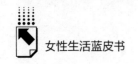

女性是人类的一半。女性的生存及其发展问题也一直是政治学、经济学、社会学、人口学、人类学、法学、教育学等众多社会科学长期关注的焦点问题之一。无论是描述和记录女性生存发展的状况，还是分析和研究与女性生存发展相关的问题，可以有各种不同的观察视角和研究框架。在这些观察视角和研究框架中，生活质量的视角和框架具有十分重要和独特的意义。

一　社会变迁背景中的生活质量与女性发展

20 世纪 70 年代末以来，中国社会开始了向现代化发展的新的长征。"改革开放"所带来的社会变迁，极大地改变了中国社会的经济基础和上层建筑，使中国的面貌发生了翻天覆地的变化。而以人的全面发展为目标的社会生活质量研究，也正是从这个时期在我国学术界逐步开展起来。30 多年来的改革开放，在带来社会结构转型和社会变迁的同时，也引发了我国学术界特别是社会学、经济学、人口学、统计学、心理学、教育学、管理学、医学等多个学科对生活质量问题的关注和探讨，"形成了一个既关系到中国小康社会建设目标，也关系到广大城乡居民日常生活水平和幸福状况的重要研究领域"①。特别是进入 21 世纪以后，随着社会变迁的进一步加速和显现，生活质量领域的研究也发展得十分迅速。笔者依据 CNKI 的统计表明，最近十几年来所发表的生活质量方面的论文数量已经是前 20 年所发表论文数量的 4~5 倍。

国内近 30 年中的生活质量研究具有一个十分鲜明的特征：这就是主观生活质量（包括幸福感、生活满意度等）的内容逐渐成为生活质量研究的热点。相关文献回顾表明，2002 年以前，学术界探讨生活质量问题时，既包含客观生活质量（即社会指标）的内容，也包括主观生活质量（即生活

---

① 风笑天：《生活质量研究：近三十年回顾及相关问题研究》，《社会科学研究》2007 年第 6 期。

满意度）的内容。但到了 2002 年以后，生活质量方面的探讨则显现出客观生活质量、生活满意度以及（主观）幸福感 3 个方面的研究并存，并且三方面研究分量相当的局面。特别是直接对（主观）幸福感的研究，在最近的几年中更是超过了以"生活质量"为题的研究。这一状况表明，最近一些年来，学术界逐渐将对客观生活质量的关注和研究，转向了对明显带有主观特征的生活满意度和幸福感的关注和研究上。

与此同时，在中国社会发生巨大变化的背景中，中国女性的生存和发展也呈现出一种丰富多彩的图景。中国社会由计划经济向市场经济的转型，极大地解放和促进了生产力，也极大地拓展了广大女性的生存空间和发展前景。30 多年来的社会变迁，不仅将女性的发展状况体现在宏观的政治、经济、教育以及法律上，也越来越多、越来越广泛、越来越具体地体现在女性日常的社会生活中。广大女性在社会地位、经济地位、政治地位、法律地位等等方面的普遍提高，也都可以在日常平凡的、微观的社会生活事件中找到丰富的例证。

如果说社会中广大女性的生存和发展状况，是衡量一个社会的文明程度和发展状况的重要指标的话，那么，一个社会中女性的生活质量状况，就是这种衡量和评价女性生存和发展状况的一个综合指标。体现在女性生活质量各个层面的客观事实和主观评价，无一不是广大女性所处的社会地位、经济地位、政治地位以及法律地位的真实反映。从女性生活质量的水平、现状及其发展趋势上所折射出的，也无一不是整个社会现代化发展的水平和社会文明发展的程度。正是在这种意义上，我们可以说，开展女性生活质量的调查和研究，具有十分重要的理论价值和十分独特的实践意义。当我们用经验的材料去记录、描述、探讨和研究女性生活质量时，也在无形中记录、描述、探讨和研究了整个中国社会发展的现状与进程。

二　小机构，大成果：女性生活质量研究十年述评

尽管笔者意识到女性生活质量研究所具有的意义和价值，但当接到中国

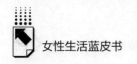

妇女杂志社韩湘景社长的邀请，前来参加"中国城市女性生活质量指标体系研讨会"时，心中依然存在着一系列疑问：作为普通传媒的中国妇女杂志社怎么会召开这样一个研究性、学术性很强的专题会议？一家并不太大的杂志社，竟然连续做了十年的生活质量调查，这怎么可能？她们有什么样的调查机构，有多少专门的调查研究人员？

当实际了解到中国妇女杂志社和华坤女性生活调查中心的基本情况及其女性生活质量调查的情况后，笔者不禁十分感叹！10 年开展 10 次大规模问卷调查，这不仅对于中国妇女杂志社以及华坤女性生活调查中心，就是对于一个专门的社会调查机构来说，也都是一项非常艰巨的任务和非常艰苦的工作。但是她们硬是把这件非常困难的事情做成了！而且一做就是 10 年！10 年来，尽管她们的研究人员有进有出，不断变化，但女性生活质量的调查项目则是一直坚持做了下来，《女性生活蓝皮书》也连续出版了 8 本。这真是一件十分了不起的事情！因此，在具体评述她们的研究成果之前，笔者不得不为她们的这份执着、为她们的这种事业心鼓掌叫好！

浏览她们近 10 年来的问卷调查结果，翻阅她们已经出版的 8 本《女性生活蓝皮书》，笔者认识到，她们的调查研究在以下几方面具有很好的特色。

1. 研究女性生存和发展的独特视角

作为女性媒介和女性研究机构，当然都会把关注女性、研究女性作为自己的主要职责。也往往会通过开展对女性社会现象的大规模调查，来达到了解女性现状、认识女性问题、研究女性发展的目的。比如，全国妇联妇女研究所除了长期关注和研究各种女性现象外，还分别在 1990 年、2000 年、2010 年连续 3 次展开全国范围的问卷调查，系统地研究了我国女性的社会地位及其发展变迁，其成果在学术界和我国社会生活实践中产生了巨大的影响。

在众多与女性生存和发展相关的专业研究领域中，女性生活质量虽不是最热门的一个，但却是最为基本、同时又十分关键的一个领域。而女性生活质量的社会调查，则是构成这一研究领域的一种基础条件。正是通过大规模的社会调查，研究者可以收集丰富的定量数据资料。通过对资料的分析，可以从女性生活的各个不同侧面，特别是从女性对自身生活状况的主观认知和评价方面得出一系列有价值的结果。这些来自经验调查的结果，既可以帮助人们更加深入地了解女性在社会中的生存状态、发展状况，也可以帮助人们更加深刻地认识女性在整个社会发展和社会变迁过程中所处的地位、所具有的作用、所面临的困境和挑战。

中国妇女杂志社和华坤女性生活调查中心的研究者正是敏锐地意识到这一点，所以，在新世纪刚刚开始的时候，就有意识地将关注的焦点集中到女性生活质量上来，努力从女性生活质量的视角来记录、描述和研究我国社会变迁过程中广大女性的生存与发展状况。为此，她们从 2005 年开始，在近10 年的时间内，连续开展了 10 次全国城市女性生活质量的问卷调查，并将调查研究的结果撰写成专题研究报告，每年以《女性生活蓝皮书》的形式展现在读者面前。她们这种从生活质量的角度来描述女性状况，认识女性特征，研究女性发展的努力，体现了研究者所具有的一种独特的眼光。她们到目前所取得的一系列成果，也给人以深刻的启示。

2. 积累了反映城市女性生活质量的基础数据和系列成果

中国妇女杂志社从 2005 年开始、直到目前所进行的连续 10 次城市女性生活质量调查，一个重要的成果就是获得了同一主题、连续 10 年非常宝贵的第一手数据资料。这种第一手的定量数据资料构成了我们了解、描述、分析和研究我国城市女性在新世纪中的生活质量的基础，进一步说，也构成了我们认识我国城市女性近 10 年来生存和发展状况的基础。而研究者在这些资料基础上，通过统计分析所得出的一系列研究结果和结论，则十分具体，也十分直观地刻画了我国城市女性在改革开放的进程中，日常社会生活的基本状况和所发生的变化。

除了基础数据的积累外，城市女性生活质量调查的另一个重要成果就是每年出版一本反映和总结女性生活质量研究的《女性生活蓝皮书》。在每年的蓝皮书中，既有前一年全国城市女性生活质量调查的主报告，也有各个调查城市的分报告，以及各个不同侧面的分报告，还有围绕不同调查主题的专论文章。这些报告和专论文章,从不同侧面对每一年女性生活质量的特点、问题等进行揭示和说明。可以说,从 10 年调查的数据结果以及 10 年来所出版的《女性生活蓝皮书》中,我们可以大致勾勒出进入新世纪以来,我国城市女性生活质量的总体状况、发展轨迹和变化特征。这些成果既为女性研究领域增加了新的、独特的视角和结论,也为生活质量研究领域增加了新的实例和丰富的材料。对这两个研究领域的发展都做出了积极的贡献。

3. 调查样本的范围十分广泛

由于我国地域辽阔,因此全国性的调查所涉及的范围往往特别大。在这种情况下,要全面反映我国城市女性生活质量的总体状况,首要条件就是要抽取一个尽可能有代表性的城市样本。这种样本所覆盖的范围要尽可能广泛。在这方面,《中国妇女》杂志的"城市女性生活质量调查"项目做得也比较好。

从目前已经开展的 10 次调查来看,除了第一次调查为 8 个城市以外,其余每次所抽取的调查城市数目都在 10 个城市以上,其中,有两年还达到了 20 个城市。从城市性质和类型上看,所抽取的调查城市中,既有北京、上海、天津、重庆这样的直辖市;也有广州、成都、武汉、南京、兰州等一批省会中心城市,以及宁波、大连、青岛等普通大城市;从地理位置和经济发达程度上看,既有最北部的哈尔滨,也有最南部的广州;既有东部发达地区的南京、杭州、深圳、青岛、宁波、大连,也有中部次发达地区的郑州、长沙、南昌、太原,还有西部欠发达地区的昆明、兰州、西安、成都等。城市的覆盖面及其性质具有较好的特点。为我们全面了解城市,特别是大城市女性生活质量的现状、问题、特征及趋势,提供了较好的样本条件。

4. 从一开始就注意到测量指标的一致性

作为一项纵向的调查项目,一个重要的优点就是可以反映出所研究现象随时间变化发生的趋势特征。也可以进行不同年份调查结果之间的比较分析。然而,应该注意的是,纵向调查资料之间的可比性主要由两个方面的因素决定:一是调查资料来自的样本及其所反映的总体要具有一致性;二是各次调查中对同一概念进行测量时所用的具体指标要具有一致性。从近 10 年的"城市女性生活质量调查"来看，研究者从一开始就较好地注意到这一点。从而在测量指标上形成了"中国城市女性生活质量调查"的一个十分好的特点，这就是从第一次调查开始，直到最近的第十次调查，对"女性生活质量"这一关键概念所用的测量指标基本一致。

从实际情况看，研究者主要采用的是生活质量的主观评价法，即主要调查和分析的是女性生活质量的主观感受方面。研究者在第一次调查时采用开放式提问："你心目中的高质量生活要素是什么？"以获得现实生活中广大女性的实际看法。研究者从中归纳出被调查者心目中七条最主要的"要素"；然后在第二年的调查中，就以这七条来自现实的回答，设计出"女性高质量生活主观评价量表"；在后续每年的调查问卷中，研究者又对这一量表不断完善，构成对城市女性主观生活质量的稳定的测量工具。

正是由于"城市女性生活质量调查"对研究的核心变量所采用的测量指标具有一致性，因此，研究者可以在每年的研究报告和蓝皮书中，将本年份的调查结果和生活质量评分与往年的调查结果及评分进行纵向对比，以描述和揭示城市女性生活质量所发生的变化及其发展状况。

三 继续做好女性生活质量调查研究的几点建议

正如前面所评价的，中国妇女杂志社和华坤女性生活调查中心在过去的10年中，做了一件很重要的事情，一件很了不起的事情，一件非常有价值的事情。然而，所有这一切不是终点，只能是继续前进的一种动力。作为曾经从事过生活质量研究的一名社会学研究者，笔者愿意对她们今后的女性生活质量调查研究提出几点希望和建议。

1. 纵向调查难在坚持也贵在坚持

尽管每年的女性生活质量调查反映的只是某一年的时间中，女性生活质量的横截面，但是，连续多年的横截面调查所构成的纵向调查的价值，远大于这些横截面调查的简单累加。这是因为，纵向调查除了可以在横截面调查的基础上，反映同一总体在不同时间点的基本状况外，还可以反映这一总体

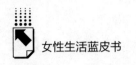

随时间变化的发展趋势，以及可以用来探讨某些变量与女性生活质量之间的因果关系。

所以，笔者的第一个建议（实际上也是一种希望）就是：希望中国妇女杂志社和华坤女性生活调查中心能够在今后的工作中，继续坚持开展这一具有重要理论意义和实践价值的女性生活质量调查。应该认识到，目前已经完成的10年调查，构成了认识女性生存发展状况的一笔重要的财富。对于我们进一步开展有关女性生活质量的现状及特征、存在的问题、相关的因素、发展的趋势等方面的理论探讨和应用研究来说，后续开展的同类调查所坚持的时间越长，这些已有资料和结果发挥的价值就会越大，在关爱女性、认识女性、研究女性、帮助女性等方面所发挥的作用也会更大。

2. 综合考虑多种因素，科学选择调查城市

从目前所进行的总共10年的女性生活质量调查来看，只有两年的调查城市完全相同。其他年份的调查无论是在调查城市的数量上，还是在所抽取的具体城市上，相互之间均不相同。虽然这其中可能有客观条件的限制（比如调查经费、人力、时间等），或者客观条件便利（比如有的城市妇联单位主动要求参加）等因素的影响，但从提高调查数据的研究价值、数据的可比性、连续性以及应用性等角度来考虑，还是应该尽可能保证各次调查所抽取的调查城市完全相同。

从目前情况看，北京、上海、广州、哈尔滨四个城市每次都进行了调查，长沙、成都、兰州、青岛缺了一两次，其他城市相对缺少更多次数。总共涉及的城市有23个。但是，这些城市是依据什么标准抽选的？为什么采用这种标准？这些从调查结果中并不能看出来。这一点对于一项科学的调查研究，特别是连续性的纵向调查研究来说，是一个比较大的缺陷。应该引起研究者的注意和重视。

根据现有10次调查中被调查城市的分布情况，笔者建议课题组在今后的调查中，注意综合考虑多种因素，科学地选择调查城市，并保持所抽取的调查城市的稳定性（即调查城市相对固定）。比如，可考虑的城市抽样因素至少有：城市类型（超大规模的中心城市、省会中心城市、一般大城市等）、城市的区域分布（东部、中部、西部）等。当然，在选择今后的调查城市时，也要尽可能考虑到，以及尽可能利用已有调查的城市分布情况，以便最大可能地利用和比较已有调查的结果。在调查城市的选择上，还要考虑到城市数量与城市类型的代表性问题。重要的一定要保留，缺乏的一定要弥补，可要可不要的则坚决去掉。

由于我国城市数量众多，不同规模、不同地区的城市差别明显。所以，在选择调查城市时，首先要确定抽取城市的原则和标准。同时还要兼顾到研究者所具有的调查经费、调查队伍和调查时间的客观限制。笔者建议研究者考虑下列三种方案。一种仅以中心大城市为主（当然，相应的其所代表的总体也主要是中心大城市的女性）；第二种和第三种则是完全按全国城市的类型和分布来随机抽取（其所代表的总体就可以是全国的城市女性，但调查的代价、费用、困难等都会相应增加，调查的可行性则会相应降低）。

具体来说，第一种方案可以考虑选取标准为：兼顾到东部、中部、西部的超级大城市和省会中心城市。根据这一原则，现有调查中每次都调查了的北京（代表华北地区中心城市）、上海（代表华东地区中心城市）、广州（代表华南地区中心城市）、哈尔滨（代表东北地区中心城市）四个城市可以保留，同时保留大部分年份都调查过的长沙（代表华中地区中心城市）、成都（代表西南地区中心城市）、兰州（代表西北地区中心城市）。由这七个城市组成调查城市的样本。正好这七个城市在地理空间上的分布覆盖了从东北、华北、华东、华中、华南直到西北、西南在内的全国范围。城市数量相对较少，调查容易实施，也基本上可以和已有调查结果进行比较。当然，唯一的不足是更多地反映的是中心大城市的女性状况，而没有包括众多一般大城市，以及数量更多的中小城市女性的状况。

第二种和第三种方案的城市抽取相对要困难一些，也复杂一些。这种困难和复杂主要是因为全国600多个城市不仅在地理空间上、人口规模上，以及经济发展水平上都存在着明显的差异，而且在与女性生活质量相关的社会心理、社会生活方式以及更广泛的社会文化方面存在明显差异。笔者建议，在研究者条件许可的前提下，可以考虑在上述空间分布的基础上，至少加入

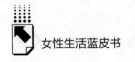

城市规模的因素。详述如下。

第二种方案，除了从7个地区抽7个省会中心大城市外，再从每一个地区的其他省份中抽取总共7个普通的中小城市（每个地区抽取一个）。这样，一方面扩大了调查的样本城市所覆盖的范围（达到覆盖14个省份，接近全国一半的行政空间）；另一方面，又兼顾到了广大中小城市女性的状况。从调查的代价来看，14个调查城市的数量也比以往有些年份所调查的城市数目要少。

第三种方案，则是在抽取7个省会中心大城市外，再从每一个地区的其他省份中抽取7个普通大城市，再从每个地区剩下的省份中抽取7个普通中小城市，达到总共14个大中小城市（每个地区抽取两个）。这样，一方面进一步扩大了调查的样本城市覆盖的范围（达到覆盖21个省份，占了全国2/3的行政空间）；另一方面，又兼顾到了各种类型、各种规模的大中小城市女性的状况。这是代表性最大的城市样本设计。单从调查的城市数量来看，也只是与以往有些年份所调查的城市数目相等。

3. 适当扩大每个调查城市的样本规模

一定数量的样本规模是保证样本具有代表性的必要条件。特别是对于全国范围的调查来说，样本规模应该尽可能大一些。由于全国的样本由所抽取的调查城市的子样本集合而成，因此，要考虑的样本规模涉及两个方面因素：一是总的调查样本的规模；二是每个调查城市的样本规模。总的样本规模最好达到2000~3000人；同时，每个城市样本的规模也最好达到200~300人。从目前近10年城市女性生活质量调查项目来看，全国样本的规模处于900~2500人之间，而每个城市的样本规模都在100人左右。虽然2006年和2007年两年中，全国样本的规模接近或超过了2000人，可以说全国样本的规模基本可以。但只要注意到这两年所抽取的调查城市数量达到20多个，就不难发现，这种合格的总体样本规模是建立在每个城市的样本量偏小的基础上的。因此，这种样本规模的代表性同样是比较欠缺的。

笔者建议，今后的调查中，要在考虑调查城市抽取时，同时考虑每个城市的样本规模和全国总体的样本规模。首先保证每个城市的样本规模达到

200人左右，然后根据研究者现有的资源和条件，尽可能满足城市抽取的代表性要求。比如，如果经费、人力、时间等比较紧张，可考虑采取上述第一种方案，在全国抽取7个城市。这样，总的样本规模为1400人左右，无论对于每个城市，还是对于全国，都会有相对好的代表性；如果经费、人力、时间等条件比较好，则可以考虑第二种方案，在全国抽取14个城市，这样，总样本规模可达到2800人，对全国的代表性会更大；当然，也可以采取折中方案，抽取10个城市，总样本规模达到2000人左右。

4. 进一步完善女性生活质量的测量指标

连续的纵向调查往往有一个重要的目的，就是进行不同年份之间的比较，特别是对于描述某一群体生活状况为重要目标的调查来说，更是如此。中国城市女性生活质量调查的这一目的同样十分明显。在每一年的《女性生活蓝皮书》中，研究者都会将本年份的调查结果与往年的调查结果进行对比分析，以反映和说明随着社会发展，城市女性生活质量的发展和变化。

而一旦涉及纵向的比较，除了要考虑上面所谈到的调查城市样本以及调查对象的一致以外，另一个关键因素就是每次测量所用指标的一致性。只有各次调查所用的测量指标完全一致，调查的具体结果之间才具有可比性。研究者也才能较好地利用纵向数据资料反映城市女性生活质量随时代发展所发生的变化。在尽可能保持测量指标一致性的同时，研究者要对女性生活质量指标体系反复推敲，力求所选的指标准确、全面。笔者曾经指出：在生活质量的研究中，"一个基本的任务是要建立合适的生活质量测量指标。然而，这一任务也正是研究者需要面对和解决的一大难点。"[1] 之所以是难点，就是因为在生活质量概念的测量上，研究者既要保证测量指标的全面性、完备性，又要保证测量指标的可比性，以及测量指标所涉及数据的可得性。

---

[1] 风笑天：《生活质量研究：近三十年回顾及相关问题探讨》，《社会科学研究》2007年第6期。

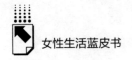

从目前情况看，"中国城市女性生活质量调查"已经逐步形成了以 7 个左右具体测量指标为主体的女性生活质量测量指标体系。但应该认识到，一方面，所有 7 项指标都只是对女性主观生活质量的一种测量，而不包括对其客观生活质量的测量。因此，研究者今后还可以在探索和运用客观指标方面进行努力。尽管对某些客观生活质量相关现象的测量并不适合放到对个体进行调查的调查问卷中（比如对客观社会生活环境的测量），但对女性个体主观生活质量进行测量的同时，还是可以考虑适当增加相应的客观指标（比如在对居住满意情况的调查中，就可以适当增加住房客观情况的指标），以达到更为全面测量女性生活质量的目的。

由于生活质量的概念具有既包含客观生活条件，又包含主观生活感受的特点，因此在具体的女性生活质量调查研究中，我们也要同时关注客观和主观两个方面。"对于全面地描述和评价一个社会中人们的生活质量来说，二者之间是紧密相连、相互补充的"[1]。特别是对于个人层面以及群体层面的生活质量研究，应该更加关心女性具体的生活条件、女性对具体生活条件的主观感受和评价，以及与女性的主观感受密切相关的各种影响因素。因为只有在这种以人为中心的生活质量研究中，才会有反映人们主观感受和评价的主观性指标。而这种视角的生活质量研究，其目标既包括不断改善人们赖以生存和发展的客观条件，同时也包括努力促进人们的这种主观感受和评价朝着积极的、满意的方向发展。

另一方面，这 7 项左右的具体指标所涵盖的维度是否全面，相互之间在所处的层面上是否协调，也还有进一步推敲和拓展的空间。研究者可以参考学术界关于普通居民生活质量研究的测量指标，来进一步补充和完善对于女性生活质量的测量（因为女性同样是普通居民中的一部分）。比如，现有普通居民生活质量的测量指标体系中，住房状况及其住房满意度就是一个重要方面。但城市女性生活质量调查的现有 7 项指标中，并没有包括这一指标。又比如，2011~2013 年的测量指标中，研究者增加了"对城市管理的满意

---

① 风笑天等：《城市居民家庭生活质量：指标及其结构》，《社会学研究》2000 年第 4 期。

度"一项，并进一步细分为公共交通、就医等5个方面。笔者认为，首先，对女性生活质量来说，"对城市管理满意度"与"对个人收入""对家庭收入""对个人工作""对自身健康""对家庭关系"这些指标之间，存在着离女性个人"远和近"的差别；如果将前者换成"对家庭住房""对日常交通""对生病就医"等方面的满意度，就与后面的各项指标相对一致，重在测量与个体生活密切相关的内容；其次，公共交通、就医、公园绿地、公共厕所等方面的满意程度应属于对"公共服务"的满意度的内容，而不是对"市政管理"的满意度。而且其中的"公共厕所卫生状况"（相对不太重要）与"公共交通""就医方便性"等方面（相对非常重要）并不在同一层面上。

此外，根据以往研究的结论，参考标准对于主观生活质量的测量来说，具有十分大的影响。"正是由于参照标准的影响，使得通常用来衡量生活质量的主观评价指标具有某种不确定性，进而失去了它应有的可比性"[1]。由于目前城市女性生活质量调查的指标体系主要以主观满意度为主，较少涉及生活质量的客观方面。因此，在今后的调查中，除了可以考虑增加相应的客观指标外，还要特别重视参照标准的作用，应该在调查问卷中增加对若干横向参照标准（比如与周围人相比、与男性相比等）以及纵向参照标准（比如与前一年相比、与以往相比等）的测量，以更加全面地反映女性生活质量的实际状况和相对水平。

5. 进一步加强对调查资料的深入分析和利用

从目前情况看，10次大规模调查所得到的资料是十分丰富的，也是非常宝贵的。但是，相比较开展这些调查、收集这些资料来说，研究者对资料的深入分析则有些欠缺。目前8本《女性生活蓝皮书》中的大部分研究报告，在分析方法上基本上都属于简单的描述性统计分析，较少用到更为复杂一些的统计分析方法。这样形成的结果是，数据资料分析相对简单，所得到的结论相对浅显，也容易出现偏差。因此，笔者希望，在有了更多的数据积

---

① 卢淑华等：《生活质量主客观指标作用机制研究》，《中国社会科学》1992年第1期。

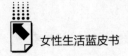

累后，要进一步加强对数据资料的深入分析。特别是可以通过和相关高等院校、科研机构热心女性研究的学者合作，充分利用现有的和将来调查所得的数据资料，采取更加复杂的统计分析方法，进行更深入的理论分析和探讨，以得出更加丰富的研究成果，为记录、描述、分析、研究我国女性的生存和发展做出更大贡献。

　　风笑天，北京大学社会学博士，现为南京大学社会学院教授，博士生导师；兼任中国社会学会常务理事。

幸福探源：城市女性生活
质量的影响因素研究

李 芬

摘 要： 整体上，中国城市女性的生活质量稳中有升，个人收入、家庭收入、健康状况、家庭关系、市政管理等方面的满意度随着时间的推移而提高，而工作的满意度呈走低之势、对于城市环境满意度的评价亦不容乐观。通过回归分析则发现，个人收入满意度、工作满意度、家庭关系满意度和职业类型是影响城市女性生活质量的核心要素。

关键词： 城市女性 生活质量 影响因素

作为"半边天"的女性群体，在政治、经济、文化的大舞台上日益扮演着不可或缺的角色，而其生活质量的高低不仅关乎个人的喜怒哀乐，更是国力兴衰、社会文明高下的重要度量衡。因此，有关城市女性生活质量的话题引起了社会各界的广泛关注。那么，城市女性生活质量的现状如何？近几年的变化趋势是怎样的？其影响因素又有哪些？已连续开展九年的"中国城市女性生活质量调查"不仅收集了翔实的第一手数据，更为城市女性生活质量的方方面面提供了直观而深切的认识。

一 概念的明晰与指标建立

生活质量（Quality of Life，QOL），亦称生活素质、生命质量、生存质量

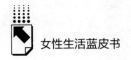

等，它的内涵与外延都极其丰富，至今在学术界尚未达成一致的认识。最早可以追溯到 1920 年英国福利经济学家庇古首次用生活质量来描述福利的非经济方面。而美国经济学家加尔布雷斯则在 1958 年明确提出生活质量的概念，认为其本质是个体生活满意度与社会价值自我实现的主观体验。其后较有代表性的观点，都强调了生活质量的阶段性与评价的综合性，即生活质量的评价基础根植于经济发展水平[1]，生活质量的评价内涵包括与个体生活息息相关的各个方面[2]及社会认同感[3]。

随着社会经济的不断发展、专业认识的不断深化，国内学术界普遍从主观、客观、主客观相结合的 3 个层面对生活质量的概念予以划分，继而在生活质量测量指标的构建上对应着 3 种迥异的模式。具体说来，第一种是将生活质量界定为"客观生活质量"，侧重于社会成员所享有的物质条件的状况或程度，同时兼具测量个体生活水平与社会发展程度的功能，目前更多地以"社会指标"的形式应用于人类发展研究的领域。第二种是将生活质量界定为"主观生活质量"，类似于国外的"生活质量"概念，侧重考察社会成员对所处的生活状况的主观评价，"生活满意度"是其主要的测量指标。第三种则是将生活质量界定为反映社会成员生活状况的客观条件及其对生活状况的主观感受之集合，二者缺一不可，故在测量时多以客观和主观生活质量指标相结合的方式进行。[4]

在建立生活质量的指标体系时，既要考虑到体现社会总体状况或社会结构变迁的宏观框架，又要探究微观层面的个体生活质量或某些特殊的社会问题。据此，以 2013 年调查问卷为蓝本，将"中国城市女性生活质量调查"指标体系分解如下（见表 11 - 1 - 1）：以生活质量作为主要因变量，共分为三级指标，包括 1 项一级指标、8 项二级指标、16 项三级指标，涵盖经济、就业、健康状况、家庭关系、自我评价、城市环境、市政管理等领域。

---

① 冯立天：《中国人口生活质量研究》，北京经济学院出版社，1992，第 19 页。
② 林南：《生活质量的结构与指标》，《社会学研究》1987 年第 6 期。
③ 周长城：《社会发展与生活质量》，社会科学文献出版社，2001，第 36 页。
④ 邢占军：《测量幸福》，人民出版社，2005，第 59 页。

表 11 - 1 - 1　中国城市女性生活质量测评指标

一级指标	二级指标	三级指标
中国城市女性生活质量	个人收入满意度	您对您的收入满意吗？
	家庭收入满意度	您对您的家庭收入满意吗？
	工作满意度	您对现在的工作满意吗？
	健康满意度	您如何评价自己的健康状况？
	家庭关系满意度	您的家庭关系如何？
	幸福感	您觉得自己幸福吗？
	城市环境满意度	①空气环境质量　②水环境质量　③声环境质量　④园林绿化环境质量　⑤垃圾回收处理质量
	市政管理满意度	①公共交通状况　②就医方便程度　③社会治安状况　④公园、绿地数量　⑤公共厕所卫生状况

二　研究设计

1. 样本与资料

本研究的数据来源于中国妇女杂志社与华坤女性生活调查中心联合开展的"中国城市女性生活质量调查"项目。该项目旨在通过连续、系统地监测我国城市女性的生活状况，以了解城市女性生活质量及其影响因素。在调查内容上，涵盖了中国城市女性的消费、收入、住房、家庭、工作、闲暇、健康、社会关系网、城市环境评价等众多方面。在调查时间上，该项目每年进行一次全国性的大型调查并定期通过"中国女性消费高层论坛"和《女性生活蓝皮书》发布结果，截至目前共发布 9 次调查数据（2005～2013年）。在调查地点上，选取了北京、上海、广州、深圳、杭州、长沙、哈尔滨、西安、南京、青岛等 10 多个大中城市。以 2013 年所开展的"第 9 次中国城市女性生活质量调查"为例，该调查采用问卷调查法，共发放问卷1100 份，回收有效问卷 1088 份，有效回收率为 98.9%，其中包括部分追踪样本（见表 11 - 2 - 1）。

表 11 −2 −1　2013 年调查的样本概况

变量名称	人,百分比(%)	变量名称	人,百分比(%)
年龄(N = 1088)		个人收入水平(N = 954)	
19 ~ 25 岁	121(11.1%)	3000 元以下	142(14.9%)
26 ~ 30 岁	194(17.8%)	3000 ~ 5000 元	492(51.6%)
31 ~ 40 岁	583(53.6%)	5001 ~ 10000 元	232(24.3%)
41 ~ 50 岁	144(13.2%)	10000 元以上	88(9.2%)
51 ~ 60 岁	45(4.1%)	是否有孩子(N = 1085)	
教育水平(N = 1082)		有	758(69.9%)
高中/大专	190(17.6%)	没有	327(30.1%)
大专	313(28.9%)	城市分布(N = 1088)	
本科	473(43.7%)	北京	106(9.7%)
硕士及以上	106(9.8%)	上海	112(10.3%)
职业类型(N = 1077)		广州	120(11.0%)
公务员/事业单位职工	275(25.5%)	青岛	110(10.1%)
公司/企业员工	595(55.2%)	哈尔滨	104(9.6%)
个体经营者/自由职业者	183(17.0%)	西安	104(9.6%)
退休人员	24(2.2%)	成都	112(10.3%)
婚姻状况(N = 1087)		南昌	109(10.0%)
未婚	176(16.2%)	南京	100(9.2%)
已婚	867(79.8%)	杭州	111(10.2%)
离异或丧偶	44(4.0%)		

2. 主要变量的测量与资料分析

本研究的主要变量是中国城市女性生活质量。根据上述测量指标体系,笔者将其操作化为 8 项待选入的指标,以从不同的维度,予以综合测量。这8 项指标包括:①个人收入满意度;②家庭收入满意度;③工作满意度;④健康满意度;⑤家庭关系满意度;⑥幸福感;⑦城市环境满意度;⑧市政管理满意度。根据研究目的,本研究采用专业软件对资料进行统计分析。

三　研究结果

1. 城市女性生活质量概述

根据城市女性生活质量指标体系,将其下设的 8 项二级指标分别由五分制转换为百分制后求平均数；再用各平均数分别除以其总和，计算出权重；最后，将各平均数与权重相乘，计算出此乘积之和便是该年的生活质量总分。

如图 11 – 3 – 1 所示，从整体上看，城市女性生活质量总分呈现出稳中有升之势，说明中国城市女性的生活质量是在不断提高的。当然，由于受到国内外重大事件的影响，其可能会出现波动，集中体现在部分拐点上。譬如，2008 年世界金融危机在西方国家爆发，但该年的女性生活质量得分并未陷入谷底，其原因在于同一年第 29 届奥运会在我国召开，倍增的国民信心对稳定该年的分值起到了相当大的作用。到了 2009 年，金融危机向全球蔓延，我国的社会经济生活亦受到波及。2009 年的"中国城市女性生活质量调查"显示，近半数（44.2%）的被调查者认为金融危机对自己生活水平有一定的影响。因此，该年的生活质量得分几乎"见底"。而 2010 年则是世界经济回稳与复苏的关键一年，跟随着世界金融危机"见底复苏"的节奏，再加之上海世博会的召开，国民重拾信心，故该年的生活质量得分拔得头筹。

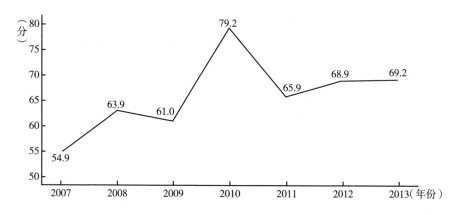

图 11 – 3 – 1　2007～2013 年中国城市女性生活质量趋势图

那么，各项满意度的变化趋势又是怎样的呢？以 2011 年至 2013 年的调查数据为例（见表 11 – 3 – 1），纵向观之，家庭关系满意度的得分最低[1]，（其 3

---

[1]　8 项满意度指标都是 5 分变量，取值呈降序排列，如"1 = 很满意，2 = 比较满意，3 = 一般，4 = 不太满意，5 = 很不满意"。即，取值越高，满意度越低；取值越低，则满意度越高。

年的均值＝1.88），说明中国城市女性在过去的三年间最满意自己的家庭关系。横向观之，个人收入满意度的均值从 2011 年的 3.35，到 2012 年的 3.23，再到 2013 年的 3.06，一路呈递减之势。这说明，个体对自己收入满意度随着时间的推移而提升。同样地，城市女性在家庭收入满意度、健康满意度、家庭关系满意度、市政管理满意度等方面也趋于提高，也间接地反映了政府所开展的各项便民措施初见成效。同时，工作满意度的均值在三年间表现出递增的趋势（2.63→2.66→2.81），意味着城市女性对于自己的工作是越来越不满意。这究竟是职业倦怠所致，还是触碰到女性就业的"天花板"，抑或整体就业形势日趋严峻使然？具体原因还有待进一步探究。此外，幸福感指标明显地"原地踏步"，说明这三年城市女性在幸福感方面维持现状。而城市环境满意度则在本就不容乐观的情势下"雪上加霜"，地下水遭污染、噪音扰民、雾霾锁京城，周遭正在上演的一幕幕严重威胁着人类的生存，更遑论满意度?! 可见，环境治理之路任重而道远。

表 11-3-1   2011~2013 年各项满意度的描述与比较

单位：分

指标	三年平均值	2011 年		2012 年		2013 年	
		均值	标准差	均值	标准差	均值	标准差
①个人收入满意度	3.21	3.35	0.987	3.23	0.974	3.06	0.880
②家庭收入满意度	3.10	3.27	0.977	3.11	0.953	2.91	0.848
③工作满意度	2.70	2.63	0.827	2.66	0.862	2.81	0.804
④健康满意度	2.35	2.40	0.822	2:36	0.844	2.30	0.848
⑤家庭关系满意度	1.88	2.03	0.783	1.82	0.725	1.78	0.708
⑥幸福感	2.13	2.10	0.756	2.20	0.848	2.10	0.752
⑦城市环境满意度	3.01	3.02	0.788	2.92	0.844	3.10	0.747
⑧市政管理满意度	2.76	2.78	0.765	2.74	0.781	2.75	0.708

注：关于家庭关系满意度，2011 年的询问方式有所不同："总体而言，您对自己家庭的和谐状况感到满意吗？"由于其带有一定的诱导性，后两年的问卷中修改为"您的家庭关系如何？"

2. 影响因素分析

美国著名心理学家 E. Diener 曾指出，"主观幸福感（SWB）专指评价者根据自定的标准对其生活质量的整体性评估"[1]。而且，"研究者们选取的主观幸福感维度主要包括总体生活满意感和具体领域满意感"[2]。那么，就操作化层面而言，幸福感与主观生活质量几乎是可以相互借用的概念。因此，本研究以幸福感为因变量，引入的自变量不仅包括了个人收入满意度、家庭收入满意度、工作满意度、健康满意度、家庭关系满意度、城市环境满意度、市政管理满意度、消费安全评价等主观评价指标，还包括了收入水平、是否赡养老人、抚养小孩等客观条件指标，以及诸如年龄、职业、教育、婚姻状况等人口学指标。基于 2013 年的调查数据，采用 logistic 回归方法进行统计分析，结果见下文。

首先，从模型的拟合优度而言，似然比检验中显著性水平小于 0.05，说明引入自变量后回归方程仍有意义。而且，统计量 Nagelkerke R2 为 0.463，意味着引入的自变量能够解释模型变异中 46.3% 的变化，并且总的正确判断率由截距模型的 74.3% 上升为引入自变量模型的 83.7%。此外，从模型校对的 Hosmer & Lemeshow 检验来看，显著性水平大于 0.05，则接受零假设，即方程对数据的拟合良好。

如表 11 - 3 - 2 所示，以 95.0% 的置信水平为标准，最终进入回归模型的自变量共有 4 个，分别是"个人收入满意度""工作满意度""家庭关系满意度"和"职业类型"。即，上述 4 个变量与城市女性生活质量（或幸福感）密不可分。由此，根据回归系数，我们可以尝试建立如下的"幸福方程式"：

$$Z = 6.212 - 0.488 \times 个人收入满意度 - 0.374 \times 工作满意度 - 2.19$$
$$\times 家庭关系满意度 + 0.404 \times 职业类型 \, \mathrm{Prob(event)}$$
$$= e^z/(1 + e^z) = 1/(1 + e^{-z})$$

---

[1] Diener, E. & Suh E. Lucas et al. 1999, "Subject Well-being: Three Decades of Progress." *Psychological Bulletin* 125（2）: 276 - 302。

[2] 邢占军：《测量幸福》，人民出版社，2005，第 76 页。

具体说来，就"个人收入满意度"而言，不满自己收入人群的幸福感仅为满意自己收入人群的0.614倍。换言之，满意自己收入的人群的幸福感是不满自己收入人群的1.629倍（1/Exp（Bi）=1.629）。同理推之，工作满意度高的人群的幸福感是工作满意度低的人群的1.453倍，家庭关系满意度高的人群的幸福感是家庭关系满意度低的人群的8.929倍，而处于"社会期望"职业的人群的幸福感是其他职业人群的1.498倍，或者说，前者比后者要高出近50.0%的幸福感。

表11-3-2　城市女性生活质量影响因素的 logistic 分析

自变量	B	Wals	Sig.	Exp（B）
个人收入满意度	-0.488	4.974	0.026	0.614
工作满意度	-0.374	4.710	0.030	0.688
家庭关系满意度	-2.190	99.158	0.000	0.112
职业类型	0.404	4.194	0.041	1.498
常量	6.212	13.102	0.000	498.778
Hosmer & Lemeshow test	$X^2 = 10.103$		df = 8	Sig. = 0.258
-2 log likelihood	548.169			
Cox & Snell R^2 = 0.315			Nagelkerke R^2 = 0.463	

注：①统计分析结果中未通过显著性检验的自变量均未列出。
②因变量：幸福感。统计分析时重新编码为二分变量：1=幸福，0=不幸福。

可见，在上述主观评价指标中，家庭关系满意度对于城市女性生活质量起到了举足轻重的作用。首先，将其置于跨文化的背景中来理解，相较于西方的个人本位，"犹如一根根柴木用绳索捆绑在一起"，中国人素来则是家庭本位的，"犹如一颗石子扔进湖中，由中心向四周扩散开来的一圈圈涟漪"。因此，不难看出，家庭对于东方人的重要性是不言而喻的。其次，从社会性别的视角来观察，由于生理的先天特性或成长过程中的社会化训导，使得女性对于家庭具有根深蒂固的依附性，在特定的历史时期，二者几乎是同义词。尽管此种观点引发了女性主义学者的不满，认为女性的社会角色是被父权社会所建构的。但不可否认的是，无论是"铁娘子"的华丽逆袭，还是"让妇女回归家庭"的呼声浪潮，其潜台词都是以家庭作为女性无法避开的人生战场。所以，就不难理解，家庭对于女性尤其是中国女性的特殊意味。

同时，个人收入满意度与工作满意度对于城市女性生活质量的影响力亦不容小觑，从中能明显地觉察出社会进步的时代烙印。马克思曾断言，经济基础决定上层建筑。借此逻辑，现代女性的独立，自然得先始于经济上的独立，方能铸就独立人格。如果说，在传统社会是女为悦己者容，那么，现代社会的女性考虑的则是如何来悦己。无论是"文艺女青年"范儿的小资，还是"今朝有酒今朝醉"的"月光"女神，若有理想的工作、不错的薪水为后盾，都可以瞬间让自己的幸福指数爆表、潇洒来去人间。因此，毫无讶异的，"职业"这个相对客观的变量也被作为影响城市女性生活质量的重要因素被考虑进来。因为，主观上，职业也许左右不了个体对收入的期望、工作环境的好恶，但在客观上它决定了收入的多寡及由此所衍生的社会地位与声望。

在本研究中，职业类型与幸福感所呈现出来的趋势是，越是从事国家公务员、国企职工、医生、高校教师等"中国好职业"，越容易感到幸福。虽然毛主席曾教导说，工作没有贵贱之分。但对于浸润官本位思想多年、从单位体制中断奶未久的当下中国而言，成为公务员或事业单位员工自然而然地便成了"香饽饽"，是主流的社会期望，从被喻为"国考"的公务员考试之热捧即可见一斑。对于女性而言，看重这些职业的原因除了薪水与福利的考量之外，还有一个关键词在于"稳定"。由于大多数的中国女性在步入工作岗位之后"生养孩子"便会被马上提上日程，因此，她们不得不将诸如"怀孕期是否能得到权利保障、而且不被炒鱿鱼或转岗""是否需要经常加班出差而不利于亲子互动"等这些需要"稳"的因素纳入自己的择业框架。

四　小结与讨论

本研究选用大型调查数据，着重探讨了中国城市女性生活质量的变迁及其影响机制。研究结果显示，中国城市女性的生活质量在整体上稳中有升，尽管可能会因国内外重大事件的影响而出现短暂波动。截取连续三年的调查

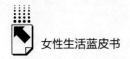

结果则表明，随着时间的推移，中国城市女性在个人收入、家庭收入、健康状况、家庭关系、市政管理等方面的满意度趋于提高，她们最为满意的是家庭关系；同时，中国城市女性在幸福感方面几乎没有太大的变化，对于工作的满意度却呈走低之势，而且对于城市环境满意度的评价亦不容乐观。通过回归分析则发现，个人收入满意度、工作满意度、家庭关系满意度和职业类型是影响城市女性生活质量的重要因素。

在本研究中，最终进入"幸福方程"的自变量多为主观评价指标，仅"职业类型"这一项为相对客观的指标。在这里，相较于客观指标，主观评价指标对于生活质量的解释力似乎更胜一筹。这与美国学者坎贝尔的早期研究结果不谋而合，即客观条件只能解释主观满意度的 17.0% 左右。而且，客观条件与主观感受之间也并非一一对应、水涨船高的关系。"宁愿在宝马车里哭泣、也不愿在自行车上欢笑"可谓是客观指标与主观指标相背离的生动写照。换言之，客观生活条件富足，并不必然换来高的生活满意度。究其原因，在于二者之间还存在着参照标准这一鸿沟。因此，调查所收集到的"满意"或"不满意"的评价数据，其实是个体将现实情况与自己心中设定的理想值、自身过往的相关经历或周围人的类似情况进行对比而得到的结果。①

可以发现，在城市女性生活质量调查的问卷中，针对参照标准而设计的题目相对匮乏，执行较好的是纵向参照标准问题"与上一年相比，今年您的个人收入符合以下哪种情况？"（2009~2013 年），而横向参照标准问题仅在 2006 年昙花一现（"你的消费水平属于哪个等级？"）。有鉴于此，建议在今后的调查问卷中加入参照标准类题目，以期全面深化对生活质量的认识、综合完善其测量指标体系。

李芬，南京大学社会学院博士研究生，研究方向为社会学研究方法。

---

① 风笑天等：《城市居民家庭生活质量：指标及其结构》，《社会学研究》2000 年第 4 期。

B.12

后 记

参加《中国女性生活状况报告 No.9（2015）》调查、数据分析、资料整理、撰稿、编辑、审稿以及相关工作的人员有：韩湘景、王孟兰、吕晋、尚绍华、刘中陆、汪凌、张明明、杨海燕等。

《中国女性生活状况报告 No.9（2015）》的出版，得到了全国妇联、中国消费者协会的关心与指导，欧莱雅（中国）、康泰纳仕（中国）及风笑天教授的支持，社会科学文献出版社谢寿光社长、社会政法分社社长王绯的具体指导，中国日报社原常务副总编辑黄庆女士审定了全书的英文摘要，在此表示衷心的感谢！

中国妇女杂志社
华坤女性生活调查中心
华坤女性消费指导中心
2015 年 2 月

Abstract

Blue Book of Women's Life in 2014 consists of five surveys, articles on women's new consumption demands, new rights and interests concerns and new responsibilities, as well as special papers on Chinese city women's life quality index system.

In 2014, women's subjective feelings about life is positive, and the general evaluation index for life quality gets a mark of 63.2, 6 score lower than the 2013 mark. Cities women mark from high to low are: Xi'an, Changsha, Guangzhou, Hangzhou, Shanghai, Chengdu, Nanchang, Harbin, Lanzhou, Beijing. Women mark their own life at 74.9, 11.7 points higher than the general city women's life quality index. The index of women's sense of happiness is 73.3, job satisfaction is 66.1, living environment is 60.4, income satisfaction is 55.1. One of the three major worries for women is a lack of leisure time.

In 2014 the household budget ratio of consumption, saving and investment is 61: 23: 16. Women's income makes up 32.3 per cent of their family total income and their consumption is about 39.7 per cent of their household total. Consumption methods are changing. Consumption is varied, fashion-oriented and individualistic. 91.8 per cent women have shopped online and shopping online has made up 22.9 per cent of their families' total consumption, an increase of 9 points compared with the figure in 2013. For women their largest expenditure is on travel. Women are much concerned for safe consumption in food, cosmetics, health products, housing material and baby clothing since product safety indicator is 51.7. Safety issues are still major concerns for women. For the first time children's education budget has become 2015's top expected family consumption item.

Survey reports on Chinese women in asset evaluation services and on working and living conditions of women in lactation period, respectively, show women's state of life in city women's career development. It also shows women's

284

expectations and their struggles facing all the obstacles and problems. 87. 4 per cent women in lactation period agree that a mother should be financially independent. Women are willing to work harder to go further in their career development. Women in asset evaluation services are young professional women. They are much loyal to their profession than their male counterparts. However comparing with men, their ability to adapt to their work, to longer working hours and going on errands, needs to be improved. Women should strive to be stronger.

It is suggested that women's employment should be expanded and their income be increased. They need colorful leisure time. Promoting safe consumption and improving favorable women's career environment is important to raise women's life quality.

Keywords: city women; women life quality; career women; index system

Contents

B I   General Report

Abstract: In 2014, women's subjective feelings about life is positive, and the general evaluation index for life quality gets a mark of 63.2. Women's consumption is characterized by variety, fashion and individualism. As online shopping, women hold up half the sky. Women do not see child-bearing and household chores as a hurdle in their pursuit of self development. They want to go further in their future career. It is suggested that women's employment should be expanded and their income be increased. They need colorful leisure time. Promoting safe consumption and improving favorable women's career environment is important to raise women's life quality.

Keywords: city women; women's life quality; women consumption; career women

B II Survey of Women's Life State and Consumption

B. 2 The Tenth Chinese City Women Life

Quality Survey Report

Women of China Magazine, Huakun Women's Life Survey Center / 017

Abstract: Women surveyed in 2014 give their life quality mark of 74. 9, higher than the city life quality evaluation index of 63. 2. Their satisfaction mark of individual income and job is 55. 1and 66. 1 respectively. They mark their living environment 60. 4. 61. 8 per cent consider themselves healthy. 61 per cent have housing of their own. They work on average 2. 1 hours for household chores. 45. 9 per cent feel they do not have leisure time . They rate their sense of happiness at 73. 3 and the happiest thing is a harmonious family and healthy and safe family members.

Keywords: city women; life quality; satisfaction mark; sense of happiness; evaluation index

B. 3 Survey Report on Chinese Women in Asset

Evaluation Services

China Asset Evaluation Association / 075

Abstract: The average age of women surveyed in asset evaluation services is 36. 7, and 64. 1 per cent with university degrees. Registered evaluators occupy 54. 2 per cent. They work on average 8. 3 hours daily, and 8. 3 years in the business. Generally speaking, they go on errands for 55 days yearly, and 95. 9 percent say they are accustomed to, or basically accustomed to the job. 91. 9 per cent are satisfied with their jobs. Their 2012 average income is 76000, and 58. 1 say they have their own houses. 65. 3 feel happy.

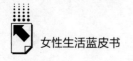

女性生活蓝皮书

Keywords: women in asset evaluation services; working situation; sense of happiness

B. 4　Survey Report on Working and Living Conditions of Women in Lactation Period

Parents Magazine, Huakun Women Consumption Guidance Center / 108

Abstract: The survey shows 70. 6 per cent women go back to work after their maternity leave. 82. 7 per cent return to their original working unit. 87. 4 per cent agree that a mother should be financially independent. 50. 4 per cent mothers spend one-hour nursing time. 26. 1 women breast pump and prepare milk for their babies while working. 15. 6 per cent working units provide nursing rooms. Spending on baby products cost 4281. 5 yuan, amounting to 23. 3 per cent of their family income. With their children, 51. 1 per cent women feel life better and 66. 8 per cent become happier despite hard work.

Keywords: women in lactation period go back to work; work; children

B. 5　2014 Chinese City Women's Consumption Survey Report

Huakun Women Consumption Guidance Center / 185

Abstract: In 2014 the household budget ratio of consumption, saving and investment is 61 : 23 : 16. Household monthly consumption is 9296. 9 yuan. Individual monthly spending is 3692 yuan. For most people the biggest spending is on clothing while the largest amount is travel spending. For households, the biggest spending is on housing, either for home buying or rental or furnishing. 67. 3 per cent have traveled. 91. 8 per cent have shopped online, costing 22. 9 per cent of their family consumption spending. Safe consumption indicator is 51. 7. Women surveyed hope that the government will strengthen supervision so as to improve consumption environment.

Keywords: women consumption; consumption characters; expected consumption

B. 6   Trend Analysis on Changing Travel Demands (2006 −2014)
Traveler Magazine, Huakun Women's Life Survey Center / 225

Abstract: Today travel has become city women's primary holiday choice. From 2006 to 2014, on average 62. 7 per cent women and their families go traveling each year. In 2010 they spent 5666. 1 yuan on travel, and the figure jumped to 15079. 6 yuan in 2014, an average year-on-year increase of 27. 7 per cent. Group tours have become less popular and more women choose to travel on their own. The number of people taking overseas tours has increased and spending is also on the rise. It is suggested that paid annual leave system should be fully implemented so that city women would spend more on travel. New travel products should be created and travel environment should be optimized.

Keywords: city women; number of travelers; travel consumption; way of travel

B Ⅲ   Special

B. 7   Protecting Consumers' Rights and Meeting Their New Demands
Gu Xiulian / 245

Abstract: Women play a significant role in domestic consumption drive. Social development, new creations in science and technology, and implementation of new policies will create new consumption demand. The industrial structure must be optimized, products must be improved and updated so as to make new growth area and meet new consumption demand. Law of the People's Republic of China on the Protection of Consumer Rights and Interests has perfected the system to protect consumer rights and interests. The government, enterprises, media and the consumers should all shoulder their responsibilities.

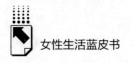
女性生活蓝皮书

Keywords: new consumption demand; the amended Law of the People's Republic of China on the Protection of Consumer Rights and Interests; new rights and interests

B. 8 Implementing New Law and Protecting Female Consumers' Rights and Interests

Chang Yu / 252

Abstract: Facing issues raised by new consumption demand, the amended Law of the People's Republic of China on the Protection of Consumer Rights and Interests has provided strong guarantee for consumers. It has also advocated that the whole society should shoulder civilized consumption responsibility. Women are main players in social and family consumption and their role is irreplaceable in healthy civilized life patterns. Chinese Consumers' Association will continue to pay attention to protecting women consumers' lawful rights and interests.

Keywords: the amended Law of the People's Republic of China on the Protection of Consumer Rights and Interests; new rights and interests; new consumption demand; consumer rights and interests

B. 9 L'Oreal's Responsibility to Promote Sustainable Consumption

Lan Zhenzhen / 256

Abstract: The critical period of the country has come now since China is expected to become the world's second largest consumption power in two to three years. The continuous economic development and consumption growth confront limited natural resources and environmental restrictions. China will face a grave situation if average per capita resource consumption is to reach the 2008 American level, which is 80 per cent of the carrying capacity of the world's ecosystem. We should make a change immediately and the key lies in the concerted efforts by the government, enterprises and consumers to find a sustainable development road.

Keywords: sustainable development; sustainable consumption; enterprise's responsibility

B IV Academic forum on Chinese City Women Life Quality Index System Construction

B. 10   Women's Life Quality: A Special Perspective of Women's Studies

Feng Xiaotian / 259

Abstract: A research of women's life quality has been conducted over 10 years. It has become a special perspective of women studies. The research has built a basic data base for city women's life quality and produced a series of fruitful results. The survey samples are extensive. Consistent measurement standards have been applied from the very beginning. A good project needs to be adhered to and improved. Therefore it is suggested making choice cities for later survey should be scientific, and the sample scale be expanded. Measurement and indicators for women's life quality should be further perfected and strengthen the in-depth analysis and utilization of survey data.

Keywords: city women; women's life quality; sample; measurement and indicator

B. 11   Sources of Happiness: Research on Elements Affecting City Women's Life Quality

Li Fen / 273

Abstract: On the whole, Chinese city women's life quality is improving.

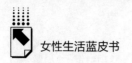

Their satisfaction level for Individual income, family income, health condition, family relation and city management is on the rise while job satisfaction drops. According to their evaluation city environment is not as good as they would like it to be. Through analysis we can find that individual income satisfaction, job satisfaction, family relation satisfaction and professional type are the core elements that affect city women's life quality.

Keywords: city women; life quality; elements that affect

❖ 皮书起源 ❖

"皮书"起源于十七、十八世纪的英国，主要指官方或社会组织正式发表的重要文件或报告，多以"白皮书"命名。在中国，"皮书"这一概念被社会广泛接受，并被成功运作、发展成为一种全新的出版型态，则源于中国社会科学院社会科学文献出版社。

❖ 皮书定义 ❖

皮书是对中国与世界发展状况和热点问题进行年度监测，以专业的角度、专家的视野和实证研究方法，针对某一领域或区域现状与发展态势展开分析和预测，具备权威性、前沿性、原创性、实证性、时效性等特点的连续性公开出版物，由一系列权威研究报告组成。皮书系列是社会科学文献出版社编辑出版的蓝皮书、绿皮书、黄皮书等的统称。

❖ 皮书作者 ❖

皮书系列的作者以中国社会科学院、著名高校、地方社会科学院的研究人员为主，多为国内一流研究机构的权威专家学者，他们的看法和观点代表了学界对中国与世界的现实和未来最高水平的解读与分析。

❖ 皮书荣誉 ❖

皮书系列已成为社会科学文献出版社的著名图书品牌和中国社会科学院的知名学术品牌。2011 年，皮书系列正式列入"十二五"国家重点图书出版规划项目；2012~2014 年，重点皮书列入中国社会科学院承担的国家哲学社会科学创新工程项目；2015 年，41 种院外皮书使用"中国社会科学院创新工程学术出版项目"标识。

中国皮书网

www.pishu.cn

发布皮书研创资讯，传播皮书精彩内容
引领皮书出版潮流，打造皮书服务平台

栏目设置：

□ 资讯：皮书动态、皮书观点、皮书数据、
　　　　皮书报道、皮书发布、电子期刊
□ 标准：皮书评价、皮书研究、皮书规范
□ 服务：最新皮书、皮书书目、重点推荐、在线购书
□ 链接：皮书数据库、皮书博客、皮书微博、在线书城
□ 搜索：资讯、图书、研究动态、皮书专家、研创团队

　　中国皮书网依托皮书系列"权威、前沿、原创"的优质内容资源，通过文字、图片、音频、视频等多种元素，在皮书研创者、使用者之间搭建了一个成果展示、资源共享的互动平台。

　　自 2005 年 12 月正式上线以来，中国皮书网的 IP 访问量、PV 浏览量与日俱增，受到海内外研究者、公务人员、商务人士以及专业读者的广泛关注。

　　2008 年、2011 年中国皮书网均在全国新闻出版业网站荣誉评选中获得"最具商业价值网站"称号；2012 年，获得"出版业网站百强"称号。

　　2014 年，中国皮书网与皮书数据库实现资源共享，端口合一，将提供更丰富的内容，更全面的服务。

法律声明

权威报告・热点资讯・特色资源

皮书数据库

ANNUAL REPORT(YEARBOOK)
DATABASE

当代中国与世界发展高端智库平台

皮书俱乐部会员服务指南

1. 谁能成为皮书俱乐部成员？
   ● 皮书作者自动成为俱乐部会员
   ● 购买了皮书产品（纸质书/电子书）的个人用户

2. 会员可以享受的增值服务
   ● 免费获赠皮书数据库100元充值卡
   ● 加入皮书俱乐部，免费获赠该纸质图书的电子书
   ● 免费定期获赠皮书电子期刊
   ● 优先参与各类皮书学术活动
   ● 优先享受皮书产品的最新优惠

3. 如何享受增值服务？
   （1）免费获赠100元皮书数据库体验卡
   第1步 刮开附赠充值的涂层（右下）；
   第2步 登录皮书数据库网站
   （www.pishu.com.cn），注册账号；
   第3步 登录并进入"会员中心"—"在线充值"—"充值卡充值"，充值成功后即可使用。

   （2）加入皮书俱乐部，凭数据库体验卡获赠该书的电子书
   第1步 登录社会科学文献出版社官网
   （www.ssap.com.cn），注册账号；
   第2步 登录并进入"会员中心"—"皮书俱乐部"，提交加入皮书俱乐部申请；
   第3步 审核通过后，再次进入皮书俱乐部，填写页面所需图书、体验卡信息即可自动兑换相应电子书。

4. 声明
   解释权归社会科学文献出版社所有

皮书俱乐部会员可享受社会科学文献出版社其他相关免费增值服务，有任何疑问，均可与我们联系。

图书销售热线：010-59367070/7028
图书服务QQ：800045692
图书服务邮箱：duzhe@ssap.cn

数据库服务热线：400-008-6695
数据库服务QQ：2475522410
数据库服务邮箱：database@ssap.cn

欢迎登录社会科学文献出版社官网
（www.ssap.com.cn）
和中国皮书网（www.pishu.cn）
了解更多信息

社会科学文献出版社
SOCIAL SCIENCES ACADEMIC PRESS (CHINA)　皮书系列

卡号：439351051644
密码：

S 子库介绍
ub-Database Introduction

中国经济发展数据库

涵盖宏观经济、农业经济、工业经济、产业经济、财政金融、交通旅游、商业贸易、劳动经济、企业经济、房地产经济、城市经济、区域经济等领域，为用户实时了解经济运行态势、把握经济发展规律、洞察经济形势、做出经济决策提供参考和依据。

中国社会发展数据库

全面整合国内外有关中国社会发展的统计数据、深度分析报告、专家解读和热点资讯构建而成的专业学术数据库。涉及宗教、社会、人口、政治、外交、法律、文化、教育、体育、文学艺术、医药卫生、资源环境等多个领域。

中国行业发展数据库

以中国国民经济行业分类为依据，跟踪分析国民经济各行业市场运行状况和政策导向，提供行业发展最前沿的资讯，为用户投资、从业及各种经济决策提供理论基础和实践指导。内容涵盖农业，能源与矿产业，交通运输业，制造业，金融业，房地产业，租赁和商务服务业，科学研究环境和公共设施管理，居民服务业，教育，卫生和社会保障，文化、体育和娱乐业等 100 余个行业。

中国区域发展数据库

以特定区域内的经济、社会、文化、法治、资源环境等领域的现状与发展情况进行分析和预测。涵盖中部、西部、东北、西北等地区，长三角、珠三角、黄三角、京津冀、环渤海、合肥经济圈、长株潭城市群、关中天水经济区、海峡经济区等区域经济体和城市圈，北京、上海、浙江、河南、陕西等 34 个省份及中国台湾地区。

中国文化传媒数据库

包括文化事业、文化产业、宗教、群众文化、图书馆事业、博物馆事业、档案事业、语言文字、文学、历史地理、新闻传播、广播电视、出版事业、艺术、电影、娱乐等多个子库。

世界经济与国际政治数据库

以皮书系列中涉及世界经济与国际政治的研究成果为基础，全面整合国内外有关世界经济与国际政治的统计数据、深度分析报告、专家解读和热点资讯构建而成的专业学术数据。包括世界经济、世界政治、世界文化、国际社会、国际关系、国际组织、区域发展、国别发展等多个子库。